高等职业院校学生专业技能抽查标准与题库丛书

U0733680

计算机信息管理

胡远萍　唐丽华　李赛娟　等编著

湖南大学出版社

内 容 简 介

本书根据湖南省教育厅关于建立职业院校学生专业技能抽查制度的要求，由湖南省十多所高职院校教师和合作企业专家共同开发和编写。全书分两个部分，第一部分为专业技能抽查标准，按计算机信息管理岗位技能要求设置一个基本技能抽查模块：数据库管理与应用；三个核心技能模块：①信息系统设计与开发，②信息系统实施与应用，③信息系统运行与管理。每个模块分别给出了专业技能和职业素质要求、评价标准、实施条件。第二部分为专业技能抽查题库选编，按专业模块选编了75套具有代表性的试题。

本书可作为高职计算机信息管理专业教学、实训、技能综合训练、技能测试用书，也可作为计算机相关专业人员的学习参考用书。

图书在版编目（CIP）数据

计算机信息管理/胡远萍，唐丽华，李赛娟等编著. —长沙：湖南大学出版社，2015.6
（高等职业院校学生专业技能抽查标准与题库丛书）
ISBN 978 - 7 - 5667 - 0896 - 0

Ⅰ.①计⋯　Ⅱ.①胡⋯　②唐⋯　③李⋯　Ⅲ.①信息管理—高等职业教育—教材　Ⅳ.①G203

中国版本图书馆 CIP 数据核字（2015）第 147750 号

高等职业院校学生专业技能抽查标准与题库丛书

计算机信息管理
JISUANJI XINXI GUANLI

编　　著：胡远萍　唐丽华　李赛娟　等
责任编辑：张建平　责任印制：陈 燕
印　　装：长沙宇航印刷有限责任公司
开　　本：787×1092　16 开　印张：15.25　字数：400 千
版　　次：2015 年 8 月第 1 版　印次：2015 年 8 月第 1 次印刷
书　　号：ISBN 978 - 7 - 5667 - 0896 - 0/TP · 94
定　　价：35.00 元

出 版 人：雷　鸣
出版发行：湖南大学出版社
社　　址：湖南·长沙·岳麓山　　邮　　编：410082
电　　话：0731 - 88822559（发行部），88820006（编辑室），88821006（出版部）
传　　真：0731 - 88649312（发行部），88822264（总编室）
网　　址：http://www.hnupress.com
电子邮箱：presszhangjp@hnu.edu.cn

高等职业院校学生专业技能抽查标准与题库丛书

编 委 会

本册主要研究与编著人员

总　序

　　当前,我国已进入深化改革开放、转变发展方式、全面建设小康社会的攻坚时期。加快经济结构战略性调整,促进产业优化升级,任务重大而艰巨。要完成好这一重任,不可忽视的一个方面,就是要大力建设与产业发展实际需求及趋势要求相衔接、高质量有特色的职业教育体系,特别是大力加强职业教育基础能力建设,切实抓好职业教育人才培养质量工作。

　　提升职业教育人才培养质量,建立健全质量保障体系,加强质量监控监管是关键。这就首先要解决"谁来监控"、"监控什么"的问题。传统意义上的人才培养质量监控,一般以学校内部为主,行业、企业以及政府的参与度不够,难以保证评价的真实性、科学性与客观性。而就当前情况而言,只有建立起政府、行业(企业)、职业院校多方参与的职业教育综合评价体系,才能真正发挥人才培养质量评价的杠杆和促进作用。为此,自2010年以来,湖南职教界以全省优势产业、支柱产业、基础产业、特色产业特别是战略性新兴产业人才需求为导向,在省级教育行政部门统筹下,由具备条件的高等职业院校牵头,组织行业和知名企业参与,每年随机选取抽查专业、随机抽查一定比例的学生。抽查结束后,将结果向全社会公布,并与学校专业建设水平评估结合。对抽查合格率低的专业,实行黄牌警告,直至停止招生。这就使得"南郭先生"难以再在职业院校"吹竽",从而倒逼职业院校调整人、财、物力投向,更多地关注内涵和提升质量。

　　要保证专业技能抽查的客观性与有效性,前提是要制订出一套科学合理的专业技能抽查标准与题库。既为学生专业技能抽查提供依据,同时又可引领相关专业的教学改革,使之成为行业、企业与职业院校开展校企合作、对接融合的重要纽带。因此,我们在设计标准、开发题库时,除要考虑标准的普适性,使之能抽查到本专业完成基本教学任务所应掌握的通用的、基本的核心技能,保证将行业、企业的基本需求融入标准之外,更要使抽查标准较好地反映产业发展的新技术、新工艺、新要求,有效对接区域产业与行业发展。

　　湖南职教界近年探索建立的学生专业技能抽查制度,是加强职业教育质量监管,促进职业院校大面积提升人才培养水平的有益尝试,为湖南实施全面、客观、科学的职业教育综合评价迈出了可喜的一步,必将引导和激励职业院校进一步明确技能型人才培养的专业定位和岗位指向,深化教育教学改革,逐步构建起以职业能力为核心的课程体系,强化专业实践教学,更加注重职业素养与职业技能的培养。我也相信,只要我们坚持把这项工作不断完善和落实,全省职业教育人才培养质量提升可期,湖南产业发展的竞争活力也必将随之更加强劲!

　　是为序。

郭开朗

2011年10月10日于长沙

目　次

第一部分　计算机信息管理专业技能抽查标准

第二部分　计算机信息管理专业技能抽查题库

第一部分　计算机信息管理专业技能抽查标准

一、适用专业

本专业适用于湖南省高等职业院校计算机信息管理专业(590106)。

二、抽查对象

高等职业院校计算机信息管理专业三年一期在校学生(全日制)。

三、抽查目的

1. 检查专业办学水平

计算机信息管理专业技能抽查是为全面贯彻落实教育部提出的职业教育"以就业为导向、以服务为宗旨、以质量提升为核心"办学思想,进一步落实《国务院关于大力发展职业教育的决定》精神,以科学发展观为指导,促进高等职业教育健康发展,遵循《教育部关于全面提高高等职业教育教学质量的若干意见》(教高〔2006〕16 号)的要求。"以职业标准为依据,以企业需求为导向,以职业能力为核心"的理念,依据国家职业标准,结合企业实际,反映岗位需求,突出新知识、新技术、新方法,注重职业能力培养职业能力。为检验全省高等职业院校计算机信息管理专业的办学水平提供人才培养方向指导及教学评判依据。

2. 检验学生的职业技能和素质

检验学生计算机信息技术应用能力;数据库日常管理能力;信息系统应用、实施、维护管理能力及与信息系统二次开发相适应的能力;信息资源收集、处理和分析能力;网站建设与维护能力,检验学生学习能力、职业规范、团队合作等核心职业能力,从而体现所在学院在计算机信息管理专业上的教学质量和办学水平。

3. 跟进专业发展方向

计算机技术日新月异,移动互联网、云计算、物联网、移动应用等新技术和应用以及企事业大型数据库(如:Oracle)维护管理等需求,随着计算机信息管理专业培养计划不断变化,专业方向不断调整,计算机信息管理专业技能抽查标准需与时俱进,题库需持续完善,不断跟踪计算机新技术及行业企业需求,以代表全省计算机信息管理专业发展方向。

四、抽查方式

①抽查样本:按该年级注册人数随机抽取 10%,抽取样本不足 10 人取 10 人,超过 30 人取 30 人。

②测试方式:本测试采用"基本技能模块"+"核心技能模块"综合抽查形式。基本技能模块代表了计算机信息管理专业需要掌握的基本技能,为必抽模块;模块一、模块二、模块三分别代表了本专业不同培养方向的岗位核心技能,为选抽模块。

考核试题的抽取分两步实施:第一步,以学校为单位,根据本校的专业方向选择核心技能模块(模块一或模块二或模块三);选取模块一的学校,再根据本校专业技术路线(.NET 或 JAVA)选取相应项目(.NET 技术路线对应项目 1-1、项目 1-2,JAVA 技术路线对应项目 1-3、项目 1-4)。第二步,技能抽查考试时,被测学生从"核心技能模块"和"基本技能模块"题库中各自随机选取 1 个项目,合成 1 套试卷,被测学生在规定的时间内独立完成。

③测试时间:180 分钟。

④场地设备:技能抽查考点由教育厅指定,考点提供计算机及完成项目任务的网络环境、硬件及软件环境。考生不允许自带存储介质和软件等相关材料。

⑤评分原则:抽查考试对学生的职业素养和专业技能进行综合评判,按照评分标准,依据作答的纸上作业试卷和现场操作考评员的记录评判成绩。核心技能模块和基本技能模块项目满分均为 100 分,每生总得分为核心技能模块项目得分×60%+基本技能模块项目得分×40%;每生总得分 60 分为及格,全校 60%学生合格则该校抽查考试合格。

⑥评分方式:根据现场考评员的记录和测试结果,由湖南省职业院校职业能力考试委员会指定的考评员集体评判成绩。

⑦成绩公布:湖南省教育厅在网上统一公布抽查学校的平均成绩和合格率及排名等,不公布个人成绩。

五、引用技术标准和规范

本专业标准主要依据的计算机行业国家技术标准如表 1 所示。

表1 引用技术标准和规范

序　号	标准号	中文标准名称
1	GB/T 11457—2006	信息技术软件工程术语
2	GB/T 8566—2007	信息技术软件生存周期过程标准
3	GB/T 8567—2006	计算机软件文档编制规范
4	GB/T 19716—2005	信息技术信息安全管理实用规则
5	GB/T 22239—2008	信息系统安全等级保护基本要求
6	GB/T 20273—2006	信息安全技术　数据库管理系统安全技术要求

六、抽查内容、要求及评价标准

由合作企业专家、合作学校专家、本校专家、专业负责人和骨干教师组成项目建设团队,项目建设团队以市场需求和职业岗位群的调研分析和要求为基础,以培养适应社会需要的从事计算机信息管理工作的高素质技能型人才为目标,参照国家职业技能鉴定标准,明确计算机信息管理专业的职业岗位群及技能。在广泛征求行业、企业和院校专家意见的基础上,按计算机信息管理岗位技能要求设置四个专业技能抽查模块:(一)数据库管理与应用、(二)信息系统设计与开发、(三)信息系统实施与应用、(四)信息系统运行与管理。每个模块设置若干个典型应用项目,每个项目包含专业技能相关任务。计算机信息管理专业技能抽查模块框架设计如表2。

表2　计算机信息管理专业技能抽查模块框架

	模　块	项　目	任　务
基本技能模块	数据库管理与应用	项目 B-1 数据库管理与应用	任务一:数据库和数据表的创建管理 任务二:数据操作 任务三:数据查询 任务四:数据库对象创建与管理 任务五:数据库用户管理
核心技能模块	模块一 信息系统设计与开发	项目 1-1 桌面应用设计开发(.NET)	任务一:界面设计制作 任务二:数据库实现 任务三:功能实现 任务四:调试运行与打包
		项目 1-2 WEB 应用设计开发(.NET)	任务一:系统设计 任务二:数据库实现 任务三:功能实现 任务四:调试运行与发布
		项目 1-3 桌面应用设计开发(JAVA)	同项目 1-1
		项目 1-4 WEB 应用设计开发(JAVA)	同项目 1-2
	模块二 信息系统实施与应用	项目 2-1 信息系统实施与应用	任务一:建立启用账套 任务二:基础资料采集 任务三:系统初始化 任务四:日常业务处理
	模块三 信息系统运行与管理	项目 3-1 信息系统运行管理和维护	任务一:操作系统维护 任务二:数据维护管理 任务三:系统运行维护分析 任务四:系统备份及恢复 任务五:数据安全管理
		项目 3-2 信息化建设支持	任务一:需求分析及设计支持 任务二:系统测试支持 任务三:测试结果分析 任务四:系统转换支持 任务五:操作手册编写

　　技能抽查评分严格按照公平、公正、公开的原则,评分标准注重考查学生的信息管理技能、信息系统开发实施技能、信息系统运行与管理技能、文档编写及管理等职业素质。计算机信息管理专业各模块项目抽查内容、要求及评价标准如下。

(一)数据库管理与应用模块

项目 B-1　数据库管理与应用

1. 项目描述

　　本模块项目主要检测学生是否具备设计、管理和应用企业数据库系统的能力。要求学生根据实际设计需求读懂 E-R 图、逻辑图和物理图,并依此使用数据库管理工具或 SQL 语句创建数据库和数据表,为表添加各类约束,为表输入样本记录及对表中数据进行操作,对数据库数据进行简单和复杂业务的查询,完成对数据库中各种对象的创建和管理,按要求管理数据库用户对表的操作权限。

2. 测试要求

(1)技能要求

①能按照设计需求读懂 E-R 图、逻辑图和物理图;

②能根据项目要求创建数据库和数据表;

③能根据项目要求对表添加或删除主键、外键、唯一性、检查、默认等约束,维护数据表中数据的完整性和一致性;

④能对表中数据进行操作以及对数据库数据进行简单和复杂业务的查询;

⑤能根据项目要求创建和管理数据库各类对象,如视图、存储过程或触发器等;

⑥能根据项目要求管理数据库用户的操作权限。

(2)素质要求

①具有良好的协调、沟通能力和团队合作精神;

②能看懂数据库设计图,体现数据库管理人员从业要求的应用能力;

③能按要求完成数据库的文件整理和安全存储,体现较强的文件处理能力;

④能在测试时间内完成任务,体现良好的时间管理能力;

⑤注重工作场所 6S 管理,遵守操作规程、操作纪律。

3. 测试时间

本项目测试时间为 60 分钟。

4. 评价标准

表 3 项目 B-1 数据库管理与应用评价标准

序号	评价内容		分值	评分细则
1	数据库和数据表的创建和管理(38 分)	数据库的创建	5	创建数据库 2 分,数据库文件路径正确 3 分
		数据表的创建	15	按要求命名和存储,且表名、字段名称、类型、宽度设置正确,15 分
		数据完整性约束	18	根据项目要求为表添加约束,18 分
2	数据操作(20 分)	录入样本数据	12	按任务要求正确录入样本数据 12 分
		数据记录的增改	8	对表中记录进行增和改的操作,8 分
3	数据查询(16 分)	简单业务查询	6	完成简单业务查询,6 分
		复杂业务查询	10	完成复杂业务的查询,10 分
4	数据库对象创建与管理(8 分)		8	创建以下数据库对象之一:视图、存储过程、触发器,8 分
5	数据库用户管理(8 分)		8	管理数据库用户对表的操作权限 8 分
6	职业素养(10 分)	规程纪律	5	注重工作场所 6S 管理,遵守操作规程、操作纪律 5 分
		文档规范	5	文件或文件夹命名规范,文件存储路径正确 5 分
	合计		100 分	

(二)信息系统设计与开发模块

项目 1-1 桌面应用设计开发(.NET)

1. 项目描述

本模块项目以企业管理信息系统为背景,根据用户需求,按照信息系统开发规范进行桌面应用程序开发,以设计制作程序界面、编写程序业务逻辑代码为主要工作任务。运用相关开发工具完成信息系统的设计开发、调试、打包以及部署工作。

2. 测试要求

（1）技能要求

①能根据项目任务要求使用常用控件设计制作程序界面；

②能根据项目任务描述完成数据库的附加操作以及向数据表中输入若干测试记录；

③能根据信息系统需求使用 JDBC、ADO. NET、Linq、数据源控件等方式建立与数据库的连接，通过操作界面（WinForm 窗体）完成对数据库中的数据进行增、删、改、查等操作并能友好、直观地展现出其操作结果；

④能根据信息系统需求规范编写类、方法、属性以及相关操作代码；

⑤能根据项目任务描述完成桌面应用程序的打包、发布和部署工作，能生成 .exe 可执行程序或 jar 压缩包，并可成功运行。

（2）素质要求

①具有良好的协调、沟通能力和团队合作精神；

②具有从事信息系统开发所需认真细致工作作风；

③具有强烈的责任感及信息安全意识；

④遵守职业规范，文档管理规范及编码规范：程序结构规范、命名规范、代码规范、注释规范等；

⑤具有高度的敬业精神及工作激情，积极乐观的工作态度；

⑥注重工作场所 6S（整理 SEIRI、整顿 SEITON、清扫 SEISO、清洁（SEIKETSU、素养 SHITSUKE、安全 SECURITY）管理，遵守操作规程、操作纪律。

3. 测试时间

本项目测试时间为 120 分钟。

4. 评价标准

表 4　项目 1-1 桌面应用设计开发（. NET）评价标准

序号	评价内容		分值	评分细则
1	界面设计制作（20分）	界面完整性	15	设计界面完整，控件应用得当 15 分，控件不合要求或缺少控件每一项扣 2 分，扣完为止
		布局合理性	5	布局合理，直观大方，字体恰当，符合人的一般操作习惯 5 分
2	数据库实现（10分）	附加/分离数据库	5	成功附加或分离数据库 5 分
		录入测试记录	5	数据表中正确添加了测试记录 5 分
3	功能实现（40分）	功能的完整、正确性	36	按要求完整、正确实现一项功能 18 分
		异常处理	4	程序中至少有一处异常处理 4 分
4	调试运行与打包（10分）	程序调试	4	程序通过编译，可启动调试 4 分
		程序运行	4	程序可正确运行 4 分；
		程序打包	2	编译项目生成 exe 可执行文件或 jar 包 2 分
5	代码规范（10分）	程序结构	3	代码缩进规范 1 分，方法划分规范 1 分，语句结构规范 1 分
		类名、变量名、方法名命名	3	类名命名规范 1 分，变量命名规范 1 分，方法名命名规范 1 分
		代码注释	4	程序中至少有一处完整方法注释 4 分
6	职业素养（10分）	规程纪律	5	注重工作场所 6S 管理，遵守操作规程、操作纪律 5 分
		文档规范	5	文件及文件夹命名规范，文件存储路径正确 5 分
	合计		100 分	

注：代码规范参考标准详见附录 A。

项目 1-2　WEB 应用设计开发(.NET)

1. 项目描述

本模块项目以企业实际网站开发项目为背景,按照网页设计与制作的职业规范,针对网站设计制作的关键技术,以完成网站图片处理、页面布局、网页样式美化、服务器的安装与配置、网站页面的设计与制作、网站中所需数据库的建设与管理、网站各功能模块信息管理、网站栏目管理等为主要任务,并根据用户需求,运用相关开发工具及技术完成网站的设计开发、调试、打包以及部署任务。

2. 测试要求

(1)技能要求

①能根据网站项目需求进行架构设计,并使用相关技术完成网站页面的设计与制作,能实现页面间的跳转或链接;

②能根据项目任务描述完成数据库的附加操作以及向数据表中输入若干测试记录;

③能根据网站项目需求使用 JDBC、ADO. NET、LINQ、数据源控件等方式建立与数据库的连接,通过操作界面(Web 窗体/页面)完成对数据库中的数据进行增、删、改、查等操作并能友好、直观地展现出其操作结果;

④根据网站项目需求规范编写类、方法、属性以及相关操作代码;

⑤能根据项目任务描述完成 Web 应用程序的打包、发布和部署工作,并能通过"http://xxxxx/项目名称"的方式访问网站。

(2)素质要求

①具有良好的协调、沟通能力和团队合作精神;

②具有从事信息系统开发所需认真细致工作的作风;

③具有强烈的责任感及信息安全意识;

④遵守职业规范,文档管理规范及编码规范:程序结构规范、命名规范、代码规范、注释规范等;

⑤具有高度的敬业精神及工作激情,积极乐观的工作态度;

⑥注重工作场所 6S 管理,遵守操作规程、操作纪律。

3. 测试时间

本项目测试时间为 120 分钟。

4. 评价标准

表5　项目 1-2 Web 应用设计开发(.NET)评价标准

序号		评价内容	分值	评分细则
1	系统设计 (20分)	分层架构设计	5	程序结构按分层(三层)架构设计 5 分
		用户界面设计	15	用户界面设计完整 10 分,控件不符合要求或缺少控件每一项扣 2 分,扣完为止;布局合理,直观大方,字体恰当,符合人的一般操作习惯 5 分
2	数据库实现 (10分)	附加/分离数据库	5	成功附加或分离数据库 5 分
		录入测试记录	5	数据表中添加了测试记录 5 分
3	功能实现 (40分)	功能的完整、正确性	36	按要求完整、正确实现一项功能 18 分
		异常处理	4	程序中至少有一处异常处理 4 分

续表

序号	评价内容		分值	评分细则
4	代码规范 (10分)	程序结构	3	代码缩进规范1分,方法划分规范1分,语句结构规范1分
		类名、变量名、方法名命名	3	类名命名规范1分,变量命名规范1分,方法名命名规范1分
		代码注释	4	程序中至少有一处完整方法注释4分
5	调试运行与发布 (10分)	程序调试	4	程序通过编译,可启动调试4分
		程序运行	4	配置IIS,可通过网址访问项目首页4分
		程序发布	2	项目发布在服务器指定目录下2分
6	职业素养 (10分)	规程纪律	5	注重工作场所6S管理,遵守操作规程、操作纪律5分
		文档规范	5	文件及文件夹命名规范,文件存储路径正确5分
	合计		100分	

注:代码规范参考标准详见附录A。

项目1-3 桌面应用设计开发(JAVA)

同项目1-1。

项目1-4 WEB应用设计开发(JAVA)

同项目1-2。

(三)信息系统实施与应用模块

项目2-1 信息系统实施与应用

1. 项目描述

本项目以某产品化信息系统实施为背景,完成系统应用前期的初始化设置和基础资料的录入,并启用各子系统,进入日常业务处理环节,利用信息化系统来处理企业生产经营过程中的相关业务,包括:销售业务、采购业务、生产业务、财务业务一体化等。

2. 测试要求

(1)技能要求

①根据企业实际情况建立并启用账套;

②根据企业实际情况完成基础资料的收集、整理、录入;

③根据企业实际情况完成各模块初始数据的录入;

④将企业发生的销售、采购、生产、仓存等日常业务在ERP系统里进行处理;

⑤将所有业务数据转化成财务数据,实现业务数据与财务数据的一体化。

(2)素质要求

①具有良好的协调、沟通能力和团管理队合作精神;

②具有从事信息系统实施所需认真细致工作作风;

③具有强烈的责任感及信息安全意识;

④具有高度的敬业精神及工作激情,积极乐观的工作态度;

⑤注重工作场所6S管理,遵守操作规程、操作纪律。

3. 测试时间

本项目测试时间为120分钟。

4. 评价标准

表6 项目2-1 信息系统实施与应用评价标准

序号	评价内容		分值	评分细则
1	建立启用账套 (15分)	建立账套	5	按正确的路径建立账套5分,路径设置不正确或者账套命名错误不得分
		设置参数并启用	5	设置核算参数4分,每错一项扣1分,扣完为止
		用户设置	5	成功启用系统1分
				按要求设置用户组和用户5分
2	设置基础资料 (20分)	设置业务处理所必须的基础资料	20	每增加一项资料加3分,总分不超过20分
3	系统初始化 (5分)	初始化	5	录入初始余额3分
				结束初始化2分
4	日常业务处理 (50分)	BOM清单	5	建立并审核产品的BOM清单5分
		业务订单处理	30	每按任务要求完成一项不同的业务订单处理得3分,出现一处以上的错误,则得1分,总分不超过30分
		财务业务处理	10	按任务要求完成财务业务一体化凭证生成处理10分,每少一张凭证,扣2分,扣完为止
		审核/过账	5	按任务要求完成凭证审核3分,凭证过账2分,共5分
5	职业素养 (10分)	规程/纪律	5	遵守机房管理制度,遵守操作规程、操作纪律5分
		命名规范	5	账套命名规范,清晰5分
	合计		100分	

(四)信息系统运行与管理模块

项目3-1 信息系统运行管理和维护

1. 项目描述

本项目以信息系统运行管理员日常进行信息系统运行维护管理的工作为背景,进行信息系统系统日常运行管理,完成系统软硬件环境故障监控、维护及故障分析,报告编写任务;根据用户需求完成信息系统数据维护管理及数据安全管理任务;定时进行系统数据备份及必须的恢复工作;根据用户需求完成数据导入导出任务;根据企事业信息管理安全需求,完成系统及数据安全管理等任务。

2. 测试要求

(1)技能要求

①根据维护规程完成操作系统日常维护;

②根据用户需求描述完成数据导入导出任务;

③根据信息系统需求及数据障碍描述完成信息系统数据维护管理及维护日志记录;

④根据系统运行维护清单进行一定时段故障分析,并编写系统运行情况分析报告;

⑤根据任务要求完成系统备份及恢复工作;

⑥根据企事业信息管理权限清单,完成系统及数据安全管理;

⑦根据项目要求完成文档的阅读、工作文档整理、维护及分析文档提交等操作。

(2)素质要求

①具有良好的协调、沟通能力和团队合作精神；

②具有从事信息系统维护管理所需认真细致工作作风；

③具有强烈的责任感及信息安全意识；

④具有高度的敬业精神及工作激情，积极乐观的工作态度；

⑤注重工作场所 6S 管理，遵守操作规程、操作纪律。

3. 测试时间

本项目测试时间为 120 分钟。

4. 评价标准

表 7　项目 3-1 信息系统运行管理和维护评价标准

序号	评价内容		分值	评分细则
1	操作系统维护（10 分）	任务完成	6	根据任务要求正确完成 Windows 操作系统的维护管理任务 6 分
		结果保存	4	将维护情况及结果按要求清晰保存 4 分
2	数据维护管理（30 分）	数据导入/导出	10	根据项目要求完成数据导出或数据导出一项任务，评分细则分别如下： 数据导出：数据导出为 Excel 文件 4 分，导出数据正确 6 分 数据导入：数据正确导入数据库 6 分，导入结果以截屏文件保存 4 分
		查询脚本编写	5	根据维护要求编写数据查询脚本正确 5 分
		维护脚本编写	10	根据维护要求编写数据库对象维护脚本正确 10 分
		维护日志记录	5	按任务要求完成维护日志记录 5 分，部分正确 3 分
3	系统运行维护分析（25 分）	报告格式	13	系统运行维护分析报告格式规范 2 分，排版合理 2 分，内容完整（标题、报告概述、分析内容、分析结论及建议）6 分，字数达到 300 以上 3 分
		数据统计图表	6	按任务要求进行数据统计，分析报告中有正确的统计数据表及统计图 6 分
		分析及建议	6	能根据统计数据对维护情况作出正确分析 3 分，并提出合理的维护建议 3 分
4	系统备份及恢复（10 分）	备份/恢复操作	7	按任务要求完成备份及恢复操作 7 分
		结果提交	3	备份/恢复结果按要求提交 3 分
5	数据安全管理（15 分）	权限设计	5	按任务要求进行用户、权限设计，命名合理 5 分
		脚本编写	10	数据安全管理脚本编写正确 10 分
6	职业素养（10 分）	规程纪律	5	注重工作场所 6S 管理，遵守操作规程、操作纪律，与现场管理沟通顺畅 5 分
		文档规范	5	文件或文件夹命名规范，文件存储路径正确 5 分
	合计		100 分	

注：测试用例模板见附录 B。

项目 3-2　信息化建设支持

1. 项目描述

本项目以信息系统运行管理员参与企事业单位信息化建设过程为背景,作为业务与技术之间桥梁岗位对信息化项目进行开发支持。参与系统分析设计,能阅读用户需求说明书并对数据格式提出有效意见,对操作界面提出可用性等意见;参与系统测试,能完成测试用例编写及测试数据准备任务,参与测试过程管理并完成测试数据收集整理及测试分析任务;参与系统转换,并对系统转换方式、系统转换计划提出意见,能进行系统转换文档管理。能根据操作流程编写用户操作手册,指导用户培训。

2. 测试要求

(1)技能要求

①根据用户需求对用户需求说明书中数据格式提出有效意见或者根据用户需求及软件规格对操作界面设计提出有效意见;

②根据用户需求,编写常用测试用例;

③根据测试用例要求,进行测试数据准备;

④根据用户测试清单进行测试结果整理并进行测试结果分析;

⑤根据系统转换方案设计进行数据转换工作;

⑥根据操作规程编写用户操作手册,指导用户培训;

⑦根据项目要求完成相关文档的阅读、工作文档整理、文档提交等操作。

(2)素质要求

①具有良好的协调、沟通能力和团队管理合作精神;

②具有信息化项目建设过程中较强业务分析能力、技术能力、逻辑思维能力等综合素质;

③具有信息化项目建设过程业务技能学习能力及强大的抗压能力;

④具有强烈的工作责任感及信息安全意识;

⑤具有高度的敬业精神及工作激情,积极乐观的工作态度;

⑥注重工作场所 6S 管理,遵守操作规程、操作纪律。

3. 测试时间

本项目测试时间为 120 分钟。

4. 评价标准

表8　项目 3-2 信息化开发支持评价标准

序号	评价内容		分值	评分细则
1	需求分析及设计支持(10分)	问题分析	3	对需求或设计描述找出存在问题3分
		修改建议	7	对需求或设计描述存在问题提出合理修改意见7分,基本合理5分
2	系统测试支持(25分)	测试用例表头	7	根据需求说明书及测试用例模板编写测试用例的表头部分:填写完整2分,内容合理4分,命名规范1分
		测试用例过程	8	测试过程部分:测试流程符合业务需求4分,输入描述及预期输出符合需求4分
		测试数据准备	10	能根据测试用例要求准备测试数据5分,脚本正确5分

续表

序号	评价内容		分值	评分细则
3	测试结果分析 (25分)	报告格式	13	系统测试情况分析报告格式规范 2 分,排版合理 2 分,内容完整(标题、报告概述、分析内容、分析结论及建议)6 分,字数达到 300 以上 3 分
		数据统计图表	6	按任务要求进行数据统计,分析报告中有正确的统计数据表及统计图 6 分
		测试分析	6	能根据统计数据对测试结果进行合理分析 6 分
4	系统转换支持 (15分)	脚本编写	10	数据转换编程或批量处理脚本正确 10 分,脚本基本正确 6 分
		数据转换结果	5	数据转换完成 5 分
5	操作手册编写 (15分)	操作手册格式	7	用户操作手册编写格式规范 2 分 内容完整(概述、业务流程、各操作步骤)5 分,部分完整 3 分
		操作手册内容	8	按任务要求正确将功能操作流程能以图文并茂方式进行操作手册编写,可供员工操作培训指导 8 分,基本正确 6 分
6	职业素养 (10分)	规程纪律	5	注重工作场所 6S 管理,遵守操作规程、操作纪律,与现场管理沟通顺畅 5 分
		文档规范	5	文件或文件夹命名规范,文件存储路径正确 5 分
	合计		100 分	

七、实施条件

(一)数据库管理与应用模块

项目	基本实施条件	备注
场地	标准计算机机房	必备
硬件	个人计算机(CPU 奔腾 4 以上,内存 1G 或以上,彩色显示器)	每人 1 台
软件	操作系统:Windows XP 办公软件:Microsoft Office 2003(doc\xls\ppt\viso) 数据库软件:Microsoft SQL Server 2005(中文版) 辅助工具:PowerDesigner10 或以上、常用输入法、截图工具	

(二)信息系统设计与开发模块

项目	基本实施条件	备注
场地	标准计算机机房	必备
硬件	个人计算机(CPU 奔腾 4 以上,内存 1G 或以上,彩色显示器)	每人 1 台
软件	操作系统:XP (IIS)、Tomcat6 办公软件:Microsoft Office2003(doc\xls\ppt)或以上 开发工具:Visual Studio2008、Eclipse3.2 或以上、MyEclipse9 或以上 帮助文档:MSDN、JDK1.6 数据库管理系统:Microsoft SQL Server 2005(中文版) 辅助工具:PowerDesigner12 或以上、常用输入法、截图工具	考生可根据个人实际情况,从所提供的软件列表中选择自己所需的工具软件。

(三)信息系统实施与应用模块

项　目	基本实施条件	备　注
场地	标准计算机机房	必备
硬件	个人计算机(CPU 奔腾 4 以上,内存 1G 或以上,彩色显示器)	每人 1 台
软件	操作系统:XP (IIS) 办公软件:Microsoft Office2003(doc\xls\ppt\viso\project)或以上 应用软件:金蝶 k/3 11 版以上版本 数据库管理系统：Microsoft SQL Server 2005(中文版) 辅助工具:常用输入法、截图工具	考生可根据个人实际情况,从所提供的软件列表中选择自己所需的工具软件。

(四)信息系统运行与管理模块

项　目	基本实施条件	备　注
场地	标准计算机机房 具备局域网、外网联接条件	必备
硬件	一人一台计算机作为客户机(CPU 2.0GHZ 以上,内存 2GB 以上) 一台服务器,作为邮件服务、打印服务、域名服务等 数据库服务器通过虚拟机实现	必备
软件	操作系统:Windows XP Pro SP3 或 Windows Server 2003 R2 SP2 办公软件:Microsoft Office 2003(doc\xls\ppt\viso\project) 数据库软件:Microsoft SQL Server 2005(中文版) 压缩软件:WinRAR 3.8 辅助工具:常用输入法、截图工具、360 杀毒 应用软件:源海客户关系管理 V5.0、电话号码存储查询系统专业版 6.25	考生可根据个人实际情况,从所提供的软件列表中选择自己所需的工具软件。

八、其他说明

　　①试卷规范:试卷内容分三部分,第一部分为考试说明,内容包括试卷技能内容分布、考试注意事项、考试软硬件设备及材料;第二部分为考试题目,内容包括考试项目描述、考试内容要求、素材与文件保存位置;第三部分为评分标准。

　　②硬件设备:本标准内容和试卷原则上不依赖于某厂商设备和型号,但抽查考点的设备与各学校实训用设备有差异时,将及时公布考试用设备型号。

　　③软件环境:本标准选取湖南省高等职业院校计算机信息管理专业具有代表性的教学软件,当抽查考点的教学软件与各学校教学软件有差异时,请与项目主持院校联系。

　　④技能抽查时,考生计算机上有三个文件夹,"考题文件夹"用于存放考题,"素材文件夹"用于存放与考题相关的素材文件,考生按任务提交的文件存放在"答题文件夹",三个文件夹规范如下:

考题文件夹:F:\CIMT\学校_姓名_身份证号\

素材文件夹:F:\CIMT\学校_姓名_身份证号\素材\

答题文件夹:F:\CIMT\学校_姓名_身份证号\答题\

　　⑤评审仲裁:考试过程记录、操作结果文件、截屏文件归档,对考试过程和结果评审有疑问,由专业技能抽查考试委员会仲裁。

附录 A
计算机信息管理专业技能抽查
《信息系统设计与开发》模块程序代码编写规范参考标准

一、NET 编码规范

1. 控件命名规范

控件命名一般采用匈牙利命名法。按照"前缀＋功能英文单词"的格式规范进行命名，其中前缀为小写字母，英文单词首字母大写，且英文能体现控件的作用。

如：保存按钮的名称为 btnSave，. NET 常用控件的前缀参见附表。

2. 变量命名规范

变量命名一般采用 camel 命名法。按照"级别标识＋数据类型前缀＋＜名词|名词组合＞"的格式规范进行命名，其中级别标识，数据类型前缀为小写字母，名词|名词组合首字母大写，且英文能体现变量的作用。

如：全局字符串型姓名变量的名称为 pstrName，数据类型前缀参见附表。

3. 类名、方法名命名规范

类型、方法命名一般采用 pascal 命名法。按照"名词或名词短语"的格式规范进行命名。其中的动词或名词的首字母大写，且英文能体现类或方法的作用。

如：关闭对话框方法名为 CloseDialog(名词短语)；学生类名为 class Student(名词)；

4. 注释规范

(1)函数、属性、类等注释

请使用///三斜线注释。以 protected,protected Internal,public 声明的定义注释请都建议以这样命名方法。例如：

```
/// ＜summary＞
///用于从 ERP 系统中捞出产品信息的类
/// ＜/summary＞
class ProductTypeCollector
{
…
}
```

(2)文件头部注释（可选）

在代码文件的头部进行注释，标注出创始人、创始时间、修改人、修改时间、代码的功能等信息。样本：

```
/ * * * * * * * * * * * * * * * * * * * * * * * * * * * * * * * * * * * * * * * *
* * * * * * * * * * * * * * * * * * * * * * * * * * * * * * * * * * * * * * * * *
* *
* *作    者:liujunhua
* *创始时间:2013-9-18
* *修改人:tanglihua
```

　＊＊修改时间：2013-9-28

　＊＊修改内容：添加/修改/删除函数 X()

　＊＊功能描述：主要用于产品信息的资料录入，…

　＊＊＊＊＊＊＊＊＊＊＊＊＊＊＊＊＊＊＊＊＊＊＊＊＊＊＊＊＊＊
＊＊＊＊＊＊＊＊＊＊＊＊＊＊＊＊＊＊＊＊＊＊＊＊＊＊＊＊＊＊＊
＊＊/

　(3)程序流程及逻辑点注释(可选)

建议在逻辑性较强的地方加入注释，说明这段程序的逻辑是怎样的，以方便我们自己后来的理解以及其他人的理解，并且这样还可以在一定程度上排除 BUG。

　5. 缩进规范

　＊代码排版采用左对齐的方式。

　＊相同级别的两行左侧对齐。

　＊不同级别的两行相差一个'Tab'。

如：

class User

{

Public string GetUserName()

{

…

return _userName；

}

}

　6. 异常处理规范

下列情况必须使用异常处理：

　＊数据库操作

　＊文件操作

当发生异常时，请发出一个友好的消息给用户。

二、Java 编码规范

　1. 包命名

◆ 全部小写

◆ 标识符用点号分隔开来

◆ 全局包的命名：

cn. finefuture. ＋模块名

例如：cn. finefuture. common 公共模块

cn. finefuture. privilege 权限管理模块

项目包：

客户域名＋项目名

　2. 类、接口命名

类的名字应该使用名词。

每个单词第一个字母应该大写。且接口名的第一个字母为 I。

3. 方法命名

第一个单词一般是动词。

第一个字母是小写，但是中间单词的第一个字母是大写。

如果方法返回一个成员变量的值，方法名一般为 get＋成员变量名，如若返回的值是 bool 变量，一般以 is 作为前缀。

如果方法修改一个成员变量的值，方法名一般为：set ＋ 成员变量名。

4. 变量命名

第一个字母小写，中间单词的第一个字母大写。

不要用_或 & 作为第一个字母。

尽量使用短而且具有意义的单词。

单字符的变量名一般只用于生命期非常短暂的变量。i,j,k,l,m,n 一般用于 integers; c,d,e 一般用于 characters。

如果变量是集合，则变量名应用复数。

命名组件采用匈牙利命名法，所有前缀均应遵循同一个组件名称缩写列表。

局部变量及输入参数不要与类成员变量同名（get/set 方法与构造函数除外）。

5. 常量命名

所有常量名均全部大写，单词间以'_'隔开。int MAX_NUM;

6. 缩进规范

＊代码排版采用左对齐的方式。

＊相同级别的两行左侧对齐。

＊不同级别的两行相差一个'Tab'。

对于用 eclipse 开发的项目，每个 java 源文件，必须使用 eclipse 工具中自带的排版组合键 Ctrl＋Shift＋F。

7. 注释规范

(1)函数注释

在每个函数的前面建议都要有相应的注释信息，包括：函数名称；功能描述；输入、输出及返回值说明；调用关系及被调用关系说明等。

比如：

```
/＊＊
＊函数名称:CheckIN
＊功能描述:用户身份验证
＊参    数:strName:用户名 ；strPwd:用户密码
＊返 回 值:如果验证成功返回真,否则返回假。
＊调    用:bool b＝CheckIN(strName,strPwd),在登录页中后台文件中调用。
＊＊/
public bool CheckIN(String strName,String strPwd)
{
   ……
}
```

（2）文件头部注释及程序流程及逻辑点注释（可选）

与 . NET 的文件头部注释及程序流程及逻辑点注释类似。

三、附表

ADO. NET 命名规范

数据类型	数据类型简写	标准命名举例
Connection	con	conNorthwind
Command	cmd	cmdReturnProducts
Parameter	parm	parmProductID
DataAdapter	dad	dadProducts
DataReader	dtr	dtrProducts
DataSet	dst	dstNorthWind
DataTable	dtbl	dtblProduct
DataRow	drow	drowRow98
DataColumn	dcol	dcolProductID
DataRelation	drel	drelMasterDetail
DataView	dvw	dvwFilteredProducts

控件命名规范

数据类型	数据类型简写	标准命名举例
Label	lbl	lblMessage
LinkLabel	llbl	llblToday
Button	btn	btnSave
TextBox	txt	txtName
MainMenu	mmnu	mmnuFile
CheckBox	chk	chkStock
RadioButton	rbtn	rbtnSelected
GroupBox	gbx	gbxMain
PictureBox	pic	picImage
Panel	pnl	pnlBody
DataGrid	dgrd	dgrdView
ListBox	lst	lstProducts
CheckedListBox	clst	clstChecked
ComboBox	cbo	cboMenu
ListView	lvw	lvwBrowser
TreeView	tvw	tvwType
TabControl	tctl	tctlSelected
DateTimePicker	dtp	dtpStartDate
HscrollBar	hsb	hsbImage
VscrollBar	vsb	vsbImage
Timer	tmr	tmrCount
ImageList	ilst	ilstImage
ToolBar	tlb	tlbManage

续表

数据类型	数据类型简写	标准命名举例
StatusBar	stb	stbFootPrint
OpenFileDialog	odlg	odlgFile
SaveFileDialog	sdlg	sdlgSave
FoldBrowserDialog	fbdlg	fgdlgBrowser
FontDialog	fdlg	fdlgFoot
ColorDialog	cdlg	cdlgColor
PrintDialog	pdlg	pdlgPrint

变量的作用域及前缀

前　缀	说　明	举　例
p	全局变量	pstrName
st	静态变量	ststrName
m	成员变量	mstrName
a	数组	aintCount[]

变量数据类型的前缀

C= 数据类型	类库数据类型	标准命名举例
Sbyte	System. sbyte	sbte
Short	System. Int16	sht
Int	System. Int32	int
Long	System. Int64	lng
Byte	System. Byte	bte
Ushot	System. Uint16	usht
Uint	System. Uint32	uint
Ulong	System. Uint64	ulng
Float	System. Single	flt
Double	System. Double	dbl
Decimal	System. Decimal	dcl
Bool	System. Boolean	bol
Char	System. Char	chr
Object	System. Object	obj
String	System. String	str
DateTime	System. DateTime	dte
IntPtr	System. Intpre	intptr

附录 B

测试用例模板主要包括以下内容：

①用例编号：对该测试用例分配唯一的编号标识；采用系统名称＋序号，如：CRM001

②用例级别：表明该用例的重要程度；非常重要、重要、一般

③软件项标识：根据功能项设置的编号，此项暂不填

④输入描述:列出执行本测试用例所需的具体的每一个输入(值);

⑤预期输出:列出所有预期指标要求下的具体预期输出(值);

⑥实际结果:此项在测试执行时填写。指明该测试用例是否通过。如果不通过,需列出实际测试时的测试输出值;

⑦备注:如果有必要,则要填写"预置条件"、"特殊环境需求"、"特殊测试步骤要求"、"相关测试用例"以及"相关测试规程"等相关信息。

×××系统

××功能测试用例

用例编号		测试日期		年　　月　　日
项　　目		软件项标识		××××-××
用例级别				
功能说明				

序号	测试步骤描述	输入描述	预期输出

测试结论	1:不通过	2:存在问题	3:通过	
备注				

第二部分　计算机信息管理专业技能抽查题库

基本技能模块　数据库管理与应用

项目1　ATM机管理子系统

一、项目题库编号及名称

B-1-1,ATM机管理子系统

二、项目背景

1. 项目描述

某银行现在要开发一套管理信息系统,其中的ATM机管理系统是银行业务流程过程中十分重要且必备的环节之一,你作为项目开发组的程序员,请按要求完成:

(1)数据库和数据表的创建和管理;

(2)数据完整性约束的相关操作;

(3)数据操作;

(4)数据查询;

(5)数据库对象管理;

(6)数据库用户管理。

2. 项目分析

ATM机管理子系统E-R图如图B101-1所示,逻辑数据模型如图B101-2所示,物理数据模型如图B101-3所示,数据表字段名定义见表B101-1。

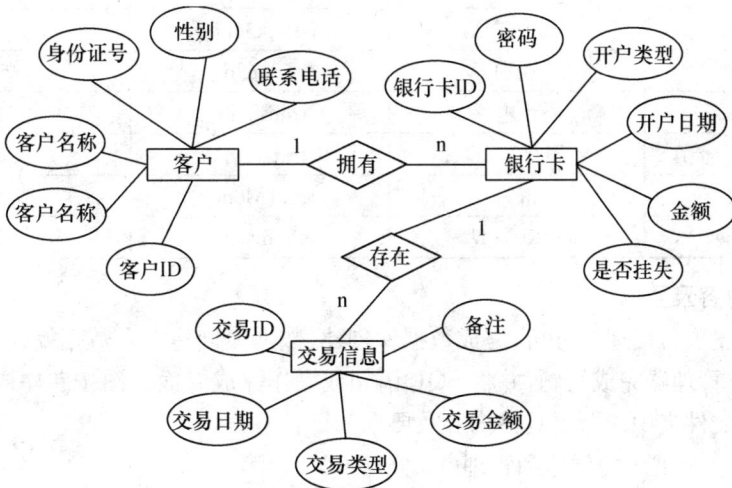

图 B101-1　E-R图

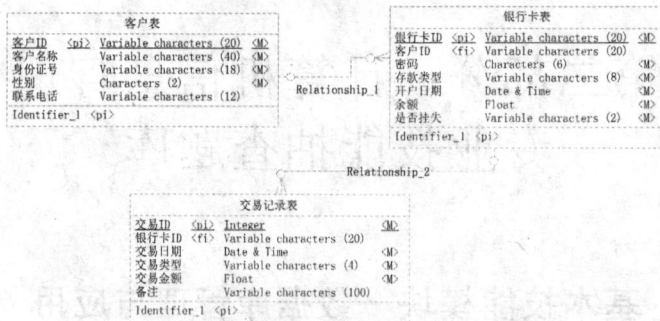

图 B101-2　逻辑数据模型

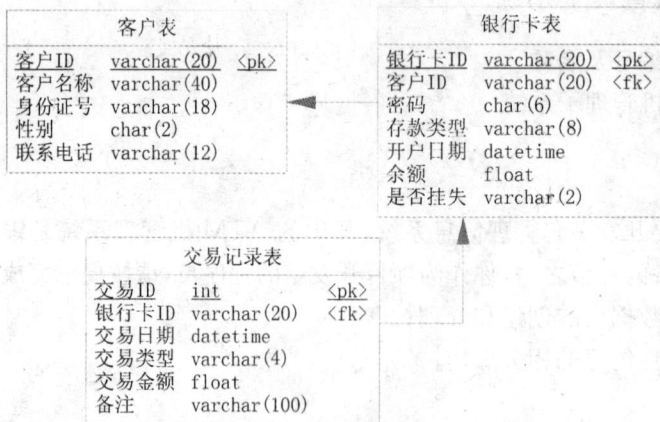

图 B101-3　物理数据模型

表 B101-1　字段名定义表

字段名	字段说明	字段名	字段说明
customerId	客户 ID	openTime	开户日期
customerName	客户名称	balance	余额
PID	身份证号	isReportLos	是否挂失
sex	性别	transId	交易 ID
telephone	联系电话	transTime	交易日期
cardId	银行卡 ID	transType	交易类型
password	密码	transMoney	交易金额
savingType	存款类型	remark	备注

三、项目内容及要求

请根据上述项目描述与分析,完成数据库创建、数据表创建以及数据操作等任务。请使用 SQL 语句或管理器完成答题,并将 SQL 语句或操作完成界面截图按题序以"test. doc"命名保存在答题文件夹中。题目具体内容及要求如下:

1. 数据库和数据表的创建和管理(38 分)

(1)创建一个名为"BankDB"的数据库,数据库文件存储在考生答题文件夹下的 Data 子目录中。(5 分)

(2)根据表 B101-1 和图 B101-2,在"BankDB"数据库中,创建三个数据表对象,名称分别为:T_customer(客户表)、T_account(银行卡表)、T_transInfo(交易记录表)。见表 B101-2、表 B101-3、表 B101-4。(15 分)

(3)根据图 B101-3 物理数据模型,创建上述三个数据表之间的主键和外键约束;将交易 ID 设置为标识列,自动从 1 开始增长。(18 分)

2. 数据操作(20 分)

(1)使用管理平台完成如下数据录入。(12 分)

表 B101-2　T_customer 客户表记录样本

客户编号	客户名称	身份证号	性别	联系电话
001	张丽	430281198907064463	女	13907310001
002	王蒙	430202198107163775	男	13907310002
003	李晓晨	430203197611031757	男	13907310003

表 B101-3　T_account 银行卡表记录样本

银行卡 ID	客户 ID	密码	存款类型	开户日期	余额	是否挂失
6222000020130001	001	123456	活期	2010-10-10	3200.00	否
6222000020130002	002	123456	活期	2012-8-5	1500.00	否
6222000020130003	003	123456	一年定期	2013-5-5	50000.00	否

表 B101-4　T_transInfo 交易记录表记录样本

银行卡 ID	交易日期	交易类型	交易金额	备注
6222000020130001	2010-10-15	开户	1000.00	
6222000020130002	2013-4-15	取款	2000.00	
6222000020130001	2013-5-15	存款	1000.00	

(2)在 T_customer 客户表中添加一条记录:"004,张辉名,430102198809093012,男,13278666666"。(4 分)

(3)在 T_customer 客户表中将客户编号为"001"的客户姓名改为"张力"。(4 分)

3. 数据查询(16 分)

(1)查询出账户余额小于 10 元的所有银行卡号。(6 分)

(2)查询出取款金额大于 5000 元的所有客户名称(消除重复项)。(10 分)

4. 数据库对象的创建与管理(8 分)

创建存储过程 P_account,根据客户编号统计出此客户拥有多少张银行卡。(8 分)

5. 数据库用户管理(8 分)

为当前数据库用户授予对"BankDB"数据库中"T_customer"表的 SELECT 操作权限。(8 分)

6. 职业素养(10 分)

(1)在项目完成过程中操作规范,场地整洁,举止文明,遵守规则。

(2)答题文件及文件夹按任务要求命名规范,文件存储路径正确。

四、项目注意事项

(1)文件存取路径说明：

考题文件夹：F:\CIMT\学校_姓名_身份证号\

素材文件夹：F:\CIMT\学校_姓名_身份证号\素材\

答题文件夹：F:\CIMT\学校_姓名_身份证号\答题\

(2)考试方式：上机操作。

(3)测试时间：60分钟。

(4)按项目要求完成各项任务。

项目2　建设工程监管信息系统

一、项目题库编号及名称

B-1-2，建设工程监管信息系统

二、项目背景

1. 项目描述

某公司现在要开发一套管理信息系统，你作为项目开发组的程序员，请按要求完成：

(1)数据库和数据表的创建和管理；

(2)数据完整性约束的相关操作；

(3)数据操作；

(4)数据查询；

(5)数据库对象管理；

(6)数据库用户管理。

2. 项目分析

建设工程监管信息系统 E-R 图如图 B102-1 所示，逻辑数据模型如图 B102-2 所示，物理数据模型如图 B102-3 所示，数据表字段名定义见表 B102-1。

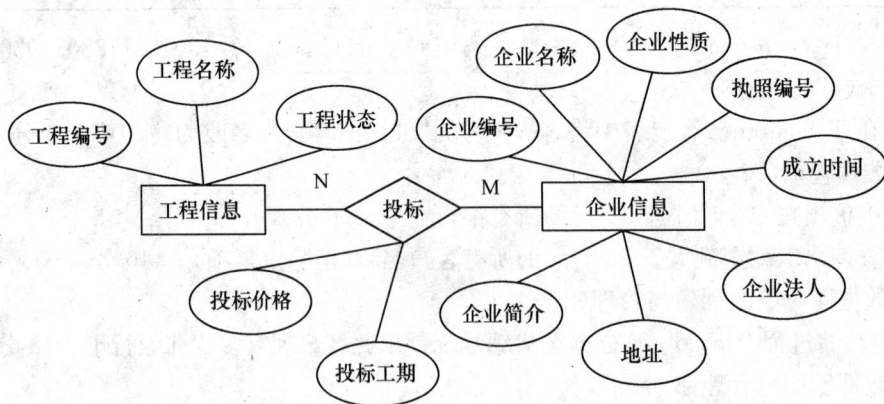

图 B102-1　E-R 图

图 B102-2　逻辑数据模型

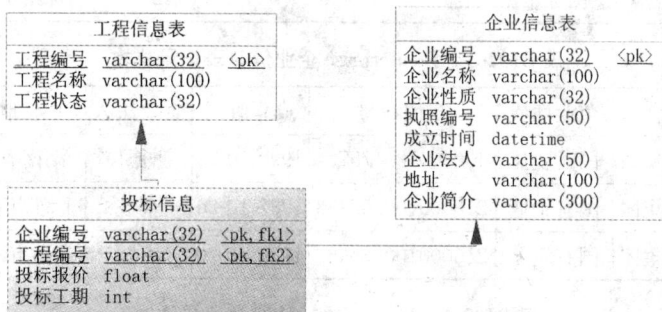

图 B102-3　物理数据模型

表 B102-1　字段名定义表

字段名	字段说明	字段名	字段说明
ProjectID	工程编号	FoundDate	成立时间
ProjectName	工程名称	Corporation.	企业法人
ProjectState	工程状态	Address	地址
EntID	企业编号	Company	企业简介
EntName	企业名称	OfferPrice	投标报价(万元)
EntType	企业性质	OfferLimite	投标工期(天)
License	执照编号		

三、项目内容及要求

请根据上述项目描述与分析,完成数据库创建、数据表创建以及数据操作等任务。请使用 SQL 语句或管理器完成答题,并将 SQL 语句或操作完成界面截图按题序以"test. doc"命名保存在答题文件夹中。题目具体内容及要求如下:

1. **数据库和数据表的创建和管理**(38 分)

(1)创建一个名为"ConstructionDB"数据库,数据库文件存储在考生答题文件夹中的 Data 子目录中。(5 分)

(2)根据表 B102-1 和图 B102-2,在"ConstructionDB"数据库中,创建三个数据表对象,名称分别为：T_project（工程信息表）、T_enterprise（企业信息表）、T_offer（投标信息表）。见表 B102-2、表 B102-3、表 B102-4。（15 分）

（3）根据图 B102-3 物理数据模型，创建上述三个数据表之间的主键和外键约束；企业性质取值范围为："国有企业"或"民营企业"；投标报价（万元）默认值为 0。（18 分）

2. 数据操作（20 分）

（1）使用管理平台完成如下数据录入。（12 分）

表 B102-2　T_project 工程信息表记录样本

工程编号	工程名称	工程状态
PJ001	市政府办公楼	正在招标
PJ002	万家丽广场	正在招标
PJ003	国际金融大厦	招标结束

表 B102-3　T_enterprise 企业信息表记录样本

企业编号	企业名称	企业性质	执照编号	成立时间	企业法人	地址	企业简介
te001	远大建筑集团	民营企业	430000100178754	1990-10-20	谢德俊	湖南省长沙市	
te002	上海建工集团	国有企业	210000100368733	1987-10-20	金波	上海市浦东新区	
te003	上海城建集团	国有企业	210000100985563	1989-10-20	卢颖	上海市浦东新区	

表 B102-4　T_offer 投标信息表记录样本

企业编号	工程编号	投标报价（万元）	投标工期（天）
te001	PJ001	230	220
te002	PJ002	260	260
te003	PJ003	370	350

（2）在 T_project 表中添加一条记录："PJ004，天心区办公楼附属楼，正在招标"。（4 分）

（3）将"上海建工集团"的企业法人更改为"李三一"。（4 分）

3. 数据查询（16 分）

（1）查询"正在招标"所有的工程编号、工程名称。（6 分）

（2）查询"远大建筑集团"参与竞标的且投标报价大于 150 万元的所有工程名称。（10 分）

4. 数据库对象的创建与管理（8 分）

创建视图 V_offer 查询企业投标信息：企业名称、工程名称、投标报价、投标工期。

5. 数据库用户管理（8 分）

为当前数据库用户授予对"ConstructionDB"数据库中"T_project"表的 SELECT 操作权限。

6. 职业素养（10 分）

（1）在项目完成过程中操作规范，场地整洁，举止文明，遵守规则。

（2）答题文件及文件夹按任务要求命名规范，文件存储路径正确。

四、项目注意事项

（1）文件存取路径说明：

考题文件夹:F:\CIMT\学校_姓名_身份证号\

素材文件夹:F:\CIMT\学校_姓名_身份证号\素材\

答题文件夹:F:\CIMT\学校_姓名_身份证号\答题\

(2)考试方式:上机操作。

(3)测试时间:60分钟。

(4)按项目要求完成各项任务。

项目3　电子商务商品管理系统

一、项目题库编号及名称

B-1-3,电子商务商品管理系统

二、项目背景

1. 项目描述

某公司现在要开发一套电子商务商品管理系统,你作为项目开发组的程序员,请按要求完成:

(1)数据库和数据表的创建和管理;

(2)数据完整性约束的相关操作;

(3)数据操作;

(4)数据查询;

(5)数据库对象管理;

(6)数据库用户管理。

2. 项目分析

电子商务商品管理系统 E-R 图如图 B103-1 所示,逻辑数据模型如图 B103-2 所示,物理数据模型如图 B103-3 所示,数据表字段名定义见表 B103-1。

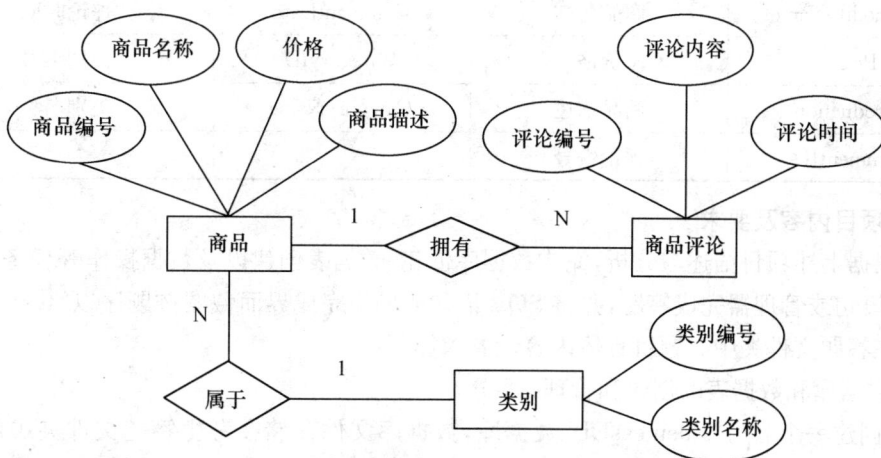

图 B103-1　E-R 图

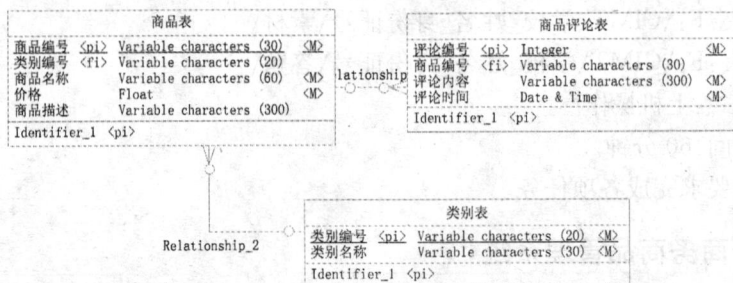

图 B103-2　逻辑数据模型

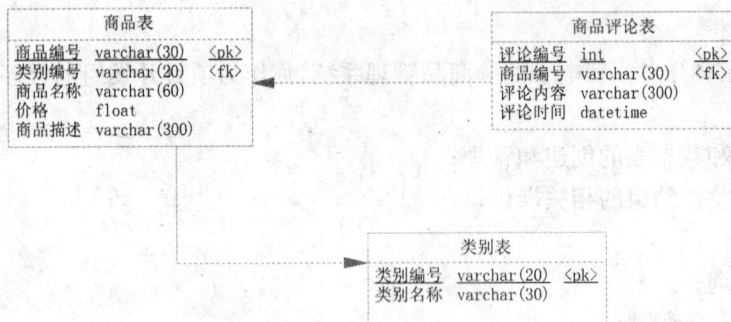

图 B103-3　物理数据模型

表 B103-1　字段名定义表

字段名	字段说明	字段名	字段说明
CommodityID	商品编号	Content	评论内容
CommodityName	商品名称	CommentDate	评论时间
Price	价格	CategoryID	类别编号
Introduction	商品描述	CategoryName	类别名称
CommentID	评论编号		

三、项目内容及要求

请根据上述项目描述与分析,完成数据库创建、数据表创建以及数据操作等任务。请使用 SQL 语句或管理器完成答题,并将 SQL 语句或操作完成界面截图按题序以"test.doc"命名保存在答题文件夹中。题目具体内容及要求如下:

1. **数据库和数据表的创建和管理**(38 分)

(1)创建一个名为"BusinessDB"数据库,数据库文件存储在考生答题文件夹中的 Data 子目录中。(5 分)

(2)根据表 B103-1 和图 B103-2,在"BusinessDB"数据库中,创建三个建数据表对象,名称分别为:T_ Commodity(商品表)、T_Comment(商品评论表)、T_Categoryr(类别表)。见表 B103-2、表 B103-3、表 B103-4。(15 分)

(3)根据图 B103-3 物理数据模型,创建上述三个数据表的主键和外键约束;商品的价格

必须大于 0;评论时间默认为当前系统时间。(18 分)

2. **数据操作**(20 分)

(1)使用管理平台完成数据录入。(12 分)

表 B103-2 T_Categoryr 类别表记录样本

类别编号	类别名称
CA001	日化类
CA002	烟酒类
CA003	食品类

表 B103-3 T_ Commodity 商品表记录样本

商品编号	类别编号	商品名称	价格	商品描述
CM001	CA001	飘柔洗发水	90.00	洗发水
CM002	CA002	茅台酒	800.00	高档白酒
CM003	CA003	旺仔牛奶	5.00	液体奶

表 B103-4 T_Comment 商品评论表记录样本

评论编号	商品编号	评论内容	评论时间
1	CA001	使用效果非常好	2012-10-19
2	CA002	有点贵	2013-3-9
3	CA002	发货速度快	2013-4-20

(2)在 T_Categoryr 表中添加一条记录:"CA004,儿童玩具类"。(4 分)

(3)删除评论编号为"1"的商品评论信息。(4 分)

3. **数据查询**(16 分)

(1)查询商品价格在 50 到 100 之间的商品名称。(6 分)

(2)查询"烟酒类"类别所有商品的商品名、价格、商品描述。(10 分)

4. **数据库对象的创建与管理**(8 分)

创建存储过程 P_Comment,根据商品名称查询该商品的所有评论内容和评论时间。

5. **数据库用户管理**(8 分)

为当前数据库用户授予对"BusinessDB"数据库中"T_ Commodity"的 SELECT 操作权限。

6. **职业素养**(10 分)

(1)在项目完成过程中操作规范,场地整洁,举止文明,遵守规则。

(2)答题文件及文件夹按任务要求命名规范,文件存储路径正确。

四、项目注意事项

1. 文件存取路径说明:

考题文件夹:F:\CIMT\学校_姓名_身份证号\

素材文件夹:F:\CIMT\学校_姓名_身份证号\素材\

答题文件夹:F:\CIMT\学校_姓名_身份证号\答题\

2．考试方式:上机操作

3．测试时间:60 分钟

4．按项目要求完成各项任务。

项目 4　教务管理系统

一、项目题库编号及名称

B-1-4,教务管理系统

二、项目背景

1．项目描述

某学校现在要开发一套教务管理系统,你作为项目开发组的程序员,请按要求完成:

(1)数据库和数据表的创建和管理;

(2)数据完整性约束的相关操作;

(3)数据操作;

(4)数据查询;

(5)数据库对象管理;

(6)数据库用户管理。

2．项目分析

教务管理系统 E-R 图如图 B104-1 所示,逻辑数据模型如图 B104-2 所示,物理数据模型如图 B104-3 所示,数据表字段名定义见表 B104-1。

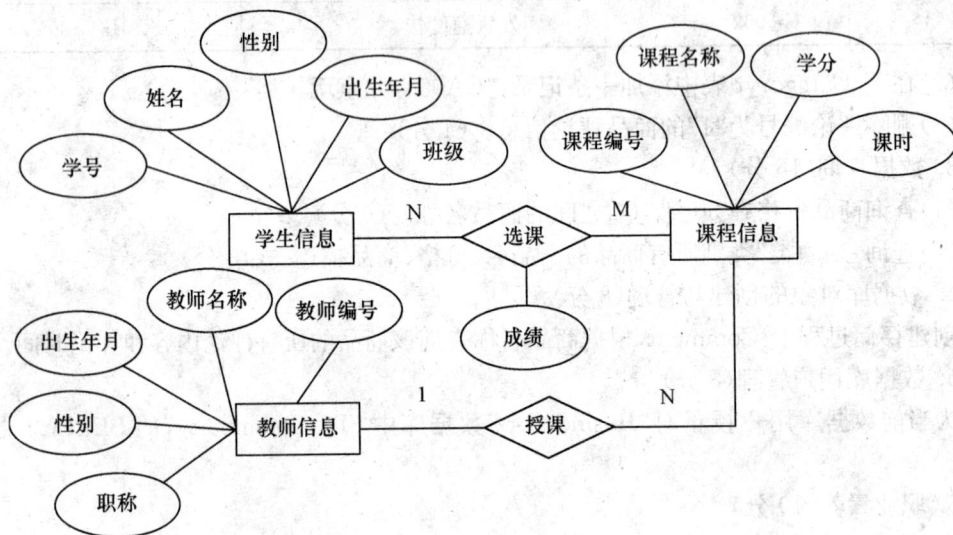

图 B104-1　E-R 图

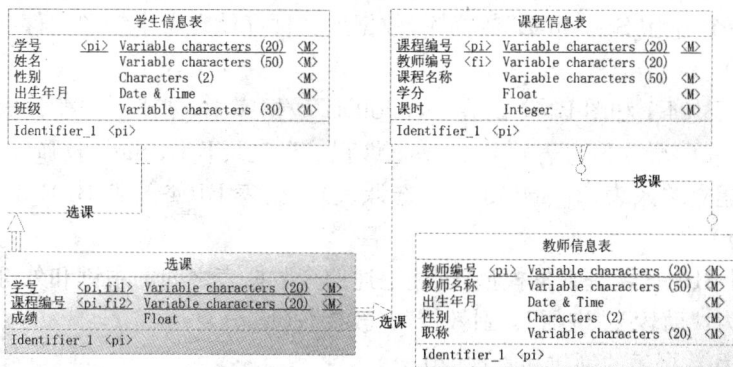

图 B104-2　逻辑数据模型

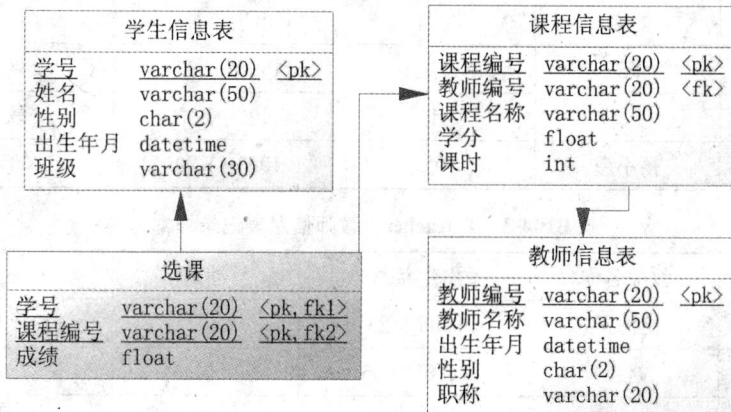

图 B104-3　物理数据模型

表 B104-1　字段名定义表

字段名	字段说明	字段名	字段说明
StuID	学号	Period	课时
StuName	姓名(学生)	TeacherID	教师编号
StuSex	性别(学生)	TName	教师名称
StuBirthday	出生年月(学生)	Tbirthday	出生年月(教师)
Class	班级	Tsex	性别(教师)
CouID	课程编号	Post	职称(教师)
CouName	课程名称	grade	成绩
Credit	学分		

三、项目内容及要求

请根据上述项目描述与分析,完成数据库创建、数据表创建以及数据操作等任务,请使用 SQL 语句或管理器完成答题,并将 SQL 语句或操作完成界面截图按题序以"test. doc"命名保存在答题文件夹中。题目具体内容及要求如下:

1. 数据库和数据表的创建和管理(38分)

(1)创建一个名为"SchoolDB"数据库,数据库文件存储在考生答题文件夹中的Data子目录中。(5分)

(2)根据表B104-1和图B104-2,在"SchoolDB"数据库中,创建三个建数据表对象,名称分别为:T_student(学生信息表)、T_course(课程信息表)、T_teacher(教师信息表);根据实体之间的关系建立关系表:T_score(学生选课表)。见表B104-2、表B104-3、表B104-4、表B104-5。(15分)

(3)根据图B104-3物理数据模型,创建上述四个数据表之间的主键和外键约束;教师职称的取值范围为:"助教"、"讲师"、"副教授"、"教授";(18分)

2. 数据库和数据表的创建和管理(20分)

(1)使用管理平台完成数据录入。(12分)

表B104-2　T_student　学生信息表记录样本

学号	姓名	性别	出生年月	班级
STU001	张三	男	1992-10-30	网络1011
STU002	王鑫	男	1991-6-9	软件1011
STU003	杨小霞	女	1993-11-20	商务1011

表B104-3　T_teacher　教师信息表记录样本

教师编号	教师名称	出生年月	性别	职称
TCH001	高海平	1965-6-23	男	教授
TCH002	赵强	1978-10-25	男	副教授
TCH003	周小军	1980-11-9	男	讲师
TCH004	张倩	1985-11-20	女	助教

表B104-4　T_course　课程信息表记录样本

课程编号	教师编号	课程名称	学分	课时
COU001	TCH001	软件工程	3	60
COU003	TCH002	C语言程序设计	3	90
COU003	TCH003	数据结构	4	90

表B104-5　T_score　学生选课表记录样本

学号	课程编号	成绩
STU001	COU001	90
STU002	COU001	80
STU002	COU003	78

(2)在T_student表中添加一条记录:"STU005,刘忠,男,1992-10-12,信息1211"。(4分)

(3)将"数据结构"课程的学分改为5。(4分)

3. 数据查询(16 分)

(1)查询学分小于等于 3 分的课程编号和课程名称。(6 分)

(2)查询选修了"C 语言程序设计"的学生信息。(10 分)

4. 数据库对象的创建与管理(8 分)

创建存储过程 P_avg_score,根据课程名称统计选修该课程的所有学生的平均成绩。

5. 数据库用户管理(8 分)

为当前数据库用户授予对"SchoolDB"数据库中"T_student"的 SELECT 操作权限。

6. 职业素养(10 分)

(1)在项目完成过程中操作规范,场地整洁,举止文明,遵守规则。

(2)答题文件及文件夹按任务要求命名规范,文件存储路径正确。

四、项目注意事项

(1)文件存取路径说明:

考题文件夹:F:\CIMT\学校_姓名_身份证号\

素材文件夹:F:\CIMT\学校_姓名_身份证号\素材\

答题文件夹:F:\CIMT\学校_姓名_身份证号\答题\

(2)考试方式:上机操作。

(3)测试时间:60 分钟。

(4)按项目要求完成各项任务。

项目 5　图书管理系统(一)

一、项目题库编号及名称

B-1-9,图书管理系统(一)

二、项目背景

1. 项目描述

腾飞软件开发公司需要开发一套图书管理系统,经过可行性分析和初步的需求调查,其中图书—管理子系统主要完成的功能有:管理员管理各类图书、图书信息、图书类别查询。你作为项目开发组的程序员,请按要求完成:

(1)数据库和数据表的创建和管理;

(2)数据完整性约束的相关操作;

(3)数据操作;

(4)数据查询;

(5)数据库对象管理;

(6)数据库用户管理。

2. 项目分析

图书—管理子模块 E-R 图如图 B109-1 所示,逻辑数据模型如图 B109-2 所示,物理数据模型如图 B109-3 所示,数据表字段名定义见表 B109-1。

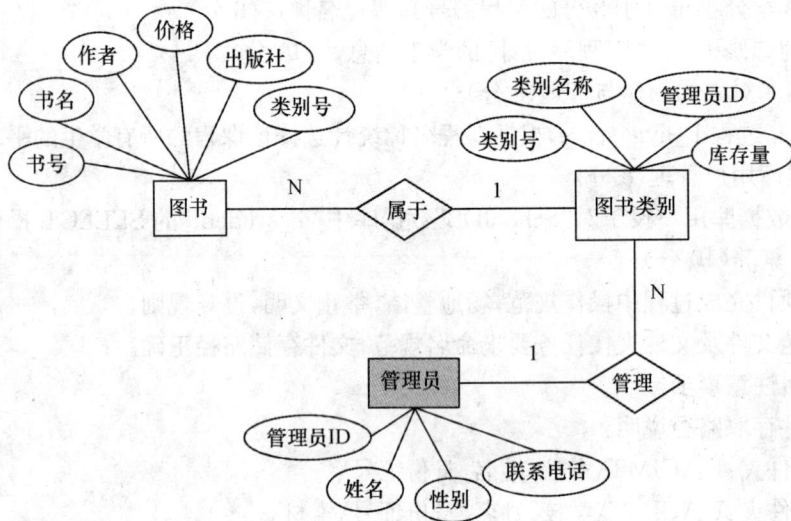

图 B109-1   图书—管理 E-R 图

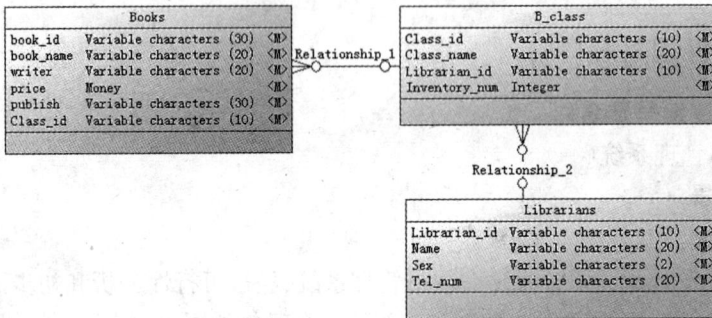

图 B109-2   逻辑数据模型

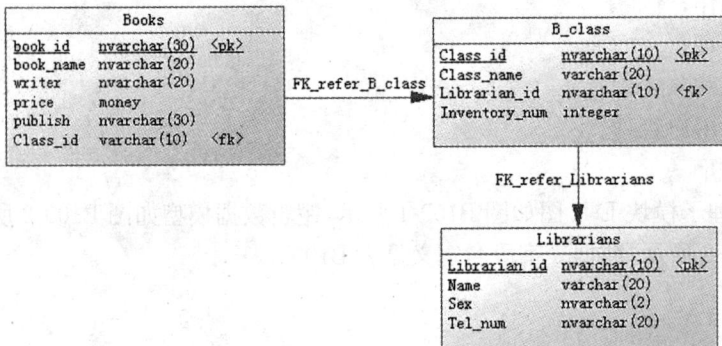

图 B109-3   物理数据模型

表 B109-1　字段名定义表

字段名	字段说明	字段名	字段说明	字段名	字段说明
Book_id	书号	Publish	出版社	Librarian_id	管理员编号
Book_name	书名	Class_id	类别号	Name	姓名
Writer	作者	Class_name	类别名称	Sex	性别
Price	价格	Inventory_num	库存数量	Tel_num	联系电话

三、项目内容及要求

请根据上述项目描述与分析,完成数据库创建、数据表创建以及数据操作等任务。请使用 SQL 语句或管理器完成答题,并将 SQL 语句或操作完成界面截图按题序以"test. doc"命名保存在答题文件夹中。题目具体内容及要求如下:

1. 数据库和数据表的创建和管理(38 分)

(1)创建一个名为"Library1"数据库,数据库文件存储在考生答题文件夹中的 Data 子目录中。(5 分)

(2)根据图 B109-2 和表 B109-1 的字段名定义表,在"Library1"数据库中,创建三个数据表对象,名称分别为:Librarians(管理员信息表)、B_class(图书类别表)、Books(图书信息表)。见表 B109-2、表 B109-3、表 B109-4。(15 分)

(3)根据图 B109-3 物理数据模型,请使用 SQL 语句创建上述三个数据表的主键和外键约束;为表 Librarians 中的"sex"字段设置核查约束,其值设置为"男"或"女"。(18 分)

2. 数据操作(20 分)

(1)使用管理平台完成如下数据录入。(12 分)

表 B109-2　Librarians 表记录样本

Librarian_id	Name	Sex	Tel_num
L001	熊佳	女	13223234344
L002	杨韬	男	18745645635
L003	曹广帅	男	13687891239
L004	肖雨晴	女	13754356572

表 B109-3　B_class 表记录样本

Class_id	Class_name	Librarian_id	Inventory_num
1	经管大类	L001	2176
2	管理大类	L002	3452
3	教育大类	L003	1865
4	信息大类	L004	11652

表 B109-4　Books 表记录样本

Book_id	Book_name	Writer	Price	Publish	Class_id
B048	网络信息编辑	宋文官、王晓红	29.9	高等教育出版社	1
B265	80、90 应该这样管	郑君	35	中国财富出版社	2
B129	高等教育心理学	湖南省教育厅	22	湖南大学出版社	3
B072	数据库管理与应用	雷超阳	28.6	湖南科技出版社	4

(2)为 Librarians 表添加一条记录:"L005,杨晓,女,18932406836"。(4 分)

(3)将图书类别编号为"2"的库存改为"4122"。(4 分)

3. 数据查询(16 分)

(1)查询出书名包含"数据库"的图书书号、书名和作者。(6 分)

(2)查询管理员"肖雨晴"管理的图书类别信息。(10 分)

4. 数据库对象的创建与管理(8 分)

创建视图"V_class",显示教育大类的库存数量。

5. 数据库用户管理(8 分)

为当前数据库用户授予对"Library1"数据库中"Librarians"表的 UPDATE 操作权限。

6. 职业素养(10 分)

(1)在项目完成过程中操作规范,场地整洁,举止文明,遵守规则。

(2)答题文件及文件夹按任务要求命名规范,文件存储路径正确。

四、项目注意事项

(1)文件存取路径说明:

考题文件夹:F:\CIMT\学校_姓名_身份证号\

素材文件夹:F:\CIMT\学校_姓名_身份证号\素材\

答题文件夹:F:\CIMT\学校_姓名_身份证号\答题\

(2)考试方式:上机操作。

(3)测试时间:60 分钟。

(4)按项目要求完成各项任务。

项目6　图书管理系统（二）

一、项目题库编号及名称

B-1-10,图书管理系统(二)

二、项目背景

1. 项目描述

腾飞软件开发公司需要开发一套图书管理系统,经过可行性分析和初步的需求调查,其中的读者—图书子系统主要完成的功能有:读者注册、读者借还书记录、图书查询。你作为项目开发组的程序员,请按要求完成:

(1)数据库和数据表的创建和管理;

(2)数据完整性约束的相关操作;

(3)数据操作;

(4)数据查询;

（5）数据库对象管理；

（6）数据库用户管理。

2. 项目分析

读者—图书子模块 E-R 图如图 B110-1 所示，逻辑数据模型如图 B110-2 所示，物理数据模型如图 B110-3 所示，数据表字段名定义见表 B110-1。

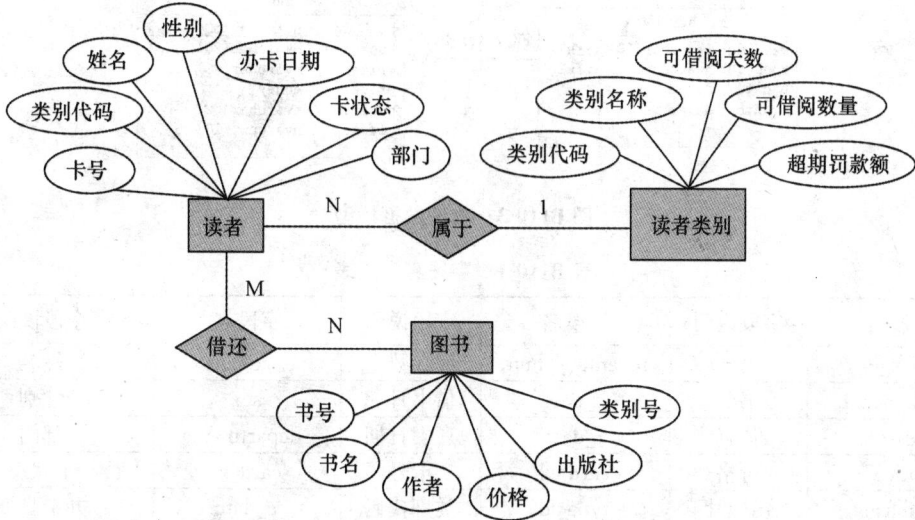

图 B110-1 读者—图书 E-R 图

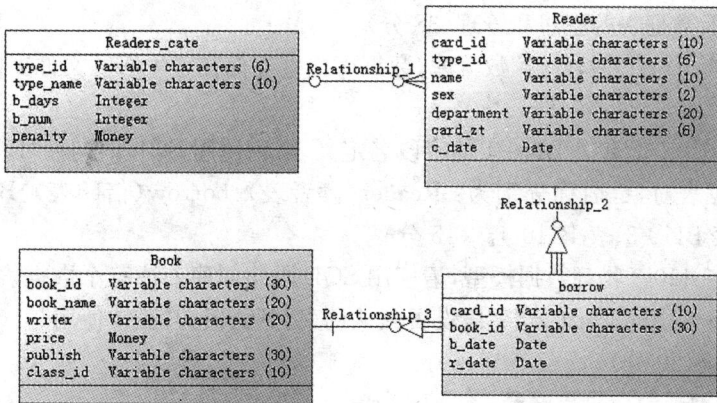

图 B110-2 逻辑数据模型

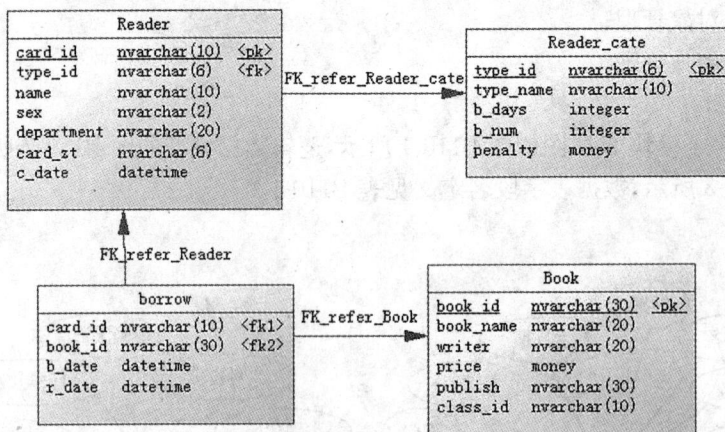

图 B110-3　物理数据模型

表 B110-1　字段名定义表

字段名	字段说明	字段名	字段说明	字段名	字段说明
book_id	书号	inventory_num	库存数量	name	姓名
book_name	书名	b_date	借书日期	sex	性别
writer	作者	r_date	还书日期	department	部门
price	价格	card_id	卡号	card_zt	卡状态
publish	出版社	type_id	类别代码	c_date	办卡日期

三、项目内容及要求

请根据上述项目描述与分析,完成数据库创建、数据表创建以及数据操作等任务。请使用 SQL 语句或管理器完成答题,并将 SQL 语句或操作完成界面截图按题序以"test.doc"命名保存在答题文件夹中。题目具体内容及要求如下:

1. 数据库及数据表的创建和管理(38 分)

(1)创建一个名为"Library2"数据库,数据库文件存储在考生答题文件夹中的 Data 子目录中。(5 分)

(2)根据图 B110-2 和表 B110-1 的字段名定义表,请使用 SQL 语句在"Library2"数据库中创建三个数据表对象,名称分别为:Reader(读者表)、borrow(借阅表)、Book(图书表)。见表 B110-2、表 B110-3、表 B110-4。(15 分)

(3)根据图 B110-3 物理数据模型,请使用 SQL 语句创建上述三个数据表的主键和外键约束;为 Reader 表中的"card_zt"字段设置默认约束,默认值为"正常使用"。(18 分)

2. 数据查询(20 分)

(1)使用管理平台完成数据录入。(12 分)

表 B110-2　Reader 表记录样本

card_id	type_id	name	sex	department	card_zt	c_date
C081	1	李华	女	业务部	正常使用	2010-06-03
C082	2	唐俊	男	运维部	停卡	2011-11-13
C083	3	谢瑞文	男	企划部	停卡	2011-05-21
C084	4	段艳	女	营销部	正常使用	2012-08-12

表 B110-3　borrow 表记录样本

card_id	book_id	b_date	r_date
C081	B055	2010-06-05	2010-07-10
C082	B178	2011-11-14	2012-02-13
C083	B256	2011-05-22	2011-08-15
C084	B082	2012-08-13	2012-10-08

表 B110-4　Book 表记录样本

book_id	book_name	writer	price	publish	class_id
B055	奇思异想的物联网	张海霞	28	北京大学出版社	4
B178	服务性企业战略管理	黄其新、陈伟军	32	北京大学出版社	2
B256	教育心理学	莫雷	26.8	教育科学出版社	3
B082	营销管理	菲利普·科特勒	48	中国人民大学出版社	4

(2)为 Reader 表添加一条记录:"C086,张晓,女,企划部,正常使用,2012-5-20"。(4 分)

(3)将卡号为"C086"的卡状态改为"停卡"。(4 分)

3. 数据查询(16 分)

(1)查询出卡状态为"停卡"的读者信息。(6 分)

(2)查询借书日期为"2012-08-13"的书名、作者和出版社。(10 分)

4. 数据库对象的创建与管理(8 分)

创建视图"V_Books",查询作者包含"莫雷"的图书信息。

5. 数据库用户管理(8 分)

为当前数据库用户授予对"Library2"数据库中"borrow"表的 UPDATE 操作权限。

6. 职业素养(10 分)

(1)在项目完成过程中操作规范,场地整洁,举止文明,遵守规则。

(2)答题文件及文件夹按任务要求命名规范,文件存储路径正确。

四、项目注意事项

(1)文件存取路径说明:

考题文件夹:F:\CIMT\学校_姓名_身份证号\

素材文件夹:F:\CIMT\学校_姓名_身份证号\素材\

答题文件夹:F:\CIMT\学校_姓名_身份证号\答题\

(2)考试方式:上机操作。

(3)测试时间:60 分钟。

(4)按项目要求完成各项任务。

项目7 酒店客房管理系统(一)

一、项目题库编号及名称

B-1-11,酒店管理客房系统(一)

二、项目背景

1. 项目描述

惠民软件开发公司需要开发一套酒店管理系统,经过可行性分析和初步的需求调查,其入住结算子模块主要完成的功能有:记录入住信息、结算和用户信息管理。你作为项目开发组的程序员,请按要求完成:

(1)数据库和数据表的创建和管理;

(2)数据完整性约束的相关操作;

(3)数据操作;

(4)数据查询;

(5)数据库对象管理;

(6)数据库用户管理。

2. 项目分析

入住结算功能子模块 E-R 图如图 B111-1 所示,逻辑数据模型如图 B111-2 所示,物理数据模型如图 B111-3 所示,数据表字段名定义见表 B111-1。

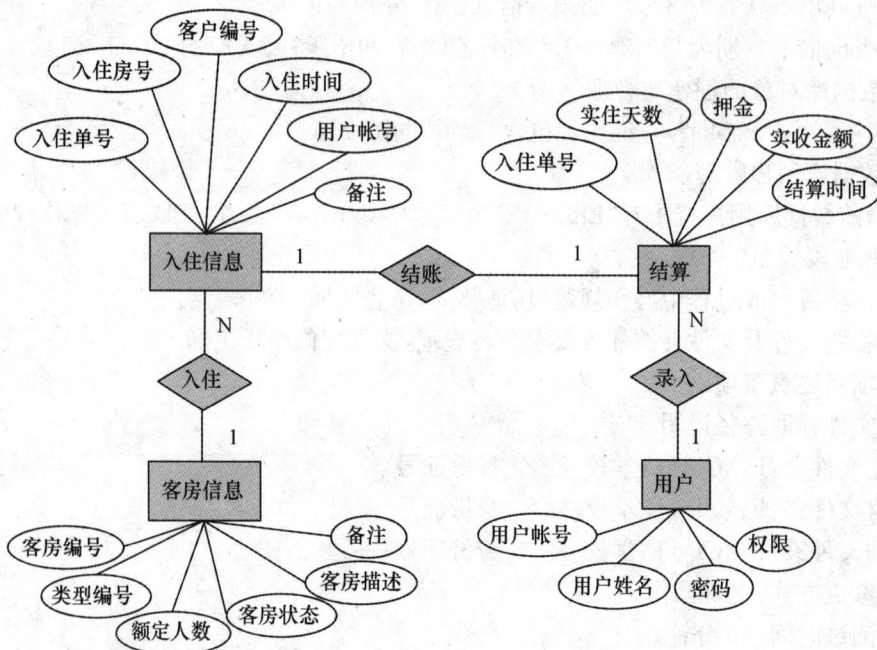

图 B111-1 入住—结算 E-R 图

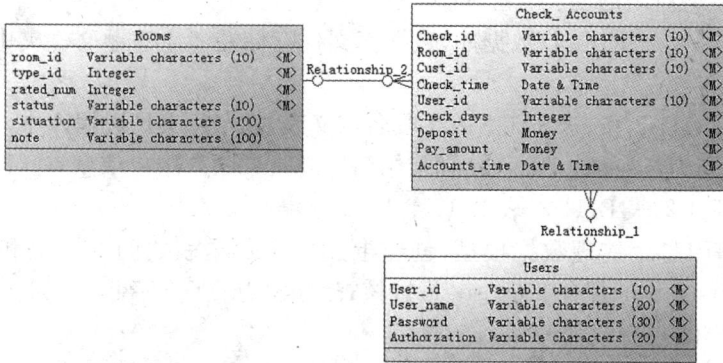

图 B111-2 逻辑数据模型

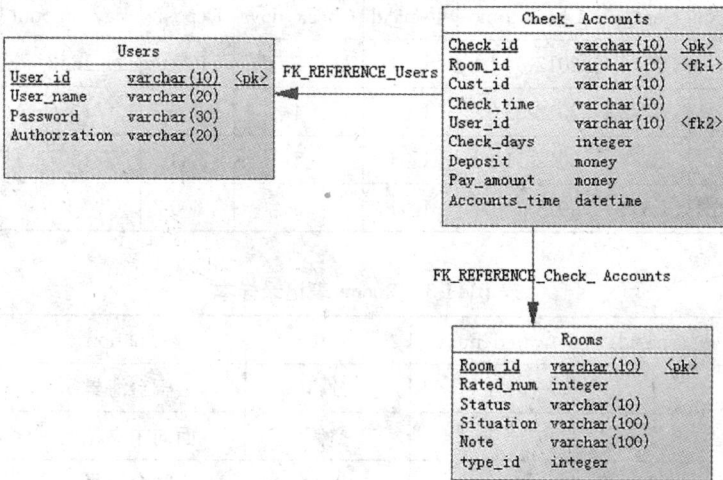

图 B111-3 物理数据模型

表 B111-1 字段名定义表

字段名	字段说明	字段名	字段说明	字段名	字段说明
Check_id	入住单号	Pay_amount	实收金额	situation	客房描述
Room_id	入住房号	Accounts_time	结算时间	User_id	用户帐号
Cust_id	客户编号	room_id	客房编号	User_name	用户姓名
Check_time	入住时间	type_id	类型编号	Password	密码
Check_days	实住天数	rated_num	额定人数	Authorzation	权限
Deposit	押金	status	客房状态		

三、项目内容及要求

请根据上述项目描述与分析,完成数据库创建、数据表创建以及数据操作 任务。如请使用 SQL 语句或管理器完成答题,并将 SQL 语句或操作完成界面截图按题序以"test. doc"命名保存在答题文件夹中。题目具体内容及要求如下:

1. 数据库及数据表的创建与管理（38 分）

（1）创建一个名为"Hotle1"数据库，数据库文件存储在考生答题文件夹中的 Data 子目录中。（5 分）

（2）根据图 B111-2 和表 B111-1 的字段名定义表，在"Hotle1"数据库中，创建三个数据表对象，名称分别为：Check_ Accounts（入住结算表）、Users（用户信息表）、Rooms（客房信息表）。见表 B111-2、表 B111-3、表 B111-4。（15 分）

（3）根据图 B111-3 物理数据模型，创建上述三个数据表之间的主键和外键约束；将 Check_ Accounts 表中的押金"Deposit"设置核查约束，要求押金不低于 100 元。（18 分）

2. 数据操作（20 分）

（1）使用管理平台完成数据录入。（12 分）

表 B111-2　Check_Accounts 表记录样本

Check _id	Room_id	Cust_id	Check_time	User_id	Check_days	Deposit	Pay_amount	Accounts_time
R001	602	C126	2012-03-04	U01	5	1000	1352	2012-03-09
R002	406	C238	2012-08-12	U02	4	800	1086	2012-08-16
R003	812	C375	2012-11-22	U03	8	2000	1897	2012-11-30
R004	1105	C641	2013-04-07	U04	3	600	910	2013-04-10

表 B111-3　Rooms 表记录样本

room_id	type_id	rated_num	status	situation	note
602	1	1	预订	阔台海景	
406	2	1	空闲	面向中央花园	
812	3	2	入住	阔台海景	
1105	2	1	预订	面向中央花园	

表 B111-4　Users 表记录样本

User_id	User_name	Password	Authorzation
U01	李华	123456	登陆、访问、修改
U02	唐峻	789101	登陆、访问、修改
U03	王丽丽	112131	登陆、访问、修改
U04	张倩	415161	登陆、访问、修改

（2）为 Users 表添加一条记录："U05,田思琪,718192,登陆访问"。（4 分）

（3）将客房编号为"406"的客房状态改为"预订"。（4 分）

3. 数据查询（16 分）

（1）查询入住单号为"U03"的入住房号和结算时间。（6 分）

（2）查询用户名称为"王丽丽"录入的所有入住结算信息。（10 分）

4. 数据库对象的创建与管理（8 分）

创建存储过程"pro_Accounts"，显示客户编号为"C375"的入住结算信息。

5. 数据库用户管理(8分)

为当前数据库用户授予对"Hotle1"数据库中 Check_ Accounts 表的 INSERT 操作权限。

6. 职业素养(10分)

(1)在项目完成过程中操作规范,场地整洁,举止文明,遵守规则。

(2)答题文件及文件夹按任务要求命名规范,文件存储路径正确。

四、项目注意事项

1. 文件存取路径说明:

考题文件夹:F:\CIMT\学校_姓名_身份证号\

素材文件夹:F:\CIMT\学校_姓名_身份证号\素材\

答题文件夹:F:\CIMT\学校_姓名_身份证号\答题\

2. 考试方式:上机操作。

3. 测试时间:60分钟。

4. 按项目要求完成各项任务。

项目8 酒店客房管理系统(二)

一、项目题库编号及名称

B-1-12,酒店客房管理系统(二)

二、项目背景

1. 项目描述

佳和软件开发公司应某四星级酒店的要求,开发一套酒店管理系统,经过可行性分析和初步的需求调查,其中的客户预订客房子系统主要完成的功能有:客户信息记录、客户预订客房、不同客房类型的房间查询。你作为项目开发组的程序员,请按要求完成:

(1)数据库和数据表的创建和管理;

(2)数据完整性约束的相关操作;

(3)数据操作;

(4)数据查询;

(5)数据库对象管理;

(6)数据库用户管理。

2. 项目分析

客户预订客房子模块 E-R 图如图 B112-1 所示,逻辑数据模型如图 B112-2 所示,物理数据模型如图 B112-3 所示,数据表字段名定义见表 B112-1。

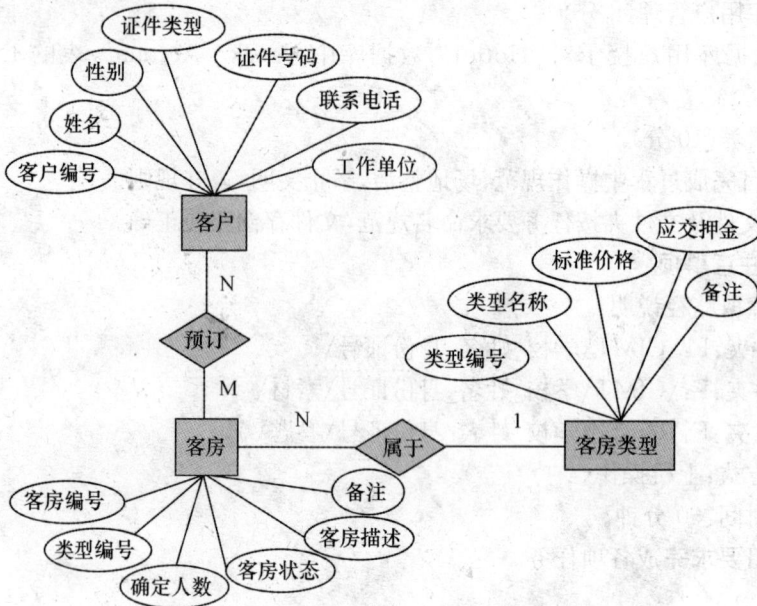

图 B112-1　客户—客房 E-R 图

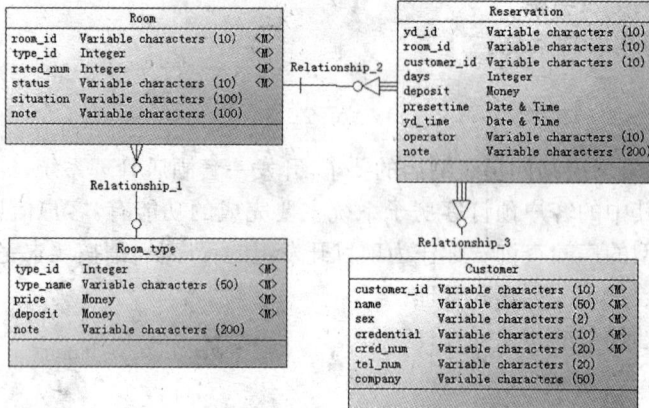

图 B112-2　逻辑数据模型

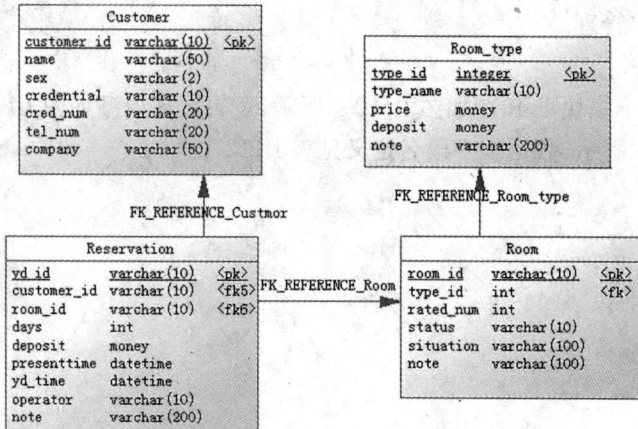

图 B112-3　物理数据模型

表 B112-1　字段名定义表

字段名	字段说明	字段名	字段说明	字段名	字段说明
customer_id	客户编号	yd_id	预订单号	room_id	客房编号
name	姓名	days	入住天数	type_id	类型编号
sex	性别	deposit	押金	rated_num	额定人数
credential	证件类型	presettime	预计入住时间	status	客房状态
cred_num	证件号码	yd_time	预定时间	situation	客房描述
tel_num	联系电话	operator	操作员		
company	工作单位	note	备注		

三、项目内容及要求

请根据上述项目描述与分析,完成数据库创建、数据表创建以及数据操作等任务。请使用 SQL 语句或管理器完成答题,并将 SQL 语句或操作完成界面截图按题序以"test.doc"命名保存在答题文件夹中。题目具体内容及要求如下:

1. 数据库和数据表的创建和管理(38 分)

(1)创建一个名为"Hotle2"数据库,数据库文件存储在考生答题文件夹中的 Data 子目录中。(5 分)

(2)根据图 B112-2 和表 B112-1 的字段名定义表,在"Hotle2"数据库中创建三个数据表对象,名称分别为:Customer(客户信息表)、Reservation(预定表)、Room(客房信息表)。见表 B112-2、表 B112-3、表 B112-4。(15 分)

(3)根据图 B112-3 物理数据模型,请使用 SQL 语句创建上述三个数据表之间的主键和外键约束;为表 Customer 中的"credential"字段设置默认约束,其值默认为"身份证"。(18 分)

2. 数据操作(20 分)

(1)使用管理平台完成数据录入。(12 分)

表 B112-2　Customer 表记录样本

customer_id	name	sex	credential	cred_num	tel_num	company
C001	张宇	男	身份证	430626198005080068	15814005812	电力公司
C002	王芳	女	身份证	430426198210181123	13348687654	邮电职院
C003	方伟	男	身份证	430426198911202908	18932440123	通城电器
C004	阳谷庆	男	身份证	430425198912286327	13829296325	创维科技

表 B112-3　Reservation 表记录样本

yd_id	yd_room	yd_customer	days	deposit	presettime	yd_time	operator	note
D0212	602	C003	4	1000	2013-2-26	2013-2-20	0155	要求安静
D0304	406	C004	6	1500	2013-3-06	2013-2-28	0067	
D0437	812	C001	7	2000	2013-5-2	2013-4-26	0067	要求海景
D0136	1105	C002	3	800	2013-4-17	2013-4-10	0155	

表 B112-4　Room 表记录样本

room_id	type_id	rated_num	status	situation	note
602	1	1	预定	阔台海景	
406	2	1	空闲	面向中央花园	
812	3	2	入住	阔台海景	
1105	2	1	预定	面向中央花园	

(2)为 Customer 表添加一条记录:"C068,李丽,女,身份证,439004198604154278,13812345678,广东怡创"。(4 分)

(3)将客户编号为"C003"的联系电话改为"13873184012"。(4 分)

3. 数据查询(16 分)

(1)查询出客房状态为"空闲"的客房信息。(6 分)

(2)查询"C004"号客户所预定房间的客房编号、类型编号、客房状态、客房描述。(10 分)

4. 数据库对象的创建与管理(8 分)

创建存储过程"pro_cust",查询指定的客户编号显示对应的姓名和联系电话。

5. 数据库用户管理(8 分)

为当前数据库用户授予对"Hotle2"数据库中"Customer"表的 SELECT 操作权限。

6. 职业素养(10 分)

(1)在项目完成过程中操作规范,场地整洁,举止文明,遵守规则。

(2)答题文件及文件夹按任务要求命名规范,文件存储路径正确。

四、项目注意事项

(1)文件存取路径说明:

考题文件夹:F:\CIMT\学校_姓名_身份证号\

素材文件夹:F:\CIMT\学校_姓名_身份证号\素材\

答题文件夹:F:\CIMT\学校_姓名_身份证号\答题\

(2)考试方式:上机操作。

(3)测试时间:60 分钟。

(4)按项目要求完成各项任务。

项目9　网上商店信息系统

一、项目题库编号及名称

B-1-14,网上商店信息系统

二、项目背景

1. 项目描述

惠民软件开发公司需要开发一套网上商店信息管理系统,经过可行性分析和初步的需求调查,其顾客订购商品子模块主要完成的功能有:管理顾客、商品信息,完成订购操作。你作为项目开发组的程序员,请按要求完成:

(1)数据库和数据表的创建和管理;

(2)数据完整性约束的相关操作;

(3)数据操作;

（4）数据查询；

（5）数据库对象管理；

（6）数据库用户管理。

2. 项目分析

订购功能子模块 E-R 图如图 B114-1 所示，逻辑数据模型如图 B114-2 所示，物理数据模型如图 B114-3 所示，数据表字段名定义见表 B114-1。

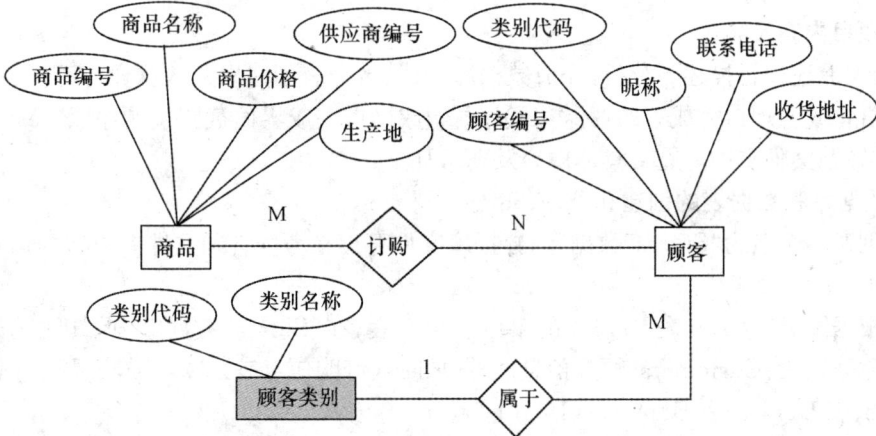

图 B114-1　顾客—商品 E-R 图

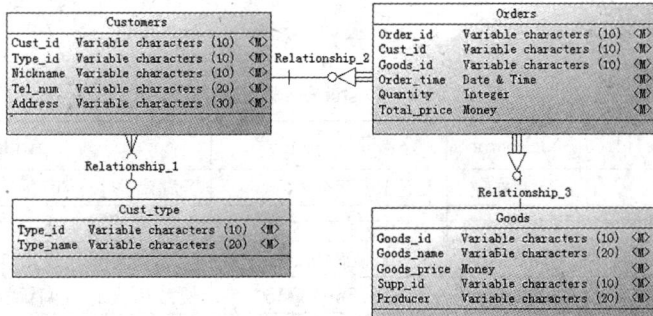

图 B114-2　逻辑数据模型

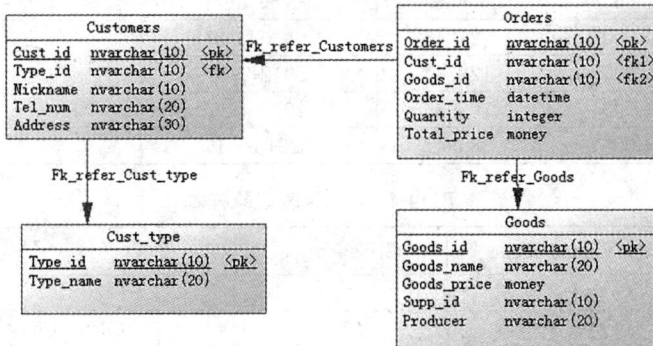

图 B114-3　物理数据模型

表 B114-1　字段名定义表

字段名	字段说明	字段名	字段说明	字段名	字段说明
Goods_id	商品编号	Order_id	订购单号	Type_name	类别名称
Goods_name	商品名称	Order_time	订购时间	Cust_id	顾客编号
Goods_price	商品价格	Quantity	订购数量	Nickname	昵称
Supp_id	供应商编号	Total_price	总价	Tel_num	联系电话
Producer	生产地	Type_id	类别代码	Address	收货地址

三、项目内容及要求

请根据上述项目描述与分析,完成数据库创建、数据表创建以及数据操作等任务。请使用 SQL 语句或管理器完成答题,并将 SQL 语句或操作完成界面截图按题序以"test.doc"命名保存在答题文件夹中。题目具体内容及要求如下:

1. 数据库和数据表的创建和管理(38 分)

(1)创建一个名为"Stores"数据库,数据库文件存储在考生答题文件夹中的 Data 子目录中。(5 分)

(2)根据图 B114-2 和表 B114-1 的字段名定义表,在"Stores"数据库中创建三个数据表对象,名称分别为:Customers(顾客信息表)、Orders(订购信息表)、Goods(商品信息表)。见表 B114-2、表 B114-3、表 B114-4。(15 分)

(3)根据图 B114-3 物理数据模型,创建上述三个数据表之间的主键和外键约束;将 Goods 表中的商品价格"Goods_price"设置核查约束,要求价格大于零。(18 分)

2. 数据操作(20 分)

(1)使用管理平台完成数据录入。(12 分)

表 B114-2　Customers 表记录样本

Cust_id	Type_id	Nickname	Tel_num	Address
C0001	1	云淡风轻	13578652306	湖南省长沙市岳麓区银杉路 126 号
C0002	2	Win_flower	18932404567	北京市朝阳区大崇明路 50 号
C0003	3	飞翔的风筝	13308406592	海南省三亚市花园东街 108 号
C0004	4	supercjy	13756943756	长沙市天心区南锦家园 4 栋一单元 205

表 B114-3　Orders 表记录样本

Order_id	Cust_id	Goods_id	Order_time	Quantity	Total_price
D3421	C0004	221345	2012-11-21	2	720
D2417	C0002	123784	2012-9-28	10	23540
D817	C0001	103986	2013-4-20	4	168
D1365	C0003	385941	2013-3-1	1	248

表 B114-4　Goods 表记录样本

Goods_id	Goods_name	Goods_price	Supp_id	Producer
221345	女士雪纺裙	362	430102	杭州
123784	惠普笔记本	2354	540199	台湾
103986	酱板鸭	40	440708	长沙
385941	餐边柜	248	430102	武汉

(2)为 Goods 表添加一条记录:"213045,保暖羊皮手套,278.3,342096,内蒙古"。(4 分)

(3)将商品编号为"103986"的商品价格改为 48。(4 分)

3. 数据查询(16 分)

(1)查询顾客编号为"C0004"的联系电话和收货地址。(6 分)

(2)查询商品名称为"惠普笔记本"的所有订购信息。(10 分)

4. 数据库对象的创建与管理(8 分)

创建视图"v_Goods",显示生产地包含"长沙"的商品信息。

5. 数据库用户管理(8 分)

为当前数据库用户授予对"Stores"数据库中"Orders"表的 SELECT 操作权限。

6. 职业素养(10 分)

(1)在项目完成过程中操作规范,场地整洁,举止文明,遵守规则。

(2)答题文件及文件夹按任务要求命名规范,文件存储路径正确。

四、项目注意事项

(1)文件存取路径说明:

考题文件夹:F:\CIMT\学校_姓名_身份证号\

素材文件夹:F:\CIMT\学校_姓名_身份证号\素材\

答题文件夹:F:\CIMT\学校_姓名_身份证号\答题\

(2)考试方式:上机操作。

(3)测试时间:60 分钟。

(4)按项目要求完成各项任务。

项目 10 超市货物管理系统

一、项目题库编号及名称

B-1-17,超市货物管理系统

二、项目背景

1. 项目描述

星豪软件开发公司需要开发一套超市货物管理系统,经过可行性分析和初步的需求调查,其供应商管理子模块主要完成的功能有:管理供应商信息和供应商供应的货物信息。你作为项目开发组的程序员,请按要求完成:

(1)数据库和数据表的创建和管理;

(2)数据完整性约束的相关操作;

(3)数据操作;

(4)数据查询;

(5)数据库对象管理;

(6)数据库用户管理。

2. 项目分析

供应商管理功能子模块 E-R 图如图 B117-1 所示,逻辑数据模型如图 B117-2 所示,物理数据模型如图 B117-3 所示,数据表字段名定义见表 B117-1。

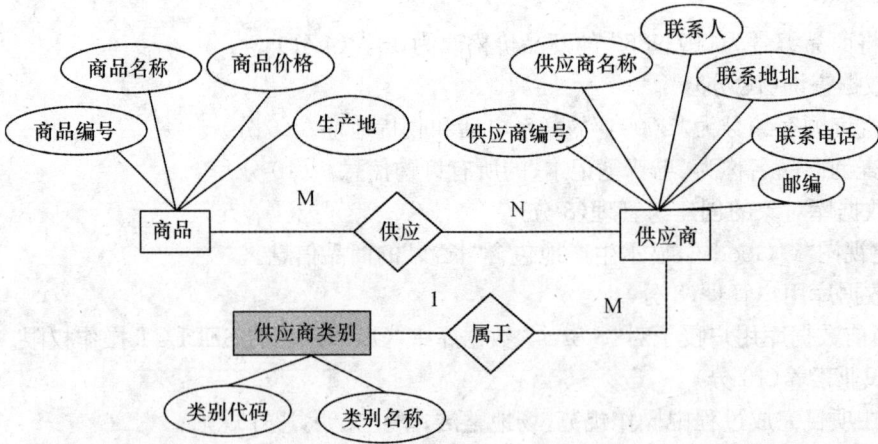

图 B117-1 供应商-商品 E-R 图

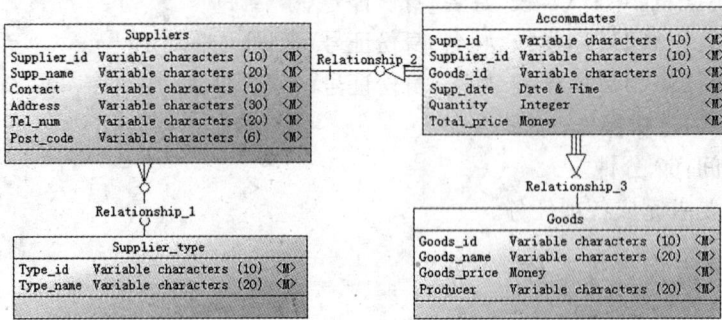

图 B117-2 逻辑数据模型

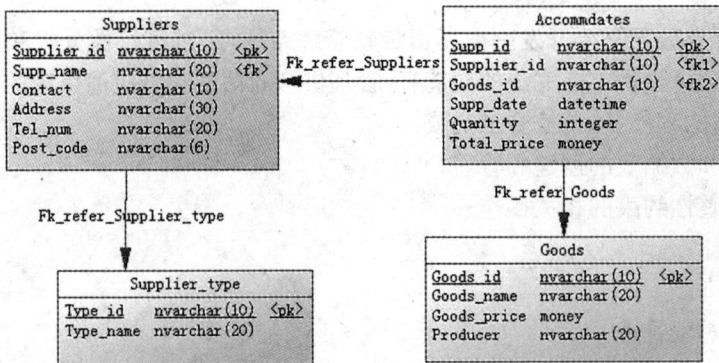

图 B117-3 物理数据模型

表 B117-1　字段名定义表

字段名	字段说明	字段名	字段说明	字段名	字段说明
Supplier_id	供应商编号	Post_code	邮编	Goods_id	商品编号
Supp_name	供应商名称	Supp_id	供应单号	Goods_name	商品名称
Contact	联系人	Supp_date	供应日期	Goods_Price	商品价格
Address	联系地址	Quantity	数量	Producer	生产地
Tel_num	联系电话	Total_price	总价		

三、项目内容及要求

请根据上述项目描述与分析，完成数据库创建、数据表创建以及数据操作等任务。请使用 SQL 语句或管理器完成答题，并将 SQL 语句或操作完成界面截图按题序以"test.doc"命名保存在答题文件夹中。题目具体内容及要求如下：

1. 数据库及数据表的创建与管理（38 分）

（1）创建一个名为"Supply"数据库，数据库文件存储在考生答题文件夹中的 Data 子目录中。（5 分）

（2）根据图 B117-2 和表 B117-1 的字段名定义表，在"Supply"数据库中创建三个数据表对象，名称分别为：Suppliers（供应商信息表）、Accommdates（供应单信息表）、Goods（商品信息表）。见表 B117-2、表 B117-3、表 B117-4。（15 分）

（3）根据图 B117-3 物理数据模型，创建上述三个数据表之间的主键和外键约束；为 Goods 表中的商品价格"Goods_price"设置核查约束，要求价格大于零。（18 分）

2. 数据操作（20 分）

（1）使用数据平台完成数据录入。（12 分）

表 B117-2　Suppliers 表记录样本

Supplier_id	Supp_name	Contact	Address	Tel_num	Post_code
S021	海尔电器	贺琳	青岛市登州路 50 号	0532—34980212	266054
S022	漫琦女装	张健强	杭州市黄龙路 108 号	020—43562987	510025
S023	宝洁日化	李梁	广州市人民路 20 号	0571—68904328	310126
S024	多喜爱床品	赵华	长沙市芙蓉路 213 号	0731—65740842	410005

表 B117-3　Accommdates 表记录样本

Supp_id	Supplier_id	Goods_id	Supp_date	Quantity	Total_price
021	S021	G110	2012-3-12	1000	200（百万）
022	S022	G111	2012-5-02	3000	260（百万）
023	S023	G112	2012-7-26	20000	1（百万）
024	S024	G113	2012-11-14	2000	220（百万）

表 B117-4　Goods 表记录样本

Goods_id	Goods_name	Goods_Price	Producer
G110	海尔冰箱	2780	青岛
G111	女装雪纺衫	168	杭州
G112	飘柔洗发水	47.5	广州
G113	多喜爱四件套	278	长沙

(2)为 Goods 表添加一条记录:"G114,海尔空调,2470,青岛"。(4 分)

(3)将供应商编号为"S023"的联系人改为"唐俊"。(4 分)

3. 数据查询(16 分)

(1)查询供应商的联系地址在杭州的供应商信息。(6 分)

(2)查询在"2012-7-26"供应货物的供应商名称和联系电话。(10 分)

4. 数据库对象的创建与管理(8 分)

创建视图"v_Suppliers",显示供应商编号为"S022"的供应商信息。

5. 数据库用户管理(8 分)

为当前数据库用户授予对"Supply"数据库中 Accommdates 表的 UPDATE 操作权限。

6. 职业素养(10 分)

(1)在项目完成过程中操作规范,场地整洁,举止文明,遵守规则。

(2)答题文件及文件夹按任务要求命名规范,文件存储路径正确。

四、项目注意事项

(1)文件存取路径说明:

考题文件夹:F:\CIMT\学校_姓名_身份证号\

素材文件夹:F:\CIMT\学校_姓名_身份证号\素材\

答题文件夹:F:\CIMT\学校_姓名_身份证号\答题\

(2)考试方式:上机操作。

(3)测试时间:60 分钟。

(4)按项目要求完成各项任务。

项目 11　学生选课管理系统

一、项目题库编号及名称

B-1-22,学生选课管理系统

二、项目背景

1. 项目描述

某公司现在要开发一套教务管理系统,其中的学生选课子系统主要实现学生的选课功能。你作为项目开发组的程序员,请按要求完成:

(1)数据库和数据表的创建和管理;

(2)数据完整性约束的相关操作;

(3)数据操作;

(4)数据查询;

(5)数据库对象管理;

(6)数据库用户管理。

2. 项目分析

系统权限管理子模块 E-R 图如图 B122-1 所示,逻辑数据模型如图 B122-2 所示,物理数据模型如图 B122-3 所示,数据表字段名定义见表 B122-1。

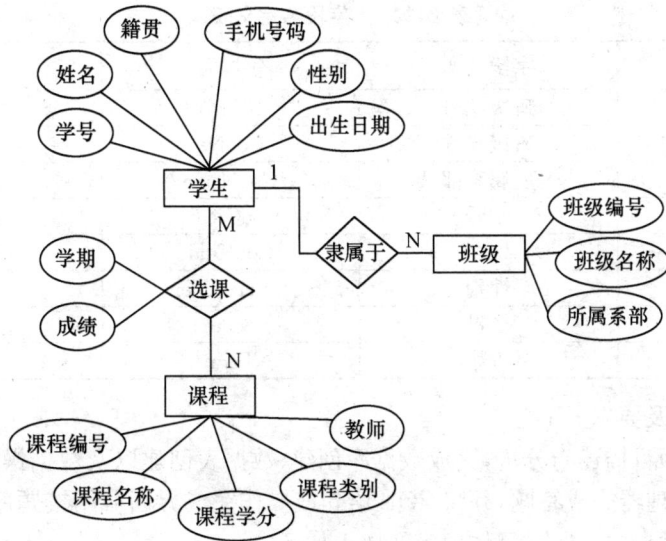

图 B122-1 E-R 图

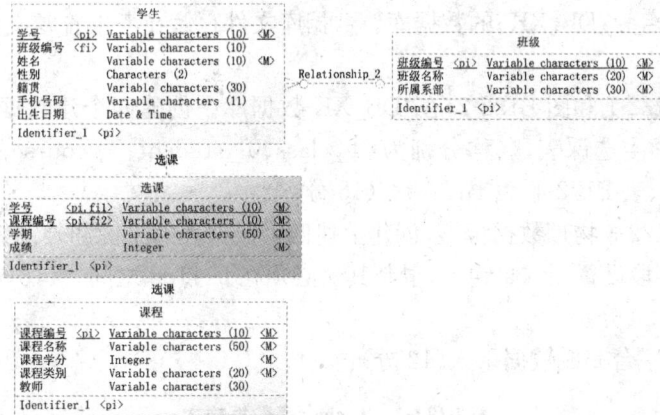

图 B122-2 逻辑数据模型

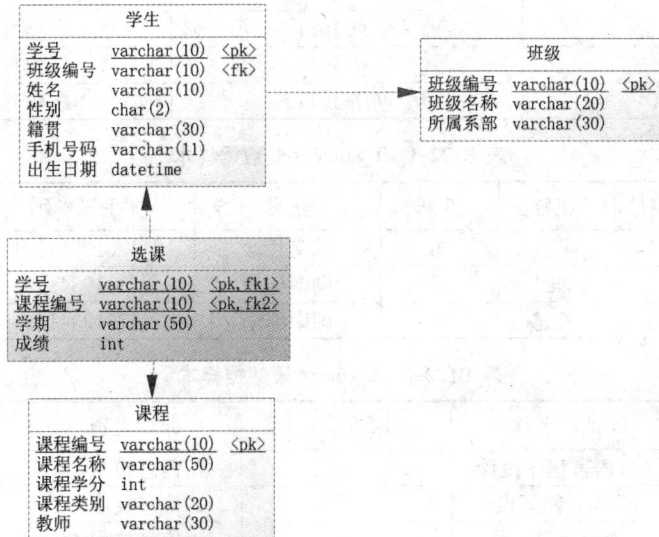

图 B122-3 物理数据模型

表 B122-1　字段名定义表

字段名	字段说明	字段名	字段说明
CNO	班级编号	SBirth	出生日期
CName	班级名称	CouNo	课程编号
CDep	所属系部	CouName	课程名称
SNO	学号	CouCredit	课程学分
SName	姓名	CouKind	课程类别
SSex	性别	CouTeacher	教师
SPro	籍贯	Score	成绩
STel	手机号码	Term	学期

三、项目内容及要求

请根据上述项目描述与分析，完成数据库创建、数据表创建以及数据操作等任务。请使用 SQL 语句或管理器完成答题，并将 SQL 语句或操作完成界面截图按题序以"test. doc"命名保存在答题文件夹中。题目具体内容及要求如下：

1. 数据库和数据表的创建和管理（38 分）

（1）创建一个名为"DB_XK"的数据库。数据库文件存储在考生答题文件夹中的 Data 子目录中。（5 分）

（2）根据表 B122-1 和图 B122-2，在"DB_XK 数据库中创建四个建数据表对象：班级表、学生表、课程表、学生选课表，名称分别为：T_class、T_student、T_course、T_stucou。见表 B122-2、表 B122-3、表 B122-4、表 B122-5。（15 分）

（3）根据图 B122-3 物理数据模型，创建上述四个数据表的主键和外键约束；为表 T_stucou 中的"score"字段设置 check 约束，限制其值必须在 0～100 之间。（18 分）

2. 数据查询（20 分）

（1）使用管理平台完成数据录入（12 分）

表 B122-2　T_class 表数据样本

班级编号	班级名称	所属系部
G001	信息 1011	信息工程系
G002	软件 1011	信息工程系
G003	网络 1011	信息工程系

表 B122-3　T_student 表数据样本

学号	班级编号	姓名	性别	籍贯	手机号码	出生日期
S0000001	G001	张三	男	湖南长沙	13012341234	1987-12-01
S0000002	G001	李四	男	湖南株洲	13112341234	1988-03-02
S0000003	G002	王五	女	湖南邵阳	13512341234	1987-12-08

表 B122-4　T_course 表数据样本

课程编号	课程名称	课程学分	课程类别	教师
C00001	C 语言程序设计	3	信息技术	李红
C00002	HTML 网页设计	3	信息技术	张强
C00003	管理信息系统	2	信息技术	王珊

表 B122-5　T_stucou 表数据样本

学号	课程编号	学期	成绩
S0000001	C0001	2011—2012 年第二学期	67
S0000001	C0002	2011—2012 年第二学期	88
S0000002	C0001	2011—2012 年第二学期	80

(2)在 T_course 表中添加一条记录:"C0004,计算机应用,3,信息技术,张丽"。(4 分)

(3)将"T_course"表中课程编号为"C0004"的课程的课程名改为"计算机基础"。(4 分)

3. 数据查询(16 分)

(1)查询出姓张的所有学生信息。(6 分)

(2)查询出学生"王小红""2011—2012 年第二学期"所选课程的名称及成绩。(10 分)

4. 数据库对象的创建与管理(8 分)

创建存储过程"p_xkrs",根据指定的课程编号统计出"2011—2012 年第二学期"该课程的选课人数。

5. 数据库用户管理(8 分)

为当前数据库用户授予对"DB_XK"数据库中存储过程"p_xkrs""v_stu_jsj"的 SELECT 操作权限。

6. 职业素养(10 分)

(1)在项目完成过程中操作规范,场地整洁,举止文明,遵守规则。

(2)答题文件及文件夹按任务要求命名规范,文件存储路径正确。

四、项目注意事项

(1)文件存取路径说明:

考题文件夹:F:\CIMT\学校_姓名_身份证号\

素材文件夹:F:\CIMT\学校_姓名_身份证号\素材\

答题文件夹:F:\CIMT\学校_姓名_身份证号\答题\

(2)考试方式:上机操作。

(3)测试时间:60 分钟。

(4)按项目要求完成各项任务。

项目 12　考勤管理子系统

一、项目题库编号及名称

B-1-24,考勤管理子系统

二、项目背景

1. 项目描述

某公司现在要开发一套人事管理信息系统,其中的考勤管理子系统主要用于对员工出勤情况进行登记和管理。你作为项目开发组的程序员,请按要求完成:

(1)数据库和数据表的创建和管理;

(2)数据完整性约束的相关操作;

(3)数据操作;

(4)数据查询;

(5)数据库对象管理;

（6）数据库用户管理。

2. 项目分析

考勤管理子模块 E-R 图如图 B212-1 所示，逻辑数据模型如图 B124-2 所示，物理数据模型如图 B124-3 所示，数据表字段名定义见表 B124-1。

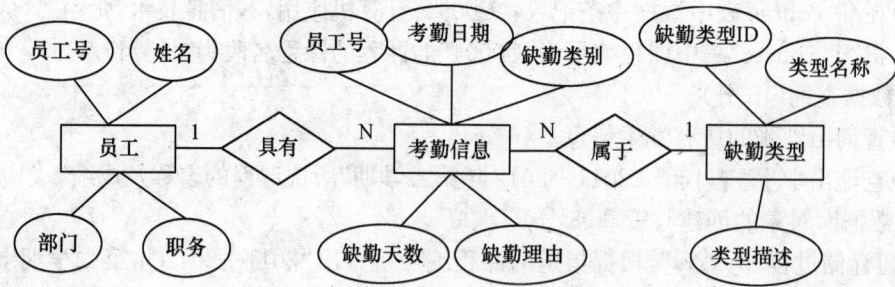

图 B124-1　E-R 图

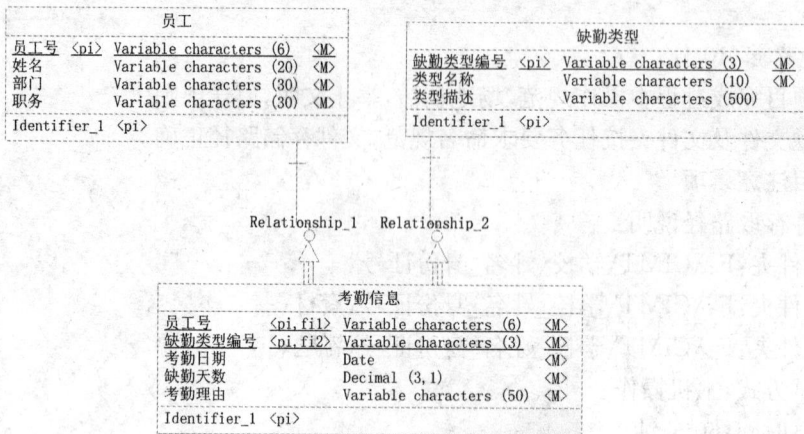

图 B124-2　逻辑数据模型

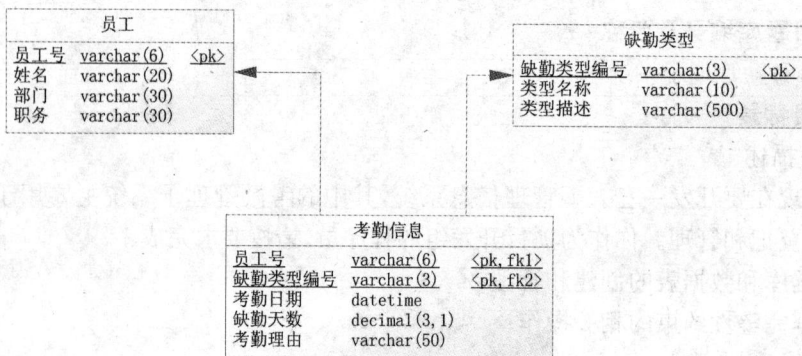

图 B124-3　物理数据模型

表 B124-1　字段名定义表

字段名	字段说明	字段名	字段说明
Emp_id	员工号	AbsType_name	类型名称
Emp_name	姓名	AbsType_desc	类型描述
Func_roleId	部门	Abs_date	考勤日期
Func_roleName	职务	Abs_num	缺勤天数
AbsType_id	缺勤类型编号	Abs_reason	缺勤理由

三、项目内容及要求

请根据上述项目描述与分析,完成数据库创建、数据表创建以及数据操作等任务。请使用 SQL 语句或管理器完成答题,并将 SQL 语句或操作完成界面截图按题序以"test.doc"命名保存在答题文件夹中。题目具体内容及要求如下:

1. 数据库和数据表的创建及管理(38 分)

(1)创建一个名为"DB_KQGL"数据库,存储位置为考生考试文件夹中的 Data 子目录中。(5 分)

(2)根据表 B124-1 和图 B124-2,在"DB_KQGL"数据库中创三个建数据表对象:员工表、考勤信息表、缺勤类型表,名称分别为:T_employee、T_attendance、T_absence_type。见表 B124-2、表 B124-3、表 B124-4。(15 分)

(3)根据图 B124-3 物理数据模型,创建上述三个数据表的主键和外键约束;请为表 T_absence_type 中的"Abs_date"字段设置默认值,其值设置为当前系统日期时间。(18 分)

2. 数据操作(20 分)

(1)使用管理平台完成数据录入。(12 分)

表 B124-2　T_employee 表数据样本

员工编号	姓名	部门	职务
000001	张三	财务部	经理
000002	李四	销售部	主管
000003	王五	技术部	经理

表 B124-3　T_absence_type 表数据样本

缺勤类型编号	类型名称	类型描述
A01	病假	因生病请假
A02	事假	因私事请假
A03	旷工	没有请假

表 B124-4　T_attendance 表数据样本

员工号	考勤类型号	考勤日期	缺勤天数	考勤理由
000001	A01	2012-2-10	1	正常考核
000002	A02	2012-2-11	2	正常考核
000001	A01	2012-2-13	1	正常考核

(2)在 T_employee 表中添加一条记录:"000004,张丽,销售部,部门经理"。(4 分)

(3)公司人事调动,员工编号为"000004"的员工调至"财务部",请将员工信息表中数据

相应更新。(4分)

3. 数据查询(16分)

(1)查询出所属部门为"销售部"的所有员工信息。(6分)

(2)查询出2012年2月份考勤的所有"病假"缺勤记录。(10分)

4. 数据库对象的创建与管理(8分)

创建存储过程 P_emp_attendance,指定员工姓名查询出该员工的所有的出勤记录。

5. 数据库用户管理(8分)

为当前数据库用户授予对"DB_KQGL"数据库中存储过程 P_emp_attendance 的 EXEC 操作权限。

6. 职业素养(10分)

(1)在项目完成过程中操作规范,场地整洁,举止文明,遵守规则。

(2)答题文件及文件夹按任务要求命名规范,文件存储路径正确。

四、项目注意事项

(1)文件存取路径说明:

考题文件夹:F:\CIMT\学校_姓名_身份证号\

素材文件夹:F:\CIMT\学校_姓名_身份证号\素材\

答题文件夹:F:\CIMT\学校_姓名_身份证号\答题\

(2)考试方式:上机操作。

(3)测试时间:60分钟。

(4)按项目要求完成各项任务。

项目13 校友录信息管理系统

一、项目题库编号及名称

B-1-26,校友录信息管理系统

二、项目背景

1. 项目描述

某高校现在要开发一套校友录系统,该系统是学校内的一个交流平台,用于校友与校友之间的信息交互。你作为项目开发组的程序员,请按要求完成:

(1)数据库和数据表的创建和管理;

(2)数据完整性约束的相关操作;

(3)数据操作;

(4)数据查询;

(5)数据库对象管理;

(6)数据库用户管理。

2. 项目分析

校友录系统 E-R 图如图 B126-1 所示,逻辑数据模型如图 B126-2 所示,物理数据模型如图 B126-3 所示,数据表字段名定义见表 B126-1。

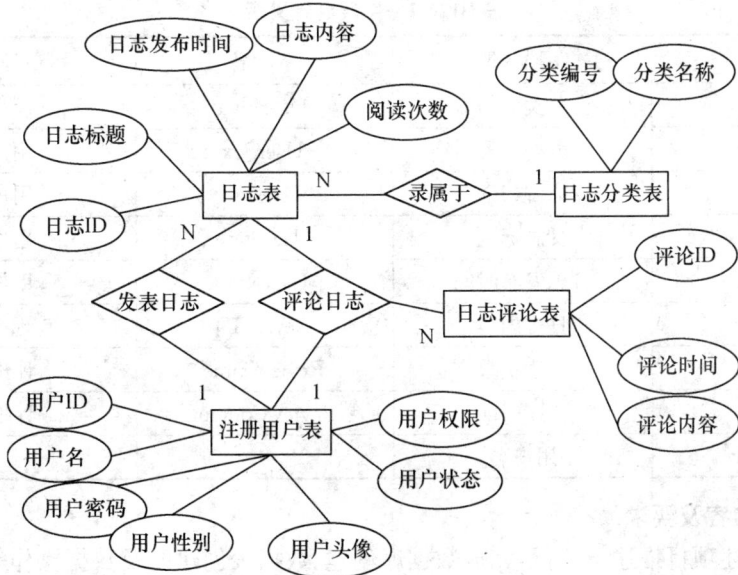

图 B126-1　E-R 图

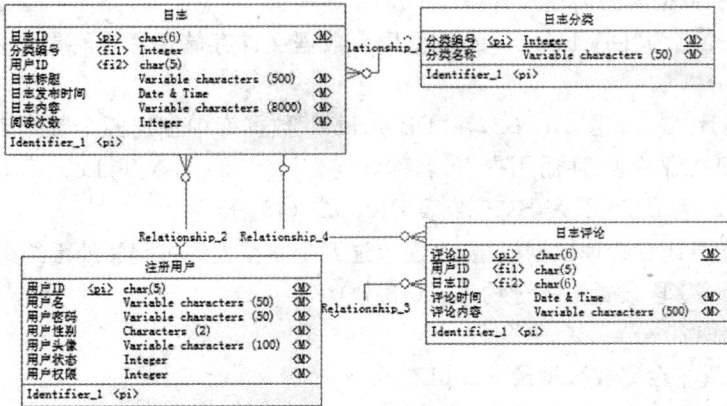

图 B126-2　逻辑数据模型

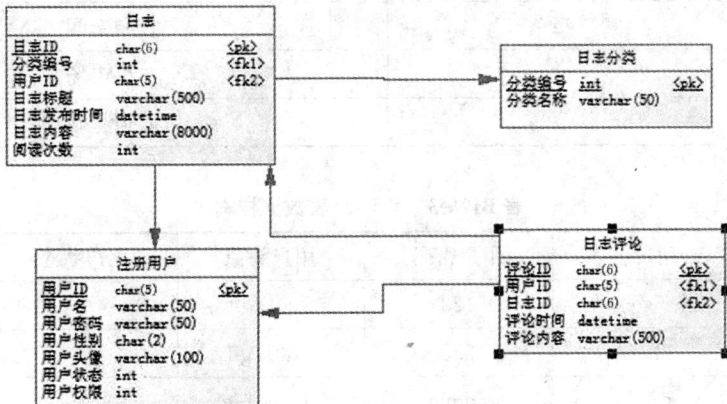

图 B126-3　物理数据模型

表 B126-1　字段名定义表

字段名	字段说明	字段名	字段说明
ClassID	分类编号	UserPwd	用户密码
ClassName	分类名称	UserSex	用户性别
LogID	日志 ID	UserPic	用户头像
LogTitle	日志标题	UserState	用户状态
LogTime	日志发布时间	UserRole	用户权限
LogContent	日志内容	ReviewID	评论 ID
LogHits	阅读次数	ReviewTime	评论时间
UserID	用户 ID	ReviewContent	评论内容
UserName	用户名		

三、项目内容及要求

请根据上述项目描述与分析,完成数据库创建、数据表创建以及数据操作等任务。请使用 SQL 语句或管理器完成答题,并将 SQL 语句或操作完成界面截图按题序以"test. doc"命名保存在答题文件夹中。题目具体内容及要求如下:

1. 数据库和数据表的创建及管理(38 分)

(1)创建一个名为"DB_Friend"的数据库。数据文件存储在考生答题文件夹中的 Data 子目录中。(5 分)

(2)根据表 B126-1 和图 B126-2,在"DB_Friend"数据库中创建四个数据表对象:日志类型表、日志表、日志评论表、注册用户表,名称分别为:T_LogClass、T_Log、T_Reveiw、T_User。见表 B126-2、表 B126-3、表 B126-4、表 B126-5。(15 分)

(3)根据图 B126-3 物理数据模型,创建上述四个数据表的主键和外键约束;为表 T_user 中的"UserName"字段设置唯一键约束。(18 分)

2. 数据操作(20 分)

(1)使用管理平台完成数据录入。(12 分)

表 B126-2　T_LogClass 表数据样本

分类编号	分类名称
1	校园新闻
2	二手市场
3	心情驿站

表 B126-3　T_User 表数据样本

用户 ID	用户名	用户密码	用户头像	用户状态	用户权限
U0001	zhangqiang	123	Zq01. gif	1	1
U0002	lihong	555	Lh01. gif	1	1
U0003	admin	admin	Admin01. gif	1	0

表 B126-4 T_Log 表数据样本

日志 ID	分类编号	用户 ID	日志标题	发布时间	日志内容	阅读次数
L00001	1	U0001	运动会	2010-10-22	运动员风彩展	40
L00002	2	U0001	电脑专出售	2011-05-07	二手电脑出售	13
L00003	3	U0003	校园诗歌	2012-03-01	校园诗歌	15

表 B126-5 T_Review 表数据样本

评论 ID	用户 ID	日志 ID	评论时间	评论内容
R00001	U0002	L00001	2010-10-31	运动员辛苦了
R00002	U0002	L00002	2011-05-09	电脑配置不怎么高
R00003	U0001	L00003	2012-03-03	很美的诗

(2)在"T_LogClass"表中添加一条记录:"4,学习动态"。(4分)

(3)将"T_LogClass"表中的分类编号为"4"的名称改为"学习交流"。(4分)

3. 数据查询(16分)

(1)查询出日志标题中包含文字"运动会"的所有日志信息。(6分)

(2)查询出用户名为"zhangqiang"的用户发表的所有日志信息。(10分)

4. 数据库对象的创建与管理(8分)

创建存储过程"P_log_date",指定一个日期,查询出该天发表的所有日志信息。

5. 数据库用户管理(8分)

为当前数据库用户授予对"DB_Friend"数据库中存储过程"P_log_date"的执行权限。

6. 职业素养(10分)

(1)在项目完成过程中操作规范,场地整洁,举止文明,遵守规则。

(2)答题文件及文件夹按任务要求命名规范,文件存储路径正确。

四、项目注意事项

(1)文件存取路径说明:

考题文件夹:F:\CIMT\学校_姓名_身份证号\

素材文件夹:F:\CIMT\学校_姓名_身份证号\素材\

答题文件夹:F:\CIMT\学校_姓名_身份证号\答题\

(2)考试方式:上机操作。

(3)测试时间:60分钟。

(4)按项目要求完成各项任务。

项目 14 个人通讯录管理系统

一、项目题库编号及名称

B-1-28,个人通讯录管理系统

二、项目背景

1. 项目描述

随着现代人的生活节奏的加快,各种联系人也不断增多,用纸质通讯录来记录联系人信息有诸多缺陷。某公司决定开发一个个人通讯录系统,该系统能帮助用户快捷方便地管理联系人信息。你作为项目开发组的程序员,请按要求完成:

(1)数据库和数据表的创建和管理;

(2)数据完整性约束的相关操作;

(3)数据操作;

(4)数据查询;

(5)数据库对象管理;

(6)数据库用户管理。

2. 项目分析

个人通讯录系统数据库 E-R 图如图 B128-1 所示,逻辑数据模型如图 B128-2 所示,物理数据模型如图 B128-3 所示,数据表字段名定义见表 B128-1。

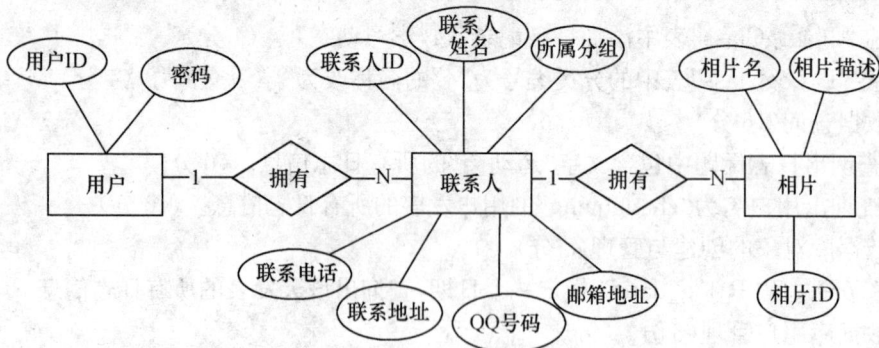

图 B128-1 E-R 图

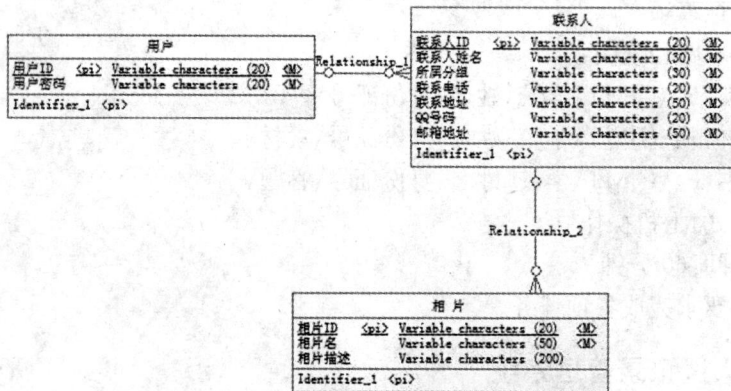

图 B128-2 逻辑数据模型

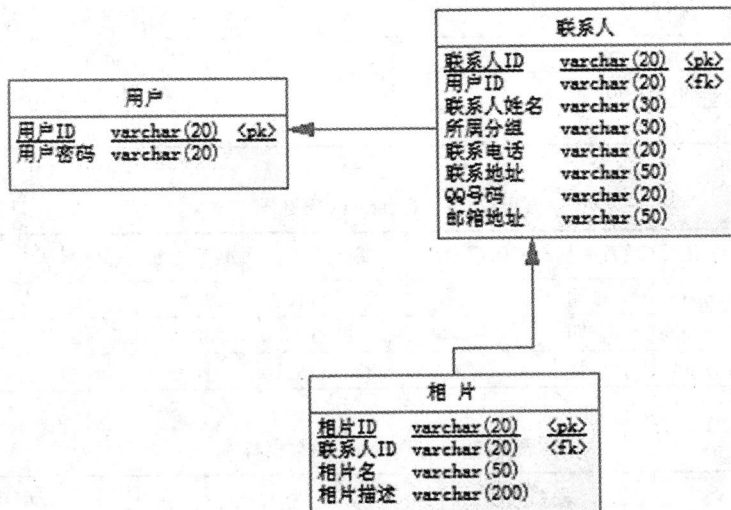

图 B128-3　物理数据模型

表 B128-1　字段名定义表

字段名	字段说明	字段名	字段说明
UID	用户 ID	CAdd	联系地址
UPwd	密码	TContent	QQ 号码
CID	联系人 ID	Tstate	邮箱地址
CName	联系人姓名	PID	相片 ID
CGroup	所属分组	PName	相片名
CTel	联系电话	PDescription	相片描述

三、项目内容及要求

请根据上述项目描述与分析,完成数据库创建、数据表创建以及数据操作等任务。请使用 SQL 语句或管理器完成答题,并将 SQL 语句或操作完成界面截图按题序以"test. doc"命名保存在答题文件夹中。题目具体内容及要求如下:

1. 数据库和数据表的创建及管理(38 分)

(1)创建一个名为"DB_TXL"的数据库。数据文件存储在考生答题文件夹中的 Data 子目录中。(5 分)

(2)根据表 B128-1 和图 B128-2,在"DB_TXL"数据库中创建三个数据表对象:用户表、联系人表、相片表,名称分别为:T_user、T_content、T_photo。见表 B128-2、表 B128-3、表 B128-4。(15 分)

(3)根据图 B128-3 物理数据模型,创建上述三个数据表的主键和外键约束;请为表 T_content 中的"CGroup"字段设置默认值约束,其值设置为"好友"。(18 分)

2. 数据查询(20 分)

(1)使用管理平台完成数据录入。(12 分)

表 B128-2　T_user 表数据样本

用户 ID	用户密码
woniumama	aaaaaa
zhangsan	bbbbbb
Admin	admin

表 B128-3　T_content 表数据样本

联系人 ID	用户 ID	联系人姓名	所属分组	联系电话	联系地址	QQ 号码	邮箱地址
C00001	woniumama	张丽	好友	13107311211	长沙	3334567	zl@126.com
C00002	woniumama	李四	同学	13207319090	长沙	2345671	ls@tom.com
C00003	zhangsan	小强	好友	13307333210	株洲	5678902	xq@126.com

表 B128-4　T_photo 表数据样本

相片 ID	联系人 ID	相片名	相片描述
P0000001	C00001	woniu01.gif	北京的春天
P0000002	C00001	Woniu02.gif	我的好友
P0000003	C00002	Lisi.gif	故宫照片

(2)为"T_user"表中添加一条记录:"wangwu,123456"。(4 分)

(3)将"T_user"表中的用户"wangwu"的密码改为"wo1234"。(4 分)

3. 数据查询(16 分)

(1)查询出用户"zhangsan"的"好友组"的联系人的个数。(6 分)

(2)查询出用户"woniumama"的联系人"张丽"的相片信息。(10 分)

4. 数据库对象的创建与管理(8 分)

创建存储过程"P_user_content",指定某用户名作为输入参数,查询该用户的所有联系人信息。

5. 数据库用户管理(8 分)

为当前数据库用户授予对"DB_TXL"数据库中存储过程"P_user_content"的执行权限。

6. 职业素养(10 分)

(1)在项目完成过程中操作规范,场地整洁,举止文明,遵守规则。

(2)答题文件及文件夹按任务要求命名规范,文件存储路径正确。

四、项目注意事项

(1)文件存取路径说明:

考题文件夹:F:\CIMT\学校_姓名_身份证号\

素材文件夹:F:\CIMT\学校_姓名_身份证号\素材\

答题文件夹:F:\CIMT\学校_姓名_身份证号\答题\

(2)考试方式:上机操作。

(3)测试时间:60 分钟。

(4)按项目要求完成各项任务。

项目 15 公交车线路查询系统

一、项目题库编号及名称

B-1-30,公交车线路查询系统

二、项目背景

1. 项目描述

某公司现在要开发一个该城市公交线路查询系统,该系统给市民提供了一个查询公交线路的平台,极大地方便了市民的出行。你作为项目开发组的程序员,请按要求完成:

(1)数据库和数据表的创建和管理;

(2)数据完整性约束的相关操作;

(3)数据操作;

(4)数据查询;

(5)数据库对象管理;

(6)数据库用户管理。

2. 项目分析

公交线路查询系统数据库 E-R 图如图 B130-1 所示,逻辑数据模型如图 B130-2 所示,物理数据模型如图 B130-3 所示,数据表字段名定义见表 B130-1。

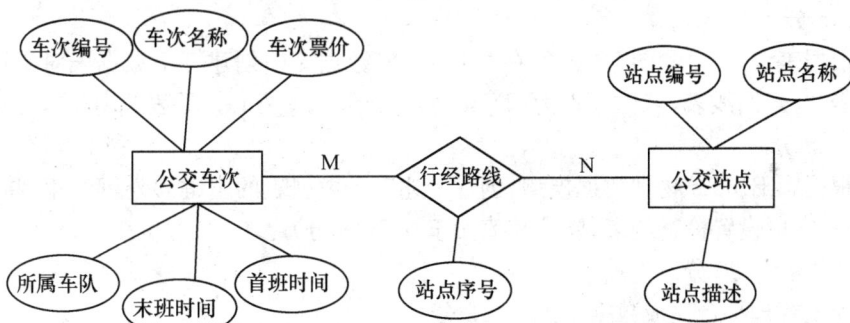

图 B130-1 E-R 图

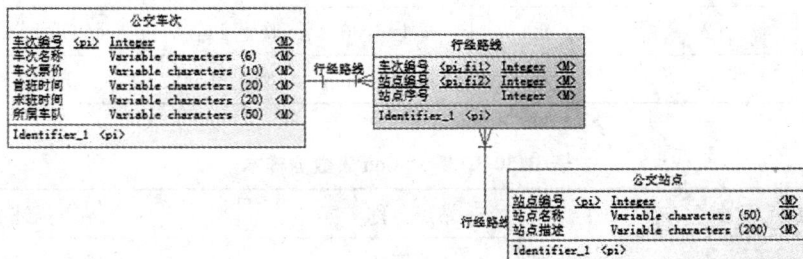

图 B130-2 逻辑数据模型

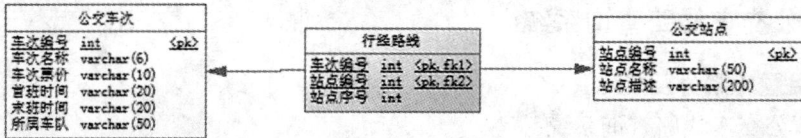

图 B130-3　物理数据模型

表 B130-1　字段名定义表

字段名	字段说明	字段名	字段说明
BusID	车次编号	BusSerise	所属车队
BusName	车次名称	SID	站点编号
BusPrice	车次票价	SName	站点名称
BeginTime	首班时间	SDes	站点描述
EndTime	末班时间	Rank	站点序号

三、项目内容及要求

请根据上述项目描述与分析,完成数据库创建、数据表创建以及数据操作等任务。请使用 SQL 语句或管理器完成答题,并将 SQL 语句或操作完成界面截图按题序以"test. doc"命名保存在答题文件夹中。题目具体内容及要求如下:

1. 数据库和数据表的创建及管理(38 分)

(1)创建一个名为"DB_BUS"的数据库。数据文件存储在考生答题文件夹中的 Data 子目录中。(5 分)

(2)根据表 B130-1 和图 B130-2,在"DB_BUS"数据库中创建三个数据表对象:公交车次表、站点表、行经路线表,名称分别为:T_bus、T_station、T_line。见表 B130-2、表 B130-3、表 B130-4。(15 分)

(3)根据图 B130-3 物理数据模型,创建上述三个数据表的主键和外键约束;将表 T_line 中的"rank"字段设置检查约束,要求其值大于 0。(18 分)

3. 数据操作(20 分)

(1)使用管理平台完成数据录入。(12 分)

表 B130-2　T_bus 表数据样本

车次编号	车次名称	车次票价	首班时间	末班时间	所属车队
1	T1	1 元	早上 6:00	晚上 12:00	五湖公交公司
2	T2	1 元	早上 6:30	晚上 11:00	四海公交公司
3	T55	1 元	早上 6:30	晚上 9:00	五湖公交公司

表 B130-3　T_station 表数据样本

站点编号	站点名称	站点描述
1	清石广场	清石广场
2	清石路口	清石路口
3	火车站	火车站

表 B130-4 T_line 表数据样本

车次编号	站点编号	站点序号
1	1	1
1	2	2
1	3	10

(2)为"T_station"表中添加一条记录:"4,二医院,二医院"。(4分)

(3)将"T_line"表中的站点编号为"4"的站点名称改为"响石广场北"。(4分)

3. 数据查询(16分)

(1)查询出该城市所有的公共汽车的车次名称及价格。(6分)

(2)查询出所有经过"清石广场"站点的车次的名称及价格。(10分)

4. 数据库对象的创建与管理(8分)

创建视图"V_busline_num",统计出该城市公交车次的条数。

5. 使用 SQL 语句完成数据库用户管理(8分)

为当前数据库用户授予对"DB_BUS"数据库中视图"V_busline_num"的 SELECT 操作权限。

6. 职业素养(10分)

(1)在项目完成过程中操作规范,场地整洁,举止文明,遵守规则。

(2)答题文件及文件夹按任务要求命名规范,文件存储路径正确。

四、项目注意事项

(1)文件存取路径说明:

考题文件夹:F:\CIMT\学校_姓名_身份证号\

素材文件夹:F:\CIMT\学校_姓名_身份证号\素材\

答题文件夹:F:\CIMT\学校_姓名_身份证号\答题\

(2)考试方式:上机操作。

(3)测试时间:60分钟。

(4)按项目要求完成各项任务。

核心技能模块一 信息系统设计与开发

项目 16 建设工程监管信息系统——工程信息模块

一、项目题库编号及名称

1-1-1,建设工程监管信息系统——工程信息模块

二、项目背景

1. 项目描述

SOHU 建设工程监管公司为了有效管理公司监管工程的详细信息,需要开发一个建设工程监管信息系统。系统主要包括公司监管工程信息及系统用户管理两大功能模块。现在你作为项目开发组的程序员,请你完成以下功能模块:

(1)用户登录;

（2）工程信息查询。

2. 项目分析

系统中主要窗体效果图如图 1101-1、图 1101-2 所示：

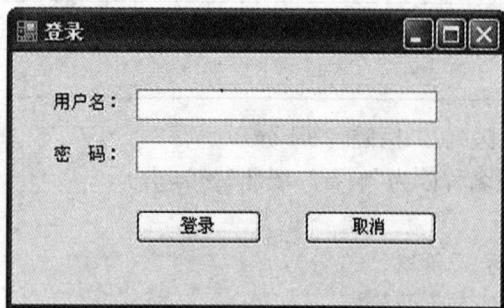

图 1101-1　用户登录窗体

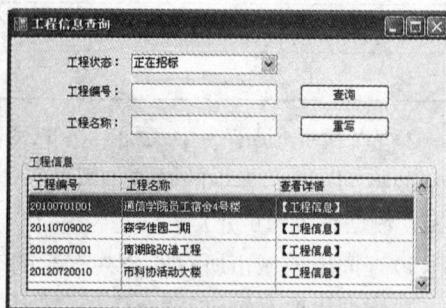

图 1101-2　工程信息查询窗体

三、项目内容及要求

1. 界面设计制作（20 分）

以提供的素材为基础，设计制作实现图 1101-1、1101-2 所示窗体。

2. 数据库实现（10 分）

请将数据库文件从素材文件夹复制到项目的 App_Data 目录，然后附加到数据库服务器中，附加后的数据库名为 ProjectDB。数据表结构见表 1101-1 和 1101-2。并在各个表中添加 2 至 4 条测试记录，各字段值见表 1101-3 和表 1101-4。

表 1101-1　管理员表（T_Admin）

列名	数据类型	长度	为空	主键	说明
Admin_id	varchar	12	否	是	管理员编号
Admin_name	varchar	20	否		管理员真实姓名
Admin_pwd	varchar	16	否		管理员密码

表 1101-2　工程信息表（T_Project）

列名	数据类型	长度	为空	主键	说明
Project_id	varchar	20	否	是	工程编号
Project_name	varchar	60	否		工程名称
Invi_dept	varchar	60	否		报建申报单位
System_type	varchar	16	是		所有制性质
Telephone	varchar	16	是		建设单位电话
Project_state	varchar	20	否		项目状态

在上述两个表中添加如下测试用记录。管理表记录见表 1101-3，工程信息表记录见表 1101-4。

表 1101-3　管理表记录

Admin_id	Admin_name	Admin_pwd
admin	张静	Admin888
guest	李好	123456

表 1101-4　工程信息表记录

Project_id	Project_name	Invi_dept	System_type	Telephone	Project_state
20100701001	邮电学院员工宿舍 4 号楼	湖南邮电规划设计院	教育机构	85207113	正在招标
20110709002	森宇佳园二期	宝利房产有限公司	国有企业	85207102	完成招标
20120207001	南湖路改造工程	湖南路桥投资有限公司	私有企业	84807671	正在招标
20120720010	市科协活动大楼	长沙市建委	政府机关	88205609	正在招标

3. 功能实现(40 分)

(1)用户登录

在图 1101-1 中,用户输入正确的用户名和密码,单击"确定"按钮,进入工程查询窗体,如图 1101-2 所示。否则给予相应的提示。单击"取消"按钮,退出当前应用程序。

(2)工程信息查询

在图 1101-2 中,用户在工程状态下拉框中选择"正在招标"或"完成招标",并输入"工程编号"或"工程名称",单击"查询"按钮,将查询结果显示在"工程信息"列表中。其中"工程编号"和"工程名称"采用模糊查询,不输入工程编号和工程名称时,查询结果显示所有工程信息。

4. 调试运行与打包(10 分)

通过 Visual Studio 2008 自带的打包生成功能,将上述完成的项目打包生成一个可执行的 exe 文件,并存入考生答题文件夹,便于教师阅卷时,直接查看程序运行效果。

5. 代码规范(10 分)

程序结构规范,代码缩进规范,方法划分规范;类名、方法名、变量名命名规范;代码注释完整规范。

6. 职业素养(10 分)

(1)在项目完成过程中操作规范,场地整洁,举止文明,遵守规则。

(2)答题文件及文件夹按任务要求命名规范,文件存储路径正确。

四、项目注意事项

(1)文件存取路径说明:

考题文件夹:F:\CIMT\学校_姓名_身份证号\

素材文件夹:F:\CIMT\学校_姓名_身份证号\素材\

答题文件夹:F:\CIMT\学校_姓名_身份证号\答题\

(2)测试方式:上机操作。

(3)测试时间:120 分钟。

项目 17   建设工程监管信息系统——用户信息模块

一、项目题库编号及名称
1-1-2,建设工程监管信息系统——用户信息模块

二、项目背景
1. 项目描述

SOHU 建设工程监管公司为了有效管理公司监管工程的详细信息,需要开发一个建设工程监管信息系统。系统主要包括公司监管工程信息及系统用户管理两大功能模块。现在你作为项目开发组的程序员,请你完成以下功能模块:

(1) 用户信息的浏览;

(2) 用户信息的添加。

2. 项目分析

系统中主要窗体效果图如图 1102-1、图 1102-2 所示:

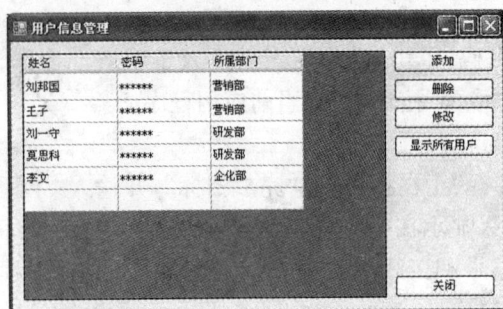

图 1102-1   用户信息管理图

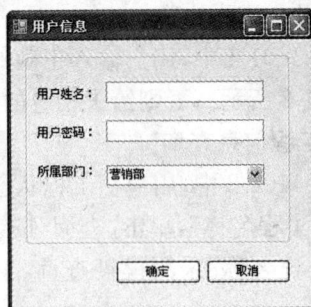

图 1102-2   用户信息添加

三、项目内容及要求

1. 界面设计制作(20 分)

以提供的素材为基础,设计制作实现图 1102-1、1102-2 所示窗体。

2. 数据库实现(10 分)

请将数据库文件从素材文件夹复制到项目的 App_Data 目录,然后附加到数据库服务器中。附加后的数据库名为 ProjectDB。数据表结构见表 1102-1。并在各个表中添加 3 至 5 条测试记录,各字段值见表 1102-2。

表 1102-1   用户信息表(T_User)

列名	数据类型	长度	为空	主键	说明
User_id	int	12	否	是	自动增长
User_name	varchar	20	否		用户姓名
User_pwd	varchar	16	否		用户密码
User_dept	varchar	32	否		所属部门

在用户信息表中添加如下记录,记录见表 1102-2。

表 1102-2　用户信息表记录

User_id	User_name	User_pwd	User_dept
2012001	刘邦国	123456	营销部
2012002	王子	123456	营销部
2012003	刘一守	123456	研发部
2012004	莫思科	123456	研发部
2012005	李文	123456	企化部

3. 功能实现(40 分)

(1)用户信息的浏览(显示所有用户)

如图 1102-1 所示,单击"显示所有用户"或启动该窗体时,显示表中所有用户的姓名,密码以及所属部门信息,并且密码均以"＊"号显示出来。单击"关闭"按钮关闭当前窗体。

(2)用户信息的添加

在图 1102-1 中,单击"添加"按钮,打开"用户信息"的添加窗体,如图 1102-2 所示,输入"用户姓名"、"用户密码"、"所属部门"后,单击"确定"按钮完成用户信息的添加。其中,所属部门项值为:{营销部,研发部,企化部}。单击"取消"按钮关闭当前窗体。

4. 调试运行与打包(10 分)

通过 Visual Studio2008 自带的打包生成功能,将上述完成的项目打包生成一个可执行的 exe 文件,并存入考生答题文件夹,便于教师阅卷时,直接查看程序运行效果。

5. 代码规范(10 分)

程序结构规范,代码缩进规范,方法划分规范;类名、方法名、变量名命名规范;代码注释完整规范。

6. 职业素养(10 分)

(1)在项目完成过程中操作规范,场地整洁,举止文明,遵守规则。

(2)答题文件及文件夹按任务要求命名规范,文件存储路径正确。

四、项目注意事项

(1)文件存取路径说明:

考题文件夹:F:\CIMT\学校_姓名_身份证号\

素材文件夹:F:\CIMT\学校_姓名_身份证号\素材\

答题文件夹:F:\CIMT\学校_姓名_身份证号\答题\

(2)测试方式:上机操作。

(3)测试时间:120 分钟。

项目 18　建设工程监管信息系统——企业信息模块

一、项目题库编号及名称

1-1-3,建设工程监管信息系统——企业信息模块

二、项目背景

1. 项目描述

SOHU 建设工程监管公司为了有效管理公司监管工程的详细信息,需要开发一个建设工程监管信息系统。系统主要包括公司监管工程信息及系统用户管理两大功能模块。现在你作为项目开发组的程序员,请你完成以下功能模块:

(1) 查询投标企业信息;

(2) 删除投标工程信息。

2. 项目分析

系统中主要窗体效果图如图 1103-1、图 1103-2 所示:

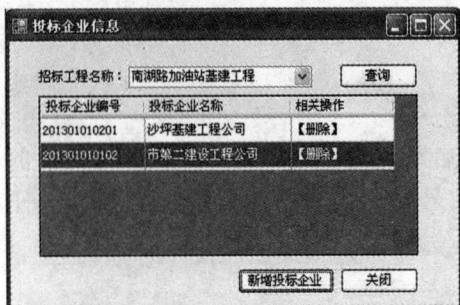

图 1103-1 投标企业信息查询图

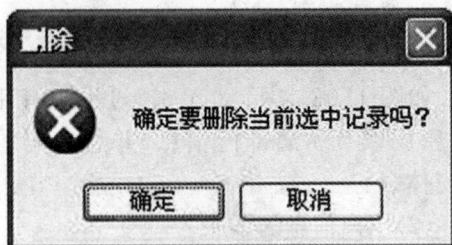

图 1103-2 会员信息删除提示对话框

三、项目内容及要求

1. 界面设计制作(20 分)

以提供的素材为基础,设计制作实现图 1103-1、1103-2 所示窗体或对话框。

2. 数据库实现(10 分)

请将数据库文件从素材文件夹复制到项目的 App_Data 目录,然后附加到数据库服务器中。附加后的数据库名为 ProjectDB。数据表结构见表 1103-1、1103-2 和 1103-3。并在各个表中添加 2 至 3 条测试记录,各字段值见表 1103-4 和表 1103-5 。

表 1103-1 工程信息表结构

列名	数据类型	长度	为空	主键	说明
Project_id	varchar	12	否	是	工程编号
Project_name	varchar	64	否		工程名称
Project_state	varchar	32	否		工程状态

表 1103-2 投标企业信息表结构

列名	数据类型	长度	为空	主键	说明
Ent_id	varchar	12	否	是	投标企业编号
Ent_name	varchar	64	否		投标企业名称

表 1103-3　投标信息表结构

列名	数据类型	长度	为空	主键	说明
Project_id	varchar	12	否	是	投标工程编号
Ent_id	varchar	12	否	是	投标企业编号
Budget_price	int		否		预算报价
Offer_price	int		否		投标报价
Ration_price	int		否		定额工期
Offer_limite	int		否		投票工期

在工程信息表中添加如下记录,记录见表 1103-4。

表 1103-4　工程信息表记录

Ent_id	Ent_name	Project_state
20130102008	天心区新区机关办公大楼	正在招标
20130103012	南湖路加油站基建工程	正在招标

在投标企业信息表中添加如下记录,记录见表 1103-5。

表 1103-5　投标企业信息表记录

Project_id	Project_name
201301010201	沙坪基建工程公司
201301010102	市第二建设工程公司
201102110111	湖南省南平建筑工程公司

3. 功能实现(40 分)

(1)查询投标企业信息

如图 1103-1 所示,用户在投标工程名称下拉框选择工程名称,然后单击"查询"按钮,将查询出该工程的投标企业信息。

(2)删除投标工程信息

在图 1103-1 中,待查询出投标企业信息后,单击投标企业信息后的相关操作列中的"删除"按钮,弹出删除提示框,如图 1103-2 所示。单击该对话框的"确定"删除当前投标企业,否则不作任何操作。

4. 调试运行与打包(10 分)

通过 Visual Studio2008 自带的打包生成功能,将上述完成的项目打包生成一个可执行的 exe 文件,并存入考生答题文件夹,便于教师阅卷时,直接查看程序运行效果。

5. 代码规范(10 分)

程序结构规范,代码缩进规范,方法划分规范;类名、方法名、变量名命名规范;代码注释完整规范。

6. 职业素养(10 分)

(1)在项目完成过程中操作规范,场地整洁,举止文明,遵守规则。

(2)答题文件及文件夹按任务要求命名规范,文件存储路径正确。

四、项目注意事项

（1）文件存取路径说明：

考题文件夹：F:\CIMT\学校_姓名_身份证号\

素材文件夹：F:\CIMT\学校_姓名_身份证号\素材\

答题文件夹：F:\CIMT\学校_姓名_身份证号\答题\

（2）测试方式：上机操作。

（3）测试时间：120 分钟。

项目 19　通讯设备信息管理系统——用户信息模块

一、项目题库编号及名称

1-1-4,通讯设备信息管理系统——用户信息模块

二、项目背景

1. 项目描述

随着社会和科技的发展,通讯设备产业也得到了迅猛的发展,在公司的实际业务中,大量的通讯设备信息给管理上造成相当大的困难。申晨通讯公司现在需要开发一个通讯设备信息管理系统,以提高工作效率。现在你作为项目开发组的程序员,请你完成以下功能模块：

（1）用户登录；

（2）新增用户。

2. 项目分析

系统中主要窗体效果图如图 1104-1、图 1104-2、图 1104-3 所示：

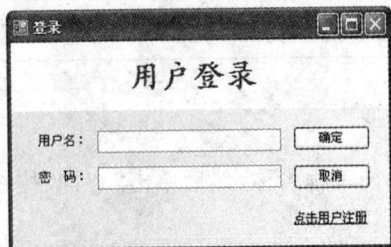

图 1104-1　用户登录界面图

图 1104-2　用户登录成功提示框

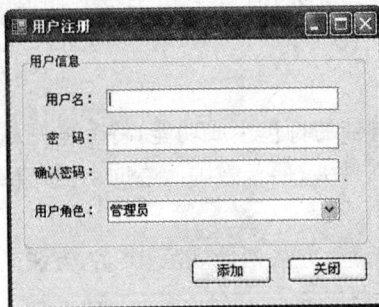

图 1104-3　新增用户界面

三、项目内容及要求

1. 界面设计制作（20分）

以提供的素材为基础，设计制作实现图 1104-1、1104-2、1104-3 所示窗体或对话框。

2. 数据库实现（10分）

请将数据库文件从素材文件夹复制到项目的 App_Data 目录，然后附加到数据库服务器中。附加后的数据库名为 communicateDB。数据表结构见表 1104-1。并在各个表中添加 3 至 5 条测试记录，各字段值见表 1104-2。

表 1104-1　用户信息表（T_admin）

列名	数据类型	长度	为空	主键	说明
admin_id	varchar	12	否	是	用户名
admin_pwd	varchar	16	否		用户密码
admin_role	varchar	4	否		用户角色

在用户信息表中添加如下记录，记录见表 1104-2。

表 1104-2　用户信息表记录

admin_id	admin_pwd	admin_role
admin	123456	管理员
guest	888888	操作员
User01	111111	操作员

3. 功能实现（40分）

（1）用户登录

系统运行时，打开用户登录窗体，如图 1104-1 所示。在该窗体中输入正确的用户名与密码后，单击"确定"按钮，弹出"欢迎使用本系统"对话框，如图 1104-2 所示。否则给予相应的错误提示。

（2）用户注册

在图 1104-1 中，单击"点击用户注册"链接按钮，打开用户注册窗体，如图 1104-3 所示。当用户填写完相关信息后，单击"添加"铵钮，完成用户注册操作。其中，用户角色的列值有｛"管理员"，"操作员"｝；要求输入的密码与确认密码要求输入一致方可，否则给予提示。

4. 调试运行与打包（10分）

通过 Visual Studio2008 自带的打包生成功能，将上述完成的项目打包生成一个可执行的 exe 文件，并存入考生答题文件夹，便于教师阅卷时，直接查看程序运行效果。

5. 代码规范（10分）

程序结构规范，代码缩进规范，方法划分规范；类名、方法名、变量名命名规范；代码注释完整规范。

6. 职业素养（10分）

（1）在项目完成过程中操作规范，场地整洁，举止文明，遵守规则。

（2）答题文件及文件夹按任务要求命名规范，文件存储路径正确。

四、项目注意事项

(1)文件存取路径说明：

考题文件夹：F:\CIMT\学校_姓名_身份证号\

素材文件夹：F:\CIMT\学校_姓名_身份证号\素材\

答题文件夹：F:\CIMT\学校_姓名_身份证号\答题\

(2)测试方式：上机操作。

(3)测试时间：120 分钟。

项目20　通讯设备信息管理系统——设备信息模块

一、项目题库编号及名称

1-1-5,通讯设备信息管理系统——通讯设备信息模块

二、项目背景

1. 项目描述

随着社会和科技的发展,通讯设备产业也得到了迅猛的发展,在公司的实际业务中,大量的通讯设备信息给管理上造成相当大的困难。申晨通讯公司现在需要开发一个通讯设备信息管理系统,以提高工作效率。现在你作为项目开发组的程序员,请你完成以下功能模块：

(1)查询通讯设备信息；

(2)新增通讯设备信息。

2. 项目分析

系统中主要窗体效果图如图 1105-1、图 1105-2 所示,其中图 1105-1 通讯设备名称下拉框中的列出通讯设备信息表已有的设备名称,供用户选择。

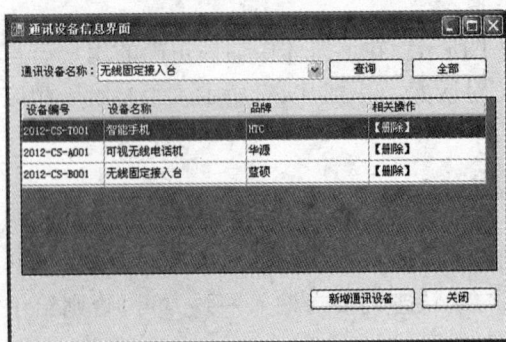

图 1105-1　系统主界面　　　　图 1105-2　通讯设备新增窗体

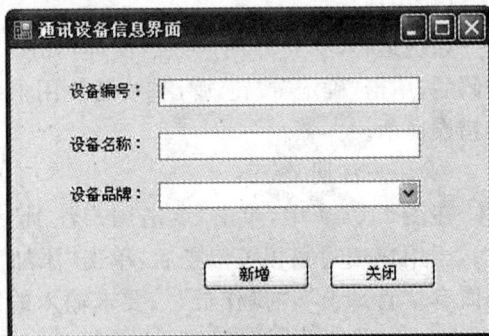

三、项目内容及要求

1. 界面设计制作(20 分)

以提供的素材为基础,设计制作实现图 1105-1、图 1105-2 所示窗体。

2. 数据库实现(10 分)

请将数据库文件从素材文件夹复制到项目的 App_Data 目录,然后附加到数据库服务器中。附加后的数据库名为 communicateDB。数据表结构见表 1105-1。并在各个表中添加3 至 5 条测试记录,各字段值见表 1105-2。

表 1105-1 通讯设备信息表(T_communicate)

列名	数据类型	长度	为空	主键	说明
comm_id	varchar	12	否	是	设备编号
comm_name	varchar	64	否		设备名称
comm_type	varchar	26	否		设备品牌

在通讯设备信息表中添加如下记录,记录见表 1105-2。

表 1105-2 通讯设备信息表记录

comm_id	comm_name	comm_type
2012-CS-T001	智能手机	HTC
2012-CS-A001	可视无线电话机	华源
2012-CS-B001	无线固定接入台	蓝硕

3. 功能实现(40 分)

(1)查询通讯设备信息

打开通讯设备信息管理主窗体后,如图 1105-1 所示。用表格的形式显示出通讯设备信息表中的全部记录。当用户从通讯设备名称下拉框选择相应名称,然后单击"查询"按钮,表格中将显示用户所选通讯设备名称的信息;单击"全部"按钮,则显示通讯设备信息表中的全部记录。

(2)新增通讯设备信息

在图 1105-1 中,单击"新增通讯设备"按钮打开通讯设备新增窗体,如图 1105-2 所示。其中,设备品牌的列值有{"HTC","华源"、"蓝硕"}。当用户输入设备编号、设备名称,选择相应设备品牌,然后单击"新增"按钮,将该记录信息保存至通讯设备信息表中;单击"关闭"按钮关闭当前窗体。

4. 调试运行与打包(10 分)

通过 Visual Studio2008 自带的打包生成功能,将上述完成的项目打包生成一个可执行的 exe 文件,并存入考生答题文件夹,便于教师阅卷时,直接查看程序运行效果。

5. 代码规范(10 分)

程序结构规范,代码缩进规范,方法划分规范;类名、方法名、变量名命名规范;代码注释完整规范。

6. 职业素养(10 分)

(1)在项目完成过程中操作规范,场地整洁,举止文明,遵守规则。

(2)答题文件及文件夹按任务要求命名规范,文件存储路径正确。

四、项目注意事项

(1)文件存取路径说明:

考题文件夹:F:\CIMT\学校_姓名_身份证号\

素材文件夹:F:\CIMT\学校_姓名_身份证号\素材\

答题文件夹:F:\CIMT\学校_姓名_身份证号\答题\

(2)测试方式:上机操作。

(3)测试时间:120 分钟。

项目 21　酒店客房管理系统——客房信息模块

一、项目题库编号及名称

1-1-6,酒店客房管理系统——客房信息模块

二、项目背景

1. 项目描述

随着计算机技术的飞速发展,计算机在企业管理中应用的普及,利用计算机实现酒店有关客房管理势在必行。客房管理系统主要用于酒店旅客入住情况登记,包括旅客的姓名及证件号码的登记,以及入住客房信息,当旅客离开酒店时,需要办理退房结账手续。现在你作为项目开发组的程序员,请你完成以下功能模块:

(1)查询客房信息;

(2)新增客房信息。

2. 项目分析

系统中主要窗体效果图如图 1106-1 所示:

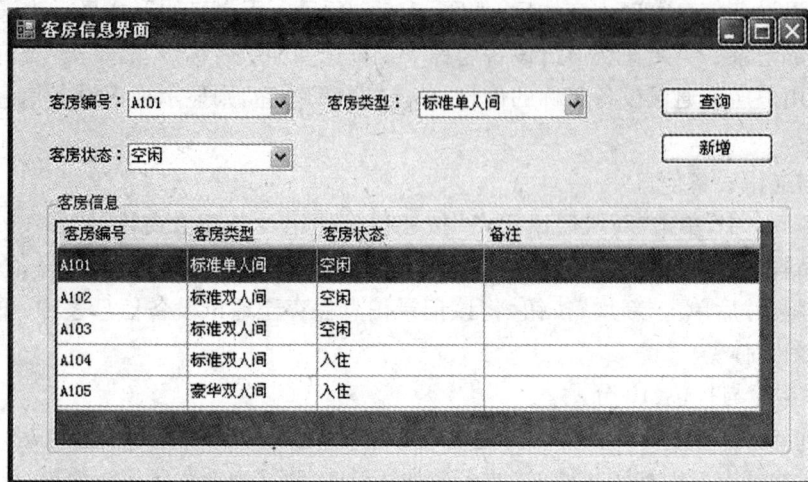

图 1106-1　系统主界面

三、项目内容及要求

1. 界面设计制作(20 分)

以提供的素材为基础,设计制作实现图 1106-2、图 1106-3 所示窗体。

2. 数据库实现(10 分)

请将数据库文件从素材文件夹复制到项目的 App_Data 目录,然后附加到数据库服务器中。附加后的数据库名为 hotelDB。数据表结构见表 1106-1。并在各个表中添加 3 至 5 条测试记录,各字段值见表 1106-2。

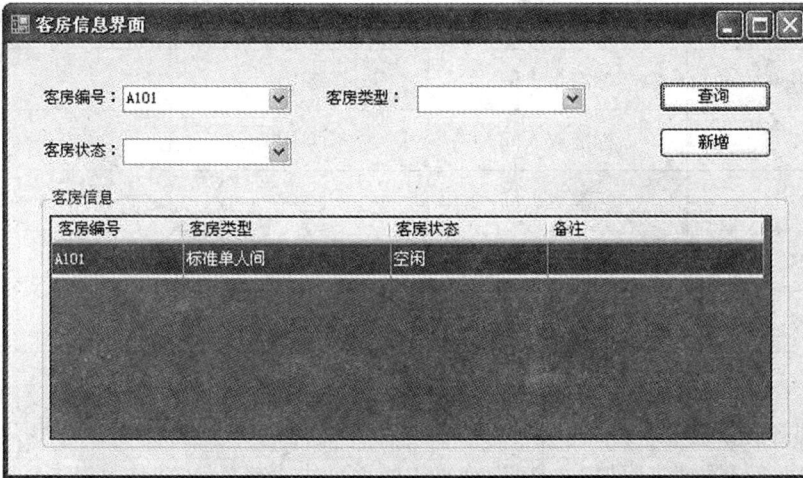

图 1106-2　客房信息查询结果窗体

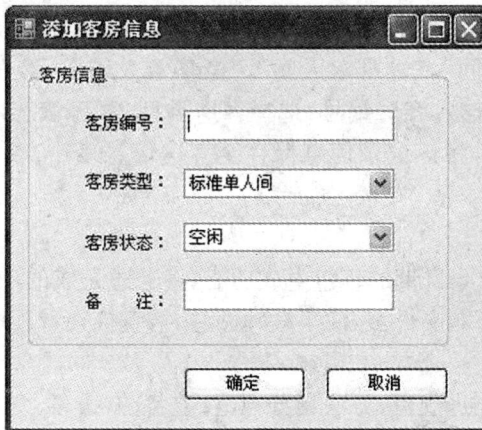

图 1106-3　添加客房信息窗体

表 1106-1　客房信息表结构(T_hotelInfo)

列名	数据类型	长度	为空	主键	说明
room_id	varchar	12	否	是	客房编号
room_type	varchar	64	否		客房类型〔标准单人间、标准双人间、豪华双人间〕
room_state	varchar	26	否		客房状态〔空闲、入住、维修、办公〕
room_memo	varchar	100	是		备注

　　在客房信息表中添加如下记录,记录见表 1106-2。

表 1106-2　客房信息表记录

room_id	room_type	room_state	room_memo
A101	标准单人间	空闲	
A102	标准双人间	空闲	
A103	标准双人间	空闲	
A104	标准双人间	入住	
A105	豪华双人间	入住	

3. 功能实现(40 分)

(1)查询客房信息

打开客房信息管理主窗体后,如图 1106-1 所示。用表格的形式显示出客房信息表中的全部记录。当用户从客房编号下拉框选择相应客房,然后单击"查询"按钮,显示查询结果信息,如图 1106-2 所示。

(2)新增客房信息

在图 1106-1 中,单击"新增"按钮打开添加客房信息窗体,如图 1106-3 所示。其中,客房类型的列值有{"标准单人间"、"标准双人间"、"豪华双人间"},客房状态{"空闲"、"入住"、"维修"、"预订"}。当用户输入客房编号,选择客房类型、客房状态以及输入备注(内容可为空)完后,单击"确定"按钮,将该记录信息保存至客房信息表中;单击"取消"按钮关闭当前窗体。

4. 调试运行与打包(10 分)

通过 Visual Studio2008 自带的打包生成功能,将上述完成的项目打包生成一个可执行的 exe 文件,并存入考生答题文件夹,便于教师阅卷时,直接查看程序运行效果。

5. 代码规范(10 分)

程序结构规范,代码缩进规范,方法划分规范;类名、方法名、变量名命名规范;代码注释完整规范。

6. 职业素养(10 分)

(1)在项目完成过程中操作规范,场地整洁,举止文明,遵守规则。

(2)答题文件及文件夹按任务要求命名规范,文件存储路径正确。

四、项目注意事项

(1)文件存取路径说明:

考题文件夹:F:\CIMT\学校_姓名_身份证号\

素材文件夹:F:\CIMT\学校_姓名_身份证号\素材\

答题文件夹:F:\CIMT\学校_姓名_身份证号\答题\

(2)测试方式:上机操作。

(3)测试时间:120 分钟。

项目 22　酒店客房管理系统——入住管理模块

一、项目题库编号及名称

1-1-7,酒店客房管理系统——入住管理模块

二、项目背景

1. 项目描述

随着计算机技术的飞速发展,计算机在企业管理中应用的普及,利用计算机实现酒店有关客房管理势在必行。客房管理系统主要用于酒店旅客入住情况登记,包括旅客的姓名及证件号码的登记,以及入住客房信息,当旅客离开酒店时,需要办理退房结账手续。现在你作为项目开发组的程序员,请你完成以下功能模块:

(1)顾客入住登记;

(2)房态信息查询。

2. 项目分析

系统中主要窗体效果图如图 1107-1、图 1107-2 所示:

图 1107-1　顾客入住界面

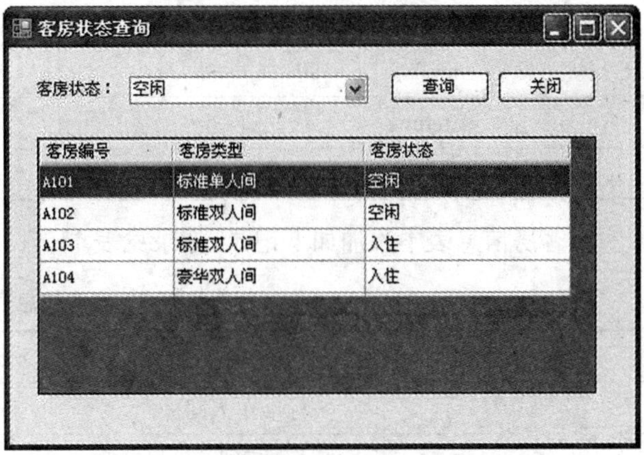

图 1107-2　客房状态查询窗体

三、项目内容及要求

1. 界面设计制作(20 分)

以提供的素材为基础,设计制作实现图 1107-1、1107-2 所示窗体或对话框。

2. 数据库实现(10 分)

请将数据库文件从素材文件夹复制到项目的 App_Data 目录,然后附加到数据库服务器中。附加后的数据库名为 hotelDB。数据表结构见表 1107-1、1107-2。并在各个表中添加 3 至 5 条测试记录,各字段值见表 1107-3。

表 1107-1　客房信息表结构(T_hotelInfo)

列名	数据类型	长度	为空	主键	说明
room_id	varchar	12	否	是	客房编号
room_type	varchar	64	否		客房类型{标准单人间、标准双人间、豪华双人间}
room_state	varchar	26	否		客房状态{空闲、入住、维修、办公}
room_memo	varchar	100	是		备注

表 1107-2　入住登记表结构(T_checkIn)

列名	数据类型	长度	为空	主键	说明
R_id	int		否	是	入住单号
R_roomId	varchar	12	否		入住客房编号
R_name	varchar	30	否		顾客姓名
R_sex	varchar	2	否		顾客性别
R_cardType	varchar	20	否		证件类型{身份证、学生证、军官证}
R_cardCode	varchar	50	否		证件号码
R_Date	datetime		否		入住日期时间(默认值为 getdate())
R_memo	varchar	200			备注

在客房信息表中添加如下记录,记录见表 1107-3。

表 1107-3　客房信息表记录

room_id	room_type	room_state	room_memo
A101	标准单人间	空闲	
A102	标准双人间	空闲	
A103	标准双人间	入住	
A104	豪华双人间	入住	

3. 功能实现(40 分)

(1)顾客入住登记

顾客入住登记窗体,如图 1107-1 所示。当用户填写或选择入住相关信息后,单击"确认入住"按钮,完成顾客入住登记。

(2)房态信息查询

在图 1107-1 中,单击"查询"按钮,打开客房状态信息查询窗体,如图 1107-2 所示,在客房状态信息查询该窗体中,用户首先在客房状态下拉框选择相应的客房状态,然后单击"查询"按钮,查询显示所有选定房态的客房信息。

4. 调试运行与打包(10 分)

通过 Visual Studio2008 自带的打包生成功能,将上述完成的项目打包生成一个可执行的 exe 文件,并存入考生答题文件夹,便于教师阅卷时,直接查看程序运行效果。

5. 代码规范(10 分)

程序结构规范,代码缩进规范,方法划分规范;类名、方法名、变量名命名规范;代码注释完整规范。

6. **职业素养**(10 分)

(1)在项目完成过程中操作规范,场地整洁,举止文明,遵守规则。

(2)答题文件及文件夹按任务要求命名规范,文件存储路径正确。

四、项目注意事项

(1)文件存取路径说明:

考题文件夹:F:\CIMT\学校_姓名_身份证号\

素材文件夹:F:\CIMT\学校_姓名_身份证号\素材\

答题文件夹:F:\CIMT\学校_姓名_身份证号\答题\

(2)测试方式:上机操作。

(3)测试时间:120 分钟。

项目 23　百怡咖啡会员信息管理系统——会员登录及添加模块

一、项目题库编号及名称

1-2-4,百怡咖啡会员信息管理系统——会员登录及添加模块

二、项目背景

1. **项目描述**

百怡咖啡是一家以咖啡、冰品为主的餐厅,餐厅坚定地走"为社会创造财富,为客户创造价值"的发展道路,打造最专业的品牌咖啡连锁店。为了给顾客提供最贴心、优质的服务,公司决定开发一套会员管理系统用以管理会员信息,你作为项目开发组的程序员,请你完成以下功能模块:

(1)用户登录;

(2)会员添加。

2. **项目分析**

百怡咖啡会员信息管理系统的功能结构如图 1204-1 所示。

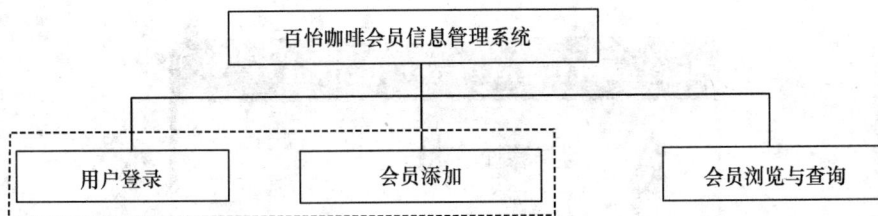

图 1204-1　系统功能结构

百怡咖啡会员信息管理系统的主要页面设计参考如图 1204-2、图 1204-3、图 1204-4所示:

三、项目内容及要求

1. **系统设计**(20 分)

按分层架构设计项目结构,并以提供的素材为基础,设计与制作如图 1204-2、1204-3 所示页面。

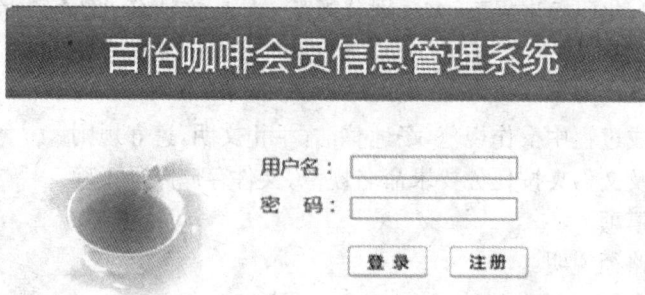

图 1204-2　用户登录模块页面效果

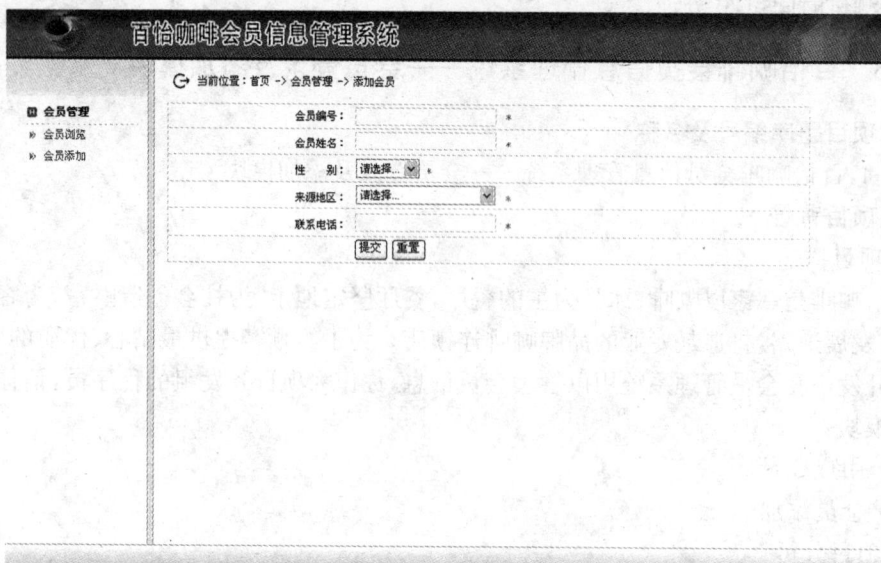

图 1204-3　会员添加页面效果

图 1204-4　会员添加成功提示框

2. 数据库实现(10 分)

请将数据库文件从素材文件夹复制到项目的 App_Data 目录,然后附加到数据库服务器中。附加后的数据库名为 byDB。数据表结构见表 1204-1,1204-2,并在各个数据表中添加 2 至 4 条测试用记录,各字段值见表 1204-3、1204-4。

表 1204-1　会员信息表结构(T_memberInfo)

列名	数据类型	长度	为空	主键	说明
user_Id	varchar	12	否	是	会员编号
user_name	varchar	20	否		会员姓名
user_sex	varchar	2	否		性别
user_area	varchar	10	否		来源地区
user_tel	varchar	30	否		电话

表 1204-2　管理员信息表结构(T_admin)

列名	数据类型	长度	为空	主键	说明
admin_name	varchar	12	否	是	用户名
admin_pwd	varchar	16	否		用户密码

在会员信息表添加如下记录,记录见表 1204-3。

表 1204-3　会员信息表记录

user_Id	user_name	user_sex	user_area	user_tel
BY001	刘君花	女	湖南长沙	13078906754
BY002	彭思宇	男	湖北武汉	13323469829
BY003	王博一	男	湖南衡阳	13875888838

管理员信息表测试用记录,见表 1204-4。

表 1204-4　管理员表记录

admin_name	admin_pwd
admin	admin888
cstxxy	123456

3. 功能实现(40 分)

(1)用户登录

用户在图 1204-2 页面中,当输入正确的管理员用户名与密码,单击"登录"进入到系统主页面,如图 1204-3 所示。若输入的用户名或密码不正确,则给予相应的提示。

(2)会员添加

在图 1204-3 中,当用户输入会员编号、姓名、联系电话,以及选择性别、来源地区。其中,性别下拉框列表值有{"男","女"};来源地区下拉框列表值有{"湖南长沙";"湖南衡阳";"湖南湘潭";"湖北武汉";"湖北黄冈"}。单击"提交"按钮,完成添加操作,并弹出添加成功提示框,如图 1204-4 所示。同时,带红色"＊"号的为必填项。单击"重置"按钮,初始化当前用户输入或选择值。

4. 调试运行与发布(10 分)

通过 Visual Studio2008 自带的发布工具,将上述完成的网站项目发布至考生答题文件夹中,并配置 IIS,便于教师阅卷时,通过"http:∥ IP 地址或计算机名/项目名称"的方式浏览项目运行效果。

5. 代码规范(10 分)

程序结构规范,代码缩进规范,方法划分规范;类名、方法名、变量名命名规范;代码注释完整规范。

6. 职业素养(10 分)

(1)在项目完成过程中操作规范,场地整洁,举止文明,遵守规则。

(2)答题文件及文件夹按任务要求命名规范,文件存储路径正确。

四、项目注意事项

(1)文件存取路径说明:

考题文件夹:F:\CIMT\学校_姓名_身份证号\

素材文件夹:F:\CIMT\学校_姓名_身份证号\素材\

答题文件夹:F:\CIMT\学校_姓名_身份证号\答题\

(2)测试方式:上机操作。

(3)测试时间:120 分钟。

项目 24 百怡咖啡会员信息管理系统——会员登录与信息查询模块

一、项目题库编号及名称

1-2-5,百怡咖啡会员信息管理系统——会员登录与信息查询模块

二、项目背景

1. 项目描述

百怡咖啡是一家以咖啡、冰品为主的餐厅,餐厅坚定地走"为社会创造财富,为客户创造价值"的发展道路,打造最专业的品牌咖啡连锁店。为了给顾客提供最贴心、优质的服务,公司决定开发一套会员管理系统用以管理会员信息,你作为项目开发组的程序员,请你完成以下功能模块:

(1) 用户登录;

(2) 会员浏览器与查询。

2. 项目分析

百怡咖啡会员信息管理系统的功能结构如图 1205-1 所示。

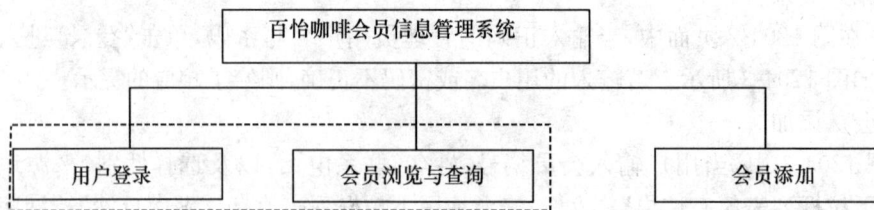

图 1205-1 系统功能结构

百怡咖啡会员信息管理系统的主要页面设计参考如图 1205-2、图 1205-3、图 1205-4 所示:

百怡咖啡会员信息管理系统

用户名：

密 码：

【登 录】 【注 册】

图 1205-2 用户登录页面效果

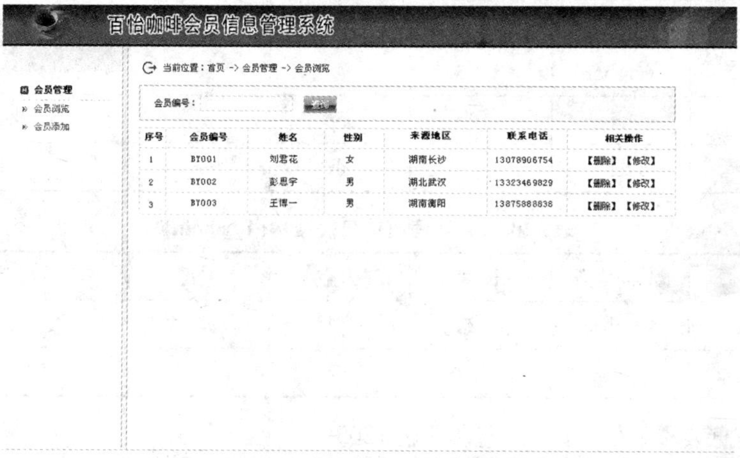

图 1205-3 会员信息浏览与查询页面效果

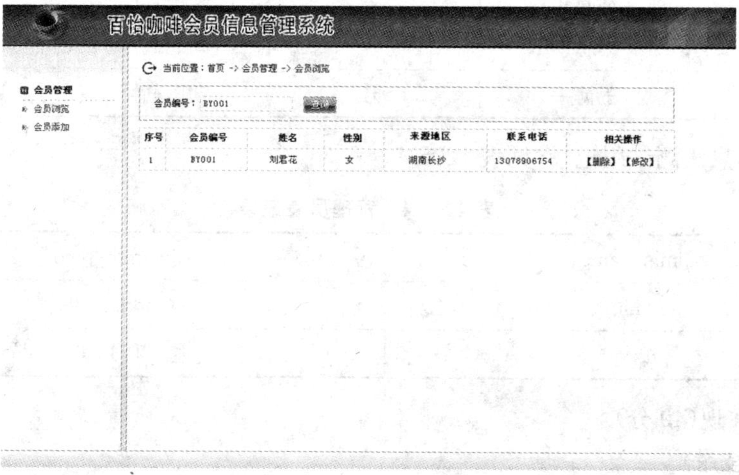

图 1205-4 会员信息查询结果

三、项目内容及要求

1. 系统设计(20分)

按分层架构设计项目结构,并以提供的素材为基础,设计与制作如图1205-2、1205-3所示页面。

2. 数据库实现(10分)

请将数据库文件从素材文件夹复制到项目的App_Data目录,然后附加到数据库服务器中。附加后的数据库名为byDB。数据表结构见表1205-1,1205-2,并在各个数据表中添加2至4条测试用记录,各字段值见表1205-3、1205-4。

表1205-1　会员信息表结构(T_memberInfo)

列名	数据类型	长度	为空	主键	说明
user_Id	varchar	12	否	是	会员编号
user_name	varchar	20	否		会员姓名
user_sex	varchar	2	否		性别
user_area	varchar	10	否		来源地区
user_tel	varchar	30	否		电话

表1205-2　管理员信息表结构(T_admin)

列名	数据类型	长度	为空	主键	说明
admin_name	varchar	12	否	是	用户名
admin_pwd	varchar	16	否		用户密码

在会员信息表添加如下记录,记录见表1205-3。

表1205-3　会员信息表记录

user_Id	user_name	user_sex	user_area	user_tel
BY001	刘君花	女	湖南长沙	13078906754
BY002	彭思宇	男	湖北武汉	13323469829
BY003	王博一	男	湖南衡阳	13875888838

管理员信息表测试用记录,见表1205-4。

表1205-4　管理员表记录

admin_name	admin_pwd
admin	admin888
cstxxy	123456

3. 功能实现(40分)

(1)用户登录

用户在图1205-2页面中,当输入正确的管理员用户名与密码,单击"登录"进入到系统主页面,如图1205-3所示。若输入的用户名或密码不正确,则给予相应的提示。

(2)会员信息浏览与查询

在图 1205-3 中,单击左边"会员浏览"链接文本时,在右边运用表格的形式将协会会员信息表中记录全部显示出来;当用户输入会员编号,单击"查询"按钮时,将显示查询结果,如图 1205-4 所示。否则,给予相应提示。

4. 调试运行与发布(10 分)

通过 Visual Studio2008 自带的发布工具,将上述完成的网站项目发布至考生答题文件夹中,并配置 IIS,便于教师阅卷时,通过"http:// IP 地址或计算机名/项目名称"的方式浏览项目运行效果。

5. 代码规范(10 分)

程序结构规范,代码缩进规范,方法划分规范;类名、方法名、变量名命名规范;代码注释完整规范。

6. 职业素养(10 分)

(1)在项目完成过程中操作规范,场地整洁,举止文明,遵守规则。

(2)答题文件及文件夹按任务要求命名规范,文件存储路径正确。

四、项目注意事项

(1)文件存取路径说明:

考题文件夹:F:\CIMT\学校_姓名_身份证号\

素材文件夹:F:\CIMT\学校_姓名_身份证号\素材\

答题文件夹:F:\CIMT\学校_姓名_身份证号\答题\

(2)测试方式:上机操作。

(3)测试时间:120 分钟。

项目 25　商务购物网站系统——会员登录与商品添加模块

一、项目题库编号及名称

1-2-6,商务购物网站系统——会员登录与商品添加模块

二、项目背景

1. 项目描述

某公司现在开发一个商务购物网站系统,你作为项目开发组的程序员,请按要求完成:

(1) 用户登录;

(2) 商品添加。

2. 项目分析

商务购物网站后台管理系统的功能结构如图 1206-1 所示。

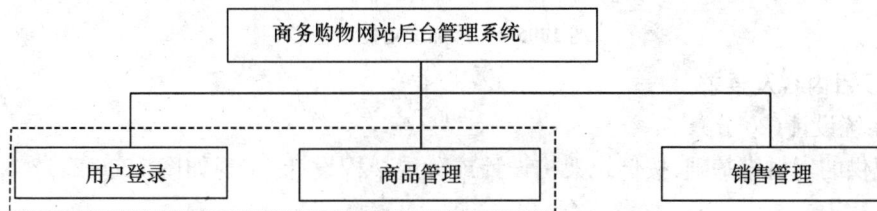

图 1206-1　系统功能结构

商务购物网站后台管理系统的主要页面设计参考如图 1206-2、图 1206-3、图 1206-4

所示：

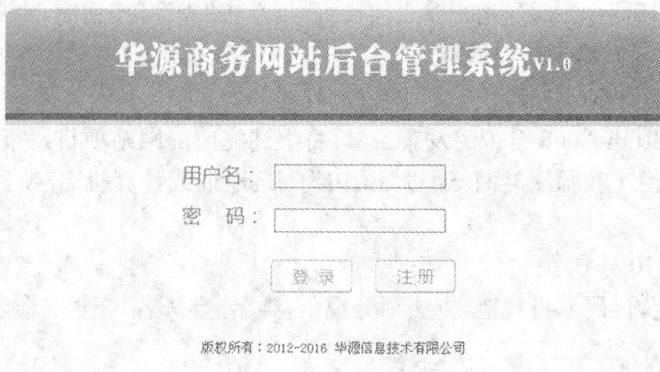

图 1206-2　用户登录模块页面效果

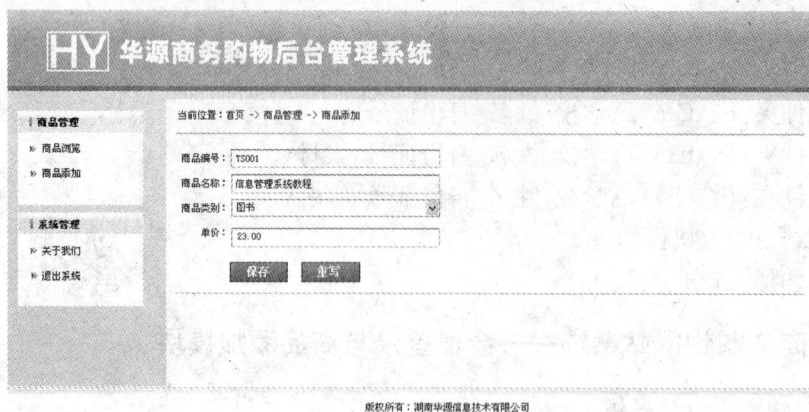

图 1206-3　商品添加页面效果

图 1206-4　添加成功提示框

三、项目内容及要求

1. 系统设计（20 分）

以提供的素材为基础，按传统架构设计或分层架构设计，实现如图 1206-2、1206-3 所示页面。

2. 数据库实现（10 分）

请将数据库文件从素材文件夹复制到项目的 App_Data 目录，然后附加到数据库服务器中。附加后的数据库名为 goodsDB。数据表结构见表 1206-1、1206-3、1206-5，并在各个数据表中添加 2 至 4 条测试用记录,各字段值见表 1206-2、1206-4、1206-6。

表 1206-1　商品类别表结构(T_category)

列名	数据类型	长度	为空	主键	说明
category_ID	varchar	12	否	是	商品类型编号
category_Name	varchar	64	否		商品类型名称

商品类别表测试用记录,见表 1206-2.

表 1206-2　商品类别表记录

category_ID	category_Name
01	图书
02	文具
03	服装

表 1206-3　商品信息表结构(T_goodsInfo)

列名	数据类型	长度	为空	主键	说明
goods_id	varchar	12	否	是	商品编号
goods_name	varchar	32	否		商品名称
goods_price	float	4	否		商品价格
category_id	varchar	12	否		商品类别 id

商品信息表测试用记录,见表 1206-4。

表 1206-4　商品信息表记录

goods_id	goods_name	goods_price	category_id
TS001	信息管理系统教程	23.00	01
TS002	网页制作教程	38.00	01

表 1206-5　管理员信息表结构(T_admin)

列名	数据类型	长度	为空	主键	说明
admin_name	varchar	12	否	是	用户名
admin_pwd	varchar	16	否		用户密码

管理员信息表测试用记录,见表 1206-6。

表 1206-6　管理员表记录

admin_name	admin_pwd
admin	admin888
cstxxy	123456

3. 功能实现(40 分)

(1)用户登录

用户在图 1206-2 页面中,当输入正确的管理员用户名与密码,单击"登录"进入到系统主页面,如图 1206-3 所示。若输入的用户名或密码不正确,则给予相应的提示。

(2)商品添加

在图 1206-3 中,单击左边商品管理中的"商品添加"链接文本时,当用户输入商品编号、商品名称、商品单价以及选择商品类型(商品类别下拉框中的列出商品类别表中所有类别名称,供用户选择。)后,单击"保存"按钮,完成记录的添加,并弹出添加成功提示框。如图 1206-4 所示。单击"重写"按钮初始化表单控件。

4. 调试运行与发布(10 分)

通过 Visual Studio2008 自带的发布工具,将上述完成的网站项目发布至考生答题文件夹中,并配置 IIS,便于教师阅卷时,通过"http://IP 地址或计算机名/项目名称"的方式浏览项目运行效果。

5. 代码规范(10 分)

程序结构规范,代码缩进规范,方法划分规范;类名、方法名、变量名命名规范;代码注释完整规范。

6. 职业素养(10 分)

(1)在项目完成过程中操作规范,场地整洁,举止文明,遵守规则。

(2)答题文件及文件夹按任务要求命名规范,文件存储路径正确。

四、项目注意事项

(1)文件存取路径说明:

考题文件夹:F:\CIMT\学校_姓名_身份证号\

素材文件夹:F:\CIMT\学校_姓名_身份证号\素材\

答题文件夹:F:\CIMT\学校_姓名_身份证号\答题\

(2)测试方式:上机操作。

(3)测试时间:120 分钟。

项目 26　商务购物网站系统——商品删除与查询模块

一、项目题库编号及名称

1-2-7,商务购物网站系统——商品删除与查询模块

二、项目背景

1. 项目描述

某公司现在开发一个商务购物网站系统,你作为项目开发组的程序员,请按要求完成:

(1)商品信息的浏览与查询;

(2)商品信息的删除。

2. 项目分析

商品管理模块的功能结构如图 1207-1 所示。

商品管理模块的主要页面设计参考如图 1207-2、图 1207-3、图 1207-4 所示:

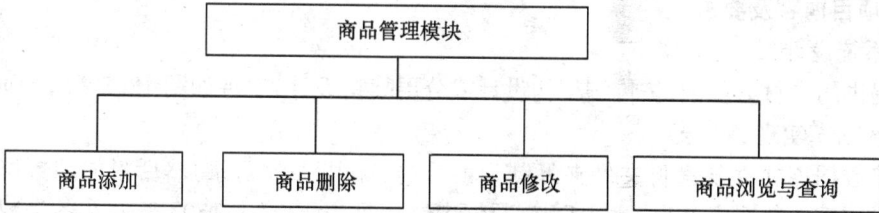

图 1207-1　商品管理模块功能结构图

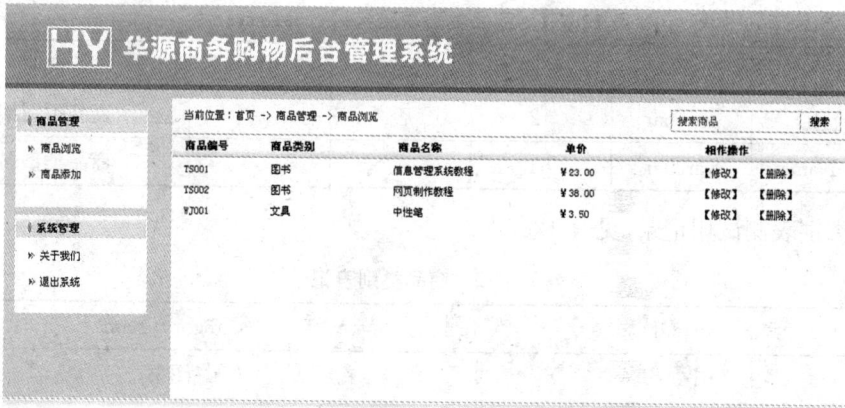

图 1207-2　商品浏览与查询页面效果

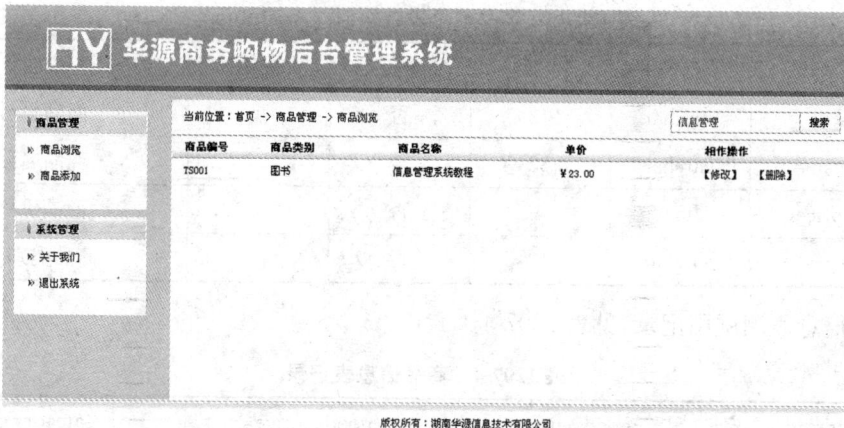

图 1207-3　商品查询结果页面效果

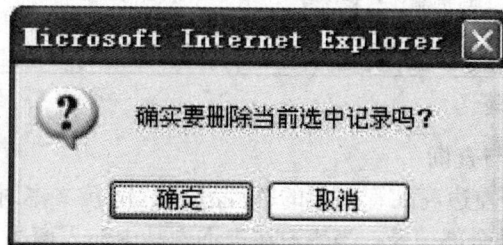

图 1207-4　删除记录提示框

三、项目内容及要求

1. 系统设计(20分)

以提供的素材为基础,按传统架构设计或分层架构设计,实现如图1207-2所示页面。

2. 数据库实现(10分)

请将数据库文件从素材文件夹复制到项目的 App_Data 目录,然后附加到数据库服务器中。附加后的数据库名为 goodsDB。数据表结构见表1207-1,1207-3,并在各个数据表中添加3至5条测试用记录,各字段值见表1207-2、1207-4。

表 1207-1　商品类别表结构(T_category)

列名	数据类型	长度	为空	主键	说明
category_ID	varchar	12	否	是	商品类型编号
category_Name	varchar	64	否		商品类型名称

商品类别表测试用记录,见表1207-2。

表 1207-2　商品类别表记录

category_ID	category_Name
01	图书
02	文具
03	服装

表 1207-3　商品信息表结构(T_goodsInfo)

列名	数据类型	长度	为空	主键	说明
goods_id	varchar	12	否	是	商品编号
goods_name	varchar	32	否		商品名称
goods_price	float	4	否		商品价格
category_id	varchar	12	否		商品类别id

商品信息表测试用记录,见表1207-4。

表 1207-4　商品信息表记录

goods_id	goods_name	goods_price	category_id
TS001	信息管理系统教程	23.00	01
TS002	网页制作教程	38.00	01
WJ001	中性笔	3.50	02

3. 功能实现(40分)

(1)商品信息的浏览与查询

在图1207-2中,单击左边商品管理中的"商品浏览"链接文本时,在右边将用表格的形式展示出商品信息表中的全部记录。当用户在查询商品中输入商品名称全称或部分关键词时,单击"搜索"按钮,将显示查询结果,如图1207-3所示。

(2)商品信息的删除

在图 1207-2 中,用户单击商品列表选中行中的"删除"链接按钮时,弹出删除提示框,如图 1207-4 所示。单击"确定"按钮,完成记录删除操作;单击"取消"按钮不进行删除操作。

4. 调试运行与发布(10 分)

通过 Visual Studio2008 自带的发布工具,将上述完成的网站项目发布至考生答题文件夹中,并配置 IIS,便于教师阅卷时,通过"http:// IP 地址或计算机名/项目名称"的方式浏览项目运行效果。

5. 代码规范(10 分)

程序结构规范,代码缩进规范,方法划分规范;类名、方法名、变量名命名规范;代码注释完整规范。

6. 职业素养(10 分)

(1)在项目完成过程中操作规范,场地整洁,举止文明,遵守规则。

(2)答题文件及文件夹按任务要求命名规范,文件存储路径正确。

四、项目注意事项

(1)文件存取路径说明:

考题文件夹:F:\CIMT\学校_姓名_身份证号\

素材文件夹:F:\CIMT\学校_姓名_身份证号\素材\

答题文件夹:F:\CIMT\学校_姓名_身份证号\答题\

(2)测试方式:上机操作。

(3)测试时间:120 分钟。

项目27 商务购物网站系统——商品修改与查询模块

一、项目题库编号及名称

1-2-8,商务购物网站系统——商品修改与查询模块

二、项目背景

1. 项目描述

某公司现在开发一个商务购物网站系统,你作为项目开发组的程序员,请按要求完成:

(1) 商品信息的浏览与查询;

(2) 商品信息的修改。

2. 项目分析

商品管理模块的功能结构如图 1208-1 所示。

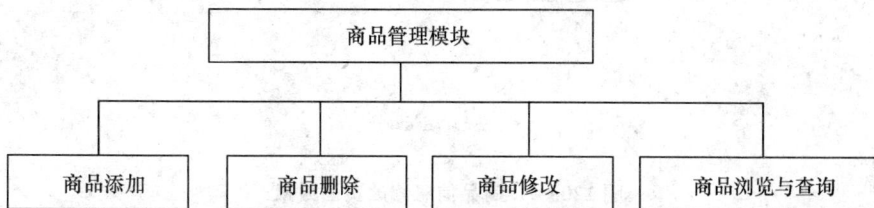

图 1208-1 商品管理模块功能结构图

商品管理模块的主要页面设计参考如图 1208-2、图 1208-3、图 1208-4 所示:

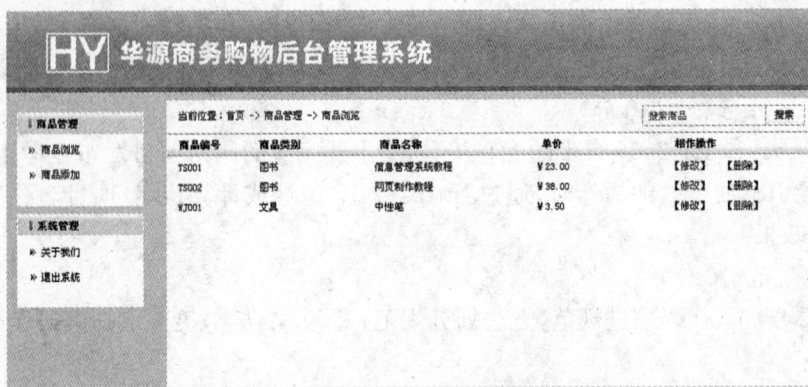

图 1208-2 商品浏览与查询页面效果

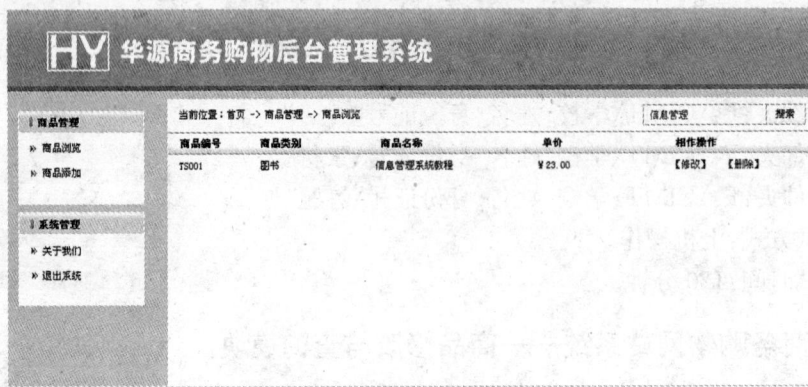

图 1208-3 商品查询结果页面效果

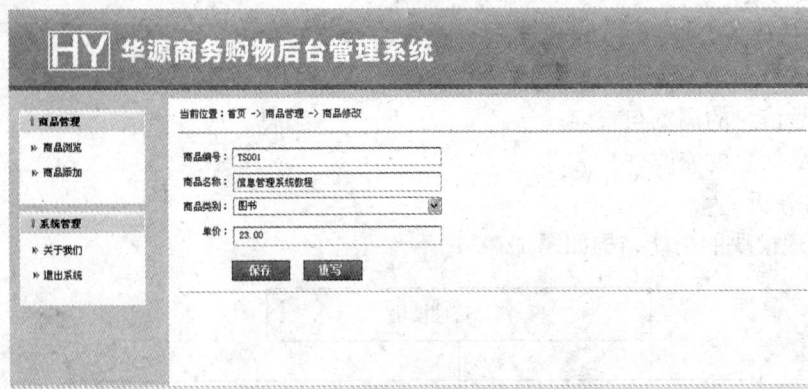

图 1208-4 商品信息修改页面效果

三、项目内容及要求

1. 系统设计(20分)

以提供的素材为基础,按传统架构设计或分层架构设计,实现如图 1208-2、1208-4 所示页面。

2. 数据库实现（10分）

请将数据库文件从素材文件夹复制到项目的 App_Data 目录,然后附加到数据库服务器中。附加后的数据库名为 goodsDB。数据表结构见表 1208-1,1208-3,并在各个数据表中添加 3 至 5 条测试用记录,各字段值见表 1208-2、1208-4。

表 1208-1　商品类别表结构（T_category）

列名	数据类型	长度	为空	主键	说明
category_ID	varchar	12	否	是	商品类型编号
category_Name	varchar	64	否		商品类型名称

商品类别表测试用记录,见表 1208-2.

表 1208-2　商品类别表记录

category_ID	category_Name
01	图书
02	文具
03	服装

表 1208-3　商品信息表结构（T_goodsInfo）

列名	数据类型	长度	为空	主键	说明
goods_id	varchar	12	否	是	商品编号
goods_name	varchar	32	否		商品名称
goods_price	float	4	否		商品价格
category_id	varchar	12	否		商品类别 id

商品信息表测试用记录,见表 1208-4。

表 1208-4　商品信息表记录

goods_id	goods_name	goods_price	category_id
TS001	信息管理系统教程	23.00	01
TS002	网页制作教程	38.00	01
WJ001	中性笔	3.50	02

3. 功能实现（40分）

（1）商品信息的浏览与查询

在图 1208-2 中,单击左边商品管理中的"商品浏览"链接文本时,在右边将用表格的形式展示出商品信息表中的全部记录。当用户在查询商品中输入商品名称全称或部分关键词时,单击"搜索"按钮,将显示查询结果,如图 1208-3 所示。

（2）商品信息的修改

在图 1208-2 中,用户单击商品列表选中行中的"修改"链接按钮时,打开商品信息修改页面,如图 1208-4 所示。其中,商品编号为不允许修改项,当用户修改完商品信息后,单击"确定"按钮,完成记录修改操作并跳转到商品信息浏览页面,如图 1208-2 所示。

4. 调试运行与发布（10分）

通过 Visual Studio2008 自带的发布工具,将上述完成的网站项目发布至考生答题文件夹中,并配置 IIS,便于教师阅卷时,通过"http:// IP 地址或计算机名/项目名称"的方式浏览项目运行效果。

5. 代码规范(10分)

程序结构规范,代码缩进规范,方法划分规范;类名、方法名、变量名命名规范;代码注释完整规范。

6. 职业素养(10分)

(1)在项目完成过程中操作规范,场地整洁,举止文明,遵守规则。

(2)答题文件及文件夹按任务要求命名规范,文件存储路径正确。

四、项目注意事项

(1)文件存取路径说明:

考题文件夹:F:\CIMT\学校_姓名_身份证号\

素材文件夹:F:\CIMT\学校_姓名_身份证号\素材\

答题文件夹:F:\CIMT\学校_姓名_身份证号\答题\

(2)测试方式:上机操作。

(3)测试时间:120分钟。

项目28 通用用户登录及注册模块

一、项目题库编号及名称

1-2-10,通用用户登录及注册模块

二、项目背景

1. 项目描述

某公司现在开发一个通用的用户登录及管理模块,你作为项目开发组的程序员,请按要求完成:

(1)用户登录;

(2)用户注册。

2. 项目分析

用户登录及管理模块的主要页面设计参考如图1210-1、图1210-2、图1210-3、图1210-4所示。

图1210-1 用户登录模块页面效果

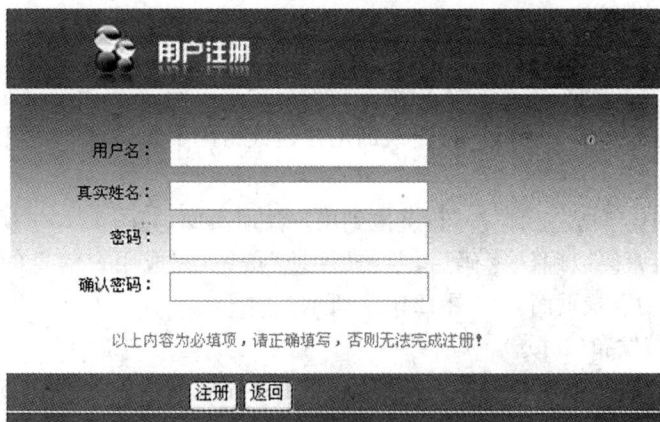

图 1210-2　用户注册页面效果

图 1210-3　登录成功提示框

图 1210-4　注册成功提示框

三、项目内容及要求

1. 系统设计（20 分）

以提供的素材为基础，按传统架构设计或分层架构设计，实现如图 1210-1、1210-2 所示页面。

2. 数据库实现（10 分）

请将数据库文件从素材文件夹复制到项目的 App_Data 目录，然后附加到数据库服务器中。附加后的数据库名为 userManageDB。数据表结构见表 1210-1，并在各个数据表中添加 2 至 4 条测试用记录，各字段值见表 1210-2。

表 1210-1　用户信息表结构（T_userInfo）

列名	数据类型	长度	为空	主键	说明
user_ID	varchar	12	否	是	用户名
user_Name	varchar	20	否		用户真实姓名
user_Pwd	varchar	16	否		密码

用户信息表测试用记录，见表 1210-2。

表 1210-2　用户信息表记录

user_ID	user_Name	user_Pwd
admin	张三	admin888
cstxzy	李四	123456

3. 功能实现(40 分)

(1)用户登录

用户在图 1210-1 页面中,当输入正确的管理员用户名与密码,单击"登录"按钮,弹出登录成功提示框,如图 1210-3 所示。若输入的用户名或密码不正确,则给予相应的错误提示。

(2)文件上传

在图 1210-1 中,单击"注册"按钮,链接到用户注册页面,如图 1210-2 所示。当用户输入用户名、真实姓名、密码以确认密码后,单击"注册"按钮,完成用户信息的添加操作。单击"返回"按钮,跳转到登录页面。如图 1210-1 所示。

4. 调试运行与发布(10 分)

通过 Visual Studio2008 自带的发布工具,将上述完成的网站项目发布至考生答题文件夹中,并配置 IIS,便于教师阅卷时,通过"http:// IP 地址或计算机名/项目名称"的方式浏览项目运行效果。

5. 代码规范(10 分)

程序结构规范,代码缩进规范,方法划分规范;类名、方法名、变量名命名规范;代码注释完整规范。

6. 职业素养(10 分)

(1)在项目完成过程中操作规范,场地整洁,举止文明,遵守规则。

(2)答题文件及文件夹按任务要求命名规范,文件存储路径正确。

四、项目注意事项

(1)文件存取路径说明:

考题文件夹:F:\CIMT\学校_姓名_身份证号\

素材文件夹:F:\CIMT\学校_姓名_身份证号\素材\

答题文件夹:F:\CIMT\学校_姓名_身份证号\答题\

(2)测试方式:上机操作。

(3)测试时间:120 分钟。

项目 29　图书信息管理系统——图书信息浏览与删除模块

一、项目题库编号及名称

1-2-13,图书信息管理系统——图书信息浏览与图书删除模块

二、项目背景

1. 项目描述

某公司现在开发一个图书信息管理系统,你作为项目开发组的程序员,请按要求完成:

(1) 图书信息浏览;

(2) 图书信息删除。

2. 项目分析

图书信息管理系统的主要页面设计参考如图 1213-1、图 1213-2 所示:

三、项目内容及要求

1. 系统设计(20 分)

以提供的素材为基础,按传统架构设计或分层架构设计,实现如图 1213-1 所示页面。

2. 数据库实现(10 分)

书号	书名	出版社	详情	相关操作
9781216109	商务网站建设	清华大学出版社	点击查看	编辑 删除
9781152718	Java程序设计	人民邮电出版社	点击查看	编辑 删除
9782349834	ASP.NET程序设计	人民邮电出版社	点击查看	编辑 删除
9780983132	数据库管理及应用	电子工业出版社	点击查看	编辑 删除

根据书名查询：[　　　] [查询] [全部]

图 1213-1　图书信息浏览页面效果

图 1213-2　图书删除提示框

　　请将数据库文件从素材文件夹复制到项目的 App_Data 目录，然后附加到数据库服务器中。附加后的数据库名为 booksDB。数据表结构见表 1213-1，并在各个数据表中添加 2 至 4 条测试用记录，各字段值见表 1213-2。

表 1213-1　图书信息表结构(T_bookInfo)

列名	数据类型	长度	为空	主键	说明
b_id	varchar	20	否	是	书号
b_Name	varchar	50	否		书名
b_author	varchar	18	否		作者
b_press	varchar	20	否		出版
b_price	decimal	5,2	否		单价
b_intro	varchar	200	否		简介
b_image	varchar	50	否		图片

　　图书信息表测试用记录，见表 1213-2。

表 1213-2　图书信息表记录

b_id	b_Name	b_author	b_press	b_price	b_intro	b_image
9781216109	商务网站建设	林锋	清华大学出版社	38.9	本书..	9781216109.jpg
9781152718	Java 程序设计	张兴	人民邮电出版社	26.9	本书..	9781152718.jpg
9782349834	ASP.NET 程序设计	李源	人民邮电出版社	34.6	本书..	9782349834.jpg
9780983132	数据库管理及应用	汪洋	电子工业出版社	28.8	本书..	9780983132.jpg

3. 功能实现(40 分)

(1)图书信息浏览

如图 1213-1 所示,以表格形式显示图书的书号、书名及出版社信息,并加入详细和操作两列以便用户操作。

(2)图书信息删除

在图 1213-1 中,单击某图书记录后的"删除"按钮,弹出删除提示框,如图 1213-2 所示,单击"确定"按钮,删除该图书记录,否则不作任何操作。

4. 调试运行与发布(10 分)

通过 Visual Studio2008 自带的发布工具,将上述完成的网站项目发布至考生答题文件夹中,并配置 IIS,便于教师阅卷时,通过"http:// IP 地址或计算机名/项目名称"的方式浏览项目运行效果。

5. 代码规范(10 分)

程序结构规范,代码缩进规范,方法划分规范;类名、方法名、变量名命名规范;代码注释完整规范。

6. 职业素养(10 分)

(1)在项目完成过程中操作规范,场地整洁,举止文明,遵守规则。

(2)答题文件及文件夹按任务要求命名规范,文件存储路径正确。

四、项目注意事项

(1)文件存取路径说明:

考题文件夹:F:\CIMT\学校_姓名_身份证号\

素材文件夹:F:\CIMT\学校_姓名_身份证号\素材\

答题文件夹:F:\CIMT\学校_姓名_身份证号\答题\

(2)测试方式:上机操作。

(3)测试时间:120 分钟。

项目 30　简单的新闻发布系统

一、项目题库编号及名称

1-2-15,简单的新闻发布系统

二、项目背景

1. 项目描述

某公司现在开发一个简单的新闻发布系统,你作为项目开发组的程序员,请按要求完成:

(1) 新闻发布;

(2) 新闻列表。

2. 项目分析

新闻发布系统的主要页面设计参考如图 1215-1、图 1215-2 所示:

三、项目内容及要求

1. 系统设计(20 分)

以提供的素材为基础,按传统架构设计或分层架构设计,实现如图 1215-1、1215-2 所示页面。

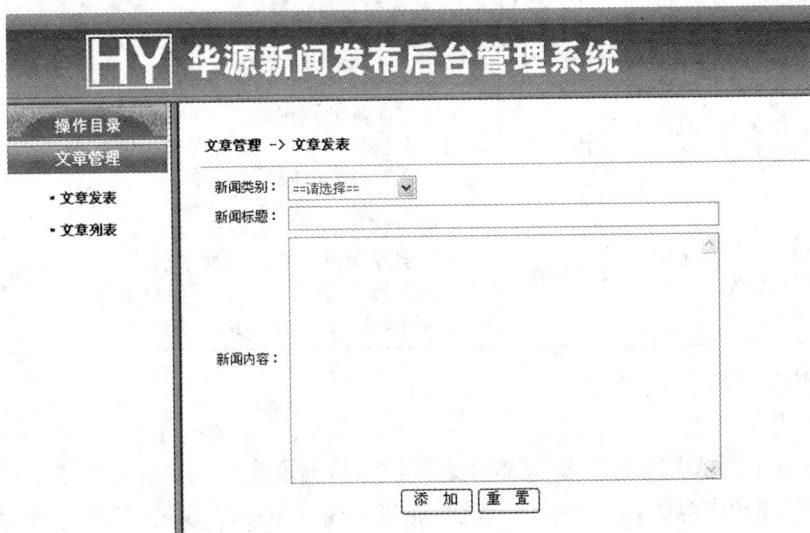

图 1215-1　新闻发布后台之文章发表页面效果

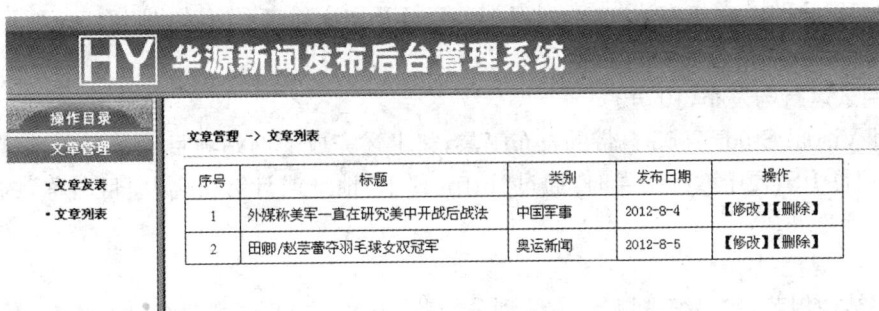

图 1215-2　新闻发布后台之文章列表页面效果

2. 数据库实现(10分)

请将数据库文件从素材文件夹复制到项目的 App_Data 目录,然后附加到数据库服务器中。附加后的数据库名为 articleDB。数据表结构见表 1215-1,并在各个数据表中添加 2 至 4 条测试用记录,各字段值见表 1215-2。

表 1215-1　新闻信息表结构(T_NewsInfo)

列名	数据类型	长度	为空	主键	说明
id	int		否	是	序号,自动增长
News_title	varchar	128	否		标题
News_class	varchar	64	否		类别
News_content	varchar	2000	否		内容
News_date	datetime		否		发布时间,默认值

新闻发布信息表测试用记录,见表 1215-2.

表 1215-2　新闻信息表记录

id	News_title	News_class	News_content	News_date
1	外媒称美军一直在研究美中开战后战法	中国军事	8月2日,《华盛顿邮报》刊登长篇报道,称在过去20年间,五角大楼一直研究如何以"空海一体战"对付中国	2012-8-4
2	田卿/赵芸蕾夺羽毛球女双冠军	奥运新闻	不在重压下死亡,就在重压下爆发!中国的羽球女双姑娘们选择了后者,赵芸蕾和田卿在决赛中2-0横扫日本组合,为中国羽毛球队拿下第三块金牌!	2012-8-5

3. 功能实现(40分)

(1)新闻发布

如图 1215-1 所示。单击左边"文章发表"链接,打开文章发表页面。用户选择新闻类别及输入新闻标题和内容后,单击"添加"按钮,完成新闻发布操作,其中,新闻类型下拉框的列值为{"中国军事","奥运新闻"};单击"重置"按钮,初始化当前页面控件值。

(2)新闻列表

在图 1215-1 中,单击左边"文章列表"链接,打开文章列表页面,如图 1215-2 所示。用表格的形式显示新闻信息表中的全部记录。

4. 调试运行与发布(10分)

通过 Visual Studio2008 自带的发布工具,将上述完成的网站项目发布至考生答题文件夹中,并配置 IIS,便于教师阅卷时,通过"http:// IP 地址或计算机名/项目名称"的方式浏览项目运行效果。

5. 代码规范(10分)

程序结构规范,代码缩进规范,方法划分规范;类名、方法名、变量名命名规范;代码注释完整规范。

6. 职业素养(10分)

(1)在项目完成过程中操作规范,场地整洁,举止文明,遵守规则。

(2)答题文件及文件夹按任务要求命名规范,文件存储路径正确。

四、项目注意事项

(1)文件存取路径说明:

考题文件夹:F:\CIMT\学校_姓名_身份证号\

素材文件夹:F:\CIMT\学校_姓名_身份证号\素材\

答题文件夹:F:\CIMT\学校_姓名_身份证号\答题\

(2)测试方式:上机操作。

(3)测试时间:120分钟。

项目31　博文书社图书管理系统——用户登录与注册模块

一、项目题库编号及名称

1-3-1,博文书社图书管理系统——用户登录与注册模块

二、项目背景

1. 项目描述

博文书社为了有效管理各类图书的详细信息,方便用户查询和借阅,需要开发一个图书信息管理系统。系统主要包括各类图书的入库、借阅、查询及系统用户管理等功能模块。现在你作为项目开发组的程序员,请你完成以下功能模块:

(1) 用户登录;

(2) 用户注册。

2. 项目分析

系统中主要窗体效果图如图 1301-1、图 1301-2、图 1301-3、图 1301-4 所示:

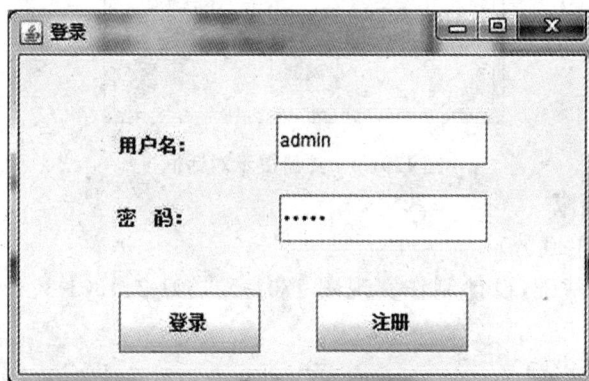

图 1301-1　用户登录界面

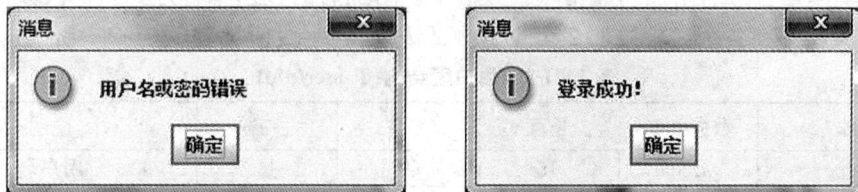

图 1301-2　登录提示对话框

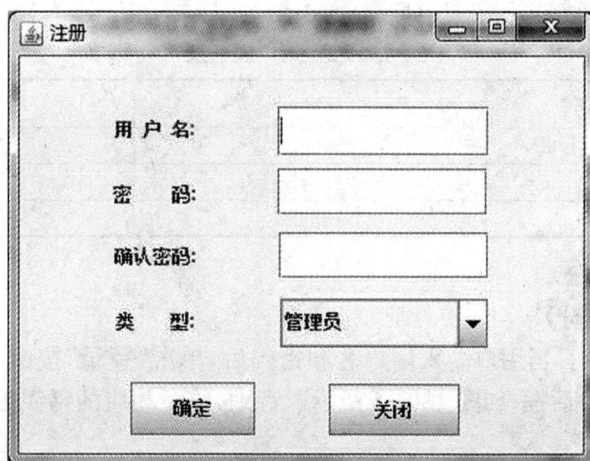

图 1301-3　注册界面

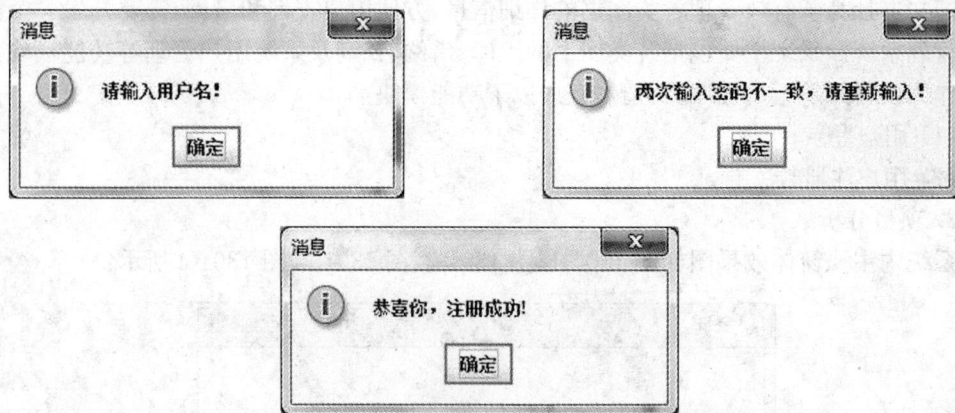

图 1301-4　注册提示对话框

三、项目内容及要求

1. 界面设计制作（20 分）

以提供的素材为基础，设计制作实现图 1301-1、1301-2、1301-3、1301-4 所示窗体或对话框。

2. 数据库实现（10 分）

请将数据库文件从素材文件夹复制到答题文件夹中 dbfile 目录内，其中 dbfile 文件夹需要考生手动创建。然后附加到数据库服务器中。附加后的数据库名为 testDB。数据表结构见表 1301-1。并在各个表中添加 2 至 4 条测试记录，各字段值见表 1301-2。

表 1301-1　用户表结构（T_userInfo）

列名	数据类型	长度	为空	主键	说明
u_name	varchar	16	否	是	用户名
u_pwd	varchar	16	否		密码
u_type	varchar	12	否		类型

在用户表中添加如下记录，记录见表 1301-2。

表 1301-2　用户表记录

u_name	u_pwd	u_type
admin	admin	管理员
happy88	123456	管理员
guest	123456	普通用户

3. 功能实现（40 分）

（1）用户登录（20 分）

如图 1301-1 所示。当用户输入用户名和密码后，单击"登录"按钮，若用户名和密码都正确，显示登录成功对话框，如图 1301-2 所示。否则，给予相应的错误提示。单击"注册"按钮，显示注册窗体。

（2）用户注册（20 分）

在图 1301-3 中，用户输入用户名、密码、确认密码和类型后，单击"注册"按钮，如果用户名非空，并且两次输入密码一致，显示注册成功对话框，如图 1301-4 所示。否则，给予相应的错误提示。单击"关闭"按钮，退出注册窗体。

4. 调试运行与打包(10分)

通过 eclipse3.2(或 netbeans6.5)自带的打包工具,将上述完成的项目打包发布生成一个可执行的 jar 包,并存入考生答题文件夹,便于教师阅卷时,直接查看程序运行效果。

5. 代码规范(10分)

程序结构规范,代码缩进规范,方法划分规范;类名、方法名、变量名命名规范;代码注释完整规范。

6. 职业素养(10分)

(1)在项目完成过程中操作规范,场地整洁,举止文明,遵守规则。

(2)答题文件及文件夹按任务要求命名规范,文件存储路径正确。

四、项目注意事项

(1)文件存取路径说明:

考题文件夹:F:\CIMT\学校_姓名_身份证号\

素材文件夹:F:\CIMT\学校_姓名_身份证号\素材\

答题文件夹:F:\CIMT\学校_姓名_身份证号\答题\

(2)测试方式:上机操作。

(3)测试时间:120分钟。

项目 32 博文书社图书管理系统——用户登录与密码修改模块

一、项目题库编号及名称
1-3-2,博文书社图书管理系统——用户登录与密码修改模块

二、项目背景

1. 项目描述

博文书社为了有效管理各类图书的详细信息,方便用户查询和借阅,需要开发一个图书信息管理系统。系统主要包括各类图书的入库、借阅、查询及系统用户管理等功能模块。现在你作为项目开发组的程序员,请你完成以下功能模块:

(1)用户登录;

(2)密码修改。

2. 项目分析

系统中主要窗体效果图如图 1302-1、图 1302-2、图 1302-3 所示:

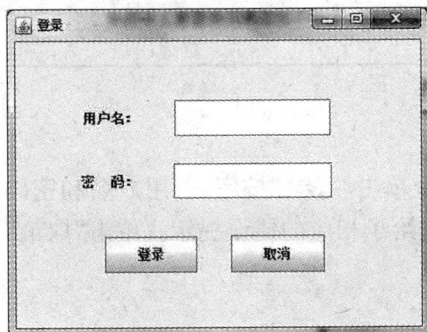

图 1302-1 用户登录界面

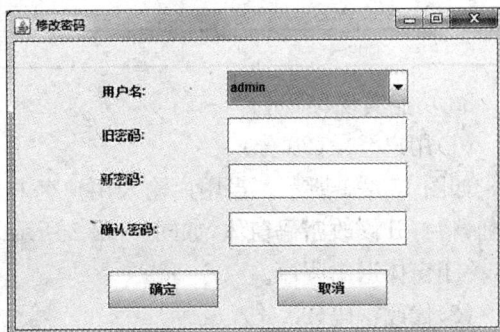

图 1302-2 修改密码窗体

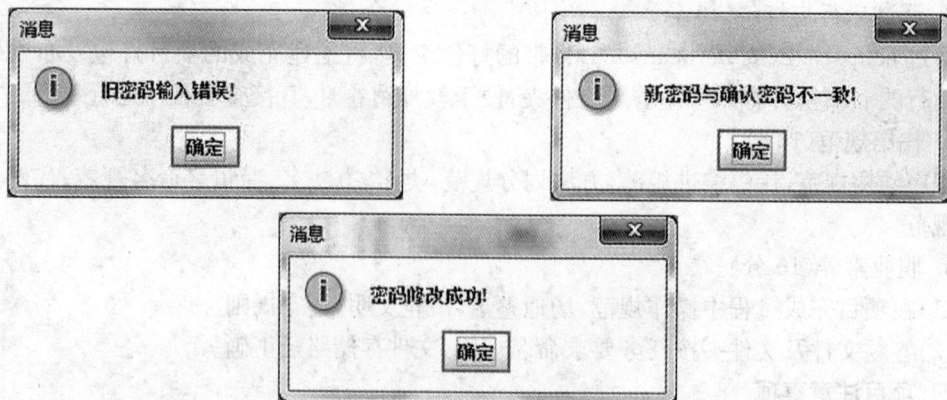

图 1302-3　提示对话框

三、项目内容及要求

1. 界面设计制作（20 分）

以提供的素材为基础，设计制作实现图 1302-1、1302-2、1302-3 所示窗体或对话框。

2. 数据库实现（10 分）

请将数据库文件从素材文件夹复制到答题文件夹中 dbfile 目录内，其中 dbfile 文件夹需要考生手动创建。然后附加到数据库服务器中。附加后的数据库名为 testDB。数据表结构见表 1302-1。并在各个表中添加 2 至 4 条测试记录，各字段值见表 1302-2。

表 1302-1　用户表结构（T_userInfo）

列名	数据类型	长度	为空	主键	说明
u_name	varchar	16	否	是	用户名
u_pwd	varchar	16	否		密码
u_type	varchar	12	否		类型

在用户表中添加如下记录，记录见表 1302-2。

表 1301-2　用户表记录

u_name	u_pwd	u_type
admin	admin	管理员
happy88	123456	管理员
guest	123456	普通用户

3. 功能实现（40 分）

（1）用户登录（20 分）

如图 1302-1 所示。当用户输入用户名和密码后，单击"登录"按钮，若用户名和密码都正确，将打开修改密码窗体，如图 1302-2 所示。否则，给予相应的错误提示。单击"取消"按钮，关闭窗体退出程序。

（2）修改密码（20 分）

在图 1302-2 中，用户名下拉框中列出用户表所有用户名供用户选择，当用户选择某个用户名，输入旧密码、新密码以及确认密码，如果旧密码正确，并且新密码与确认密码一致，单击"确定"按钮，将完成对当前选中用户密码的修改。否则给予相应的错误提示，如图

1302-3 所示。单击"取消"按钮则不进行修改操作,关闭窗体退出程序。

4. 调试运行与打包(10 分)

通过 eclipse3.2(或 netbeans6.5)自带的打包工具,将上述完成的项目打包发布生成一个可执行的 jar 包,并存入考生答题文件夹,便于教师阅卷时,直接查看程序运行效果。

5. 代码规范(10 分)

程序结构规范,代码缩进规范,方法划分规范;类名、方法名、变量名命名规范;代码注释完整规范。

6. 职业素养(10 分)

(1)在项目完成过程中操作规范,场地整洁,举止文明,遵守规则。

(2)答题文件及文件夹按任务要求命名规范,文件存储路径正确。

四、项目注意事项

(1)文件存取路径说明:

考题文件夹:F:\CIMT\学校_姓名_身份证号\

素材文件夹:F:\CIMT\学校_姓名_身份证号\素材\

答题文件夹:F:\CIMT\学校_姓名_身份证号\答题\

(2)测试方式:上机操作。

(3)测试时间:120 分钟。

项目 33 博文书社图书管理系统——图书查询与删除模块

一、项目题库编号及名称

1-3-3,博文书社图书管理系统——图书查询与删除模块

二、项目背景

1. 项目描述

博文书社为了有效管理各类图书的详细信息,方便用户查询和借阅,需要开发一个图书信息管理系统。系统主要包括各类图书的入库、借阅、查询及系统用户管理等功能模块。现在你作为项目开发组的程序员,请你完成以下功能模块:

(1)图书信息按类别的查询功能;

(2)图书的删除。

2. 项目分析

系统中主要窗体效果图如图 1303-1、图 1303-2、图 1303-3 所示:

三、项目内容及要求

1. 界面设计制作(20 分)

以提供的素材为基础,设计制作实现图 1303-1、1303-2、1303-3 所示窗体或对话框。

2. 数据库实现(10 分)

请将数据库文件从素材文件夹复制到答题文件夹中 dbfile 目录内,其中 dbfile 文件夹需要考生手动创建。然后附加到数据库服务器中。附加后的数据库名为 testDB。数据表结构见表 1303-1。并在各个表中添加 2 至 4 条测试记录,各字段值见表 1303-2。

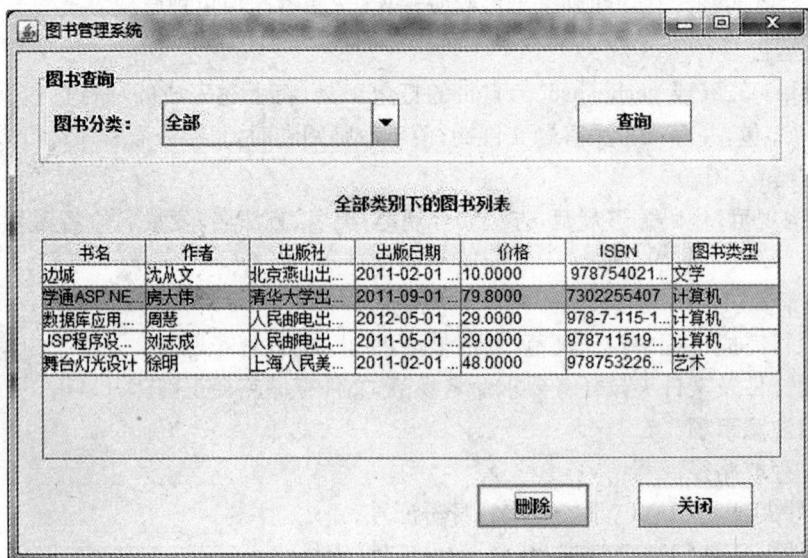

图 1303-1　首次加载显示全部类别的图书信息

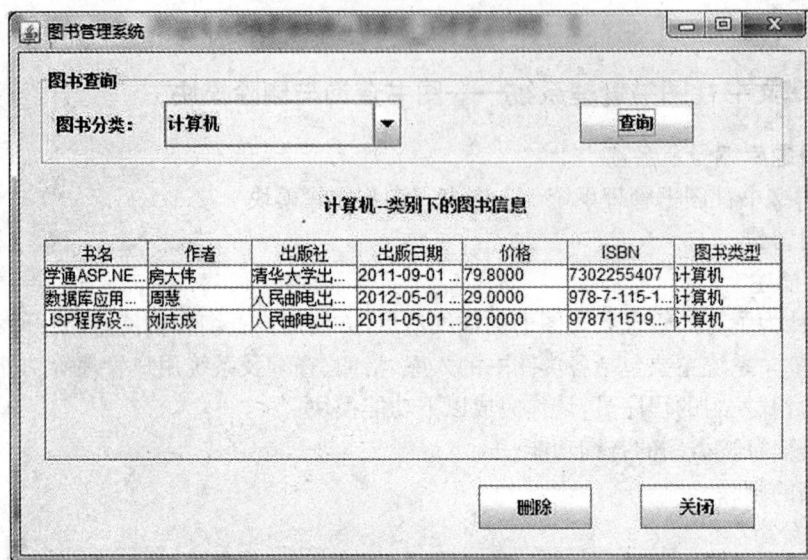

图 1303-2　用户选择下拉框的分类查询所选类别的图书列表

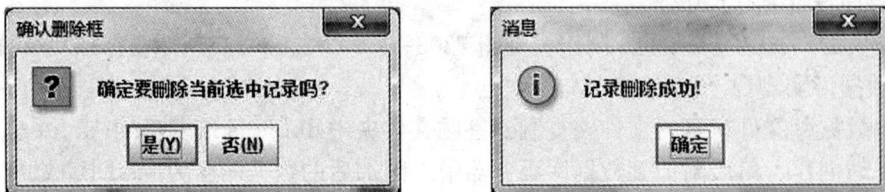

图 1303-3　删除提示对话框

表 1303-1　图书表结构(T_bookInfo)

列名	数据类型	长度	为空	主键	说明
bookName	varchar	50	否		书名
writer	varchar	32	否		作者
publisher	varchar	50	否		出版社
date	datetime		否		出版时间
price	smallmoney		否		价格
ISBN	varchar	100	否	是	ISBN 号
type	varchar	32	否		类型

在用户表中添加如下记录,记录见表 1303-2。

表 1303-2　图书表记录

bookName	writer	publisher	date	price	ISBN	type
边城	沈从文	北京燕山出版社	2011/2/1	￥10.00	9787540218003	文学
学通 ASP. NET 的 24 堂课	房大伟	清华大学出版社	2011/9/1	￥79.80	7302255407	计算机
数据库应用技术 (SQL Server 2005)	周慧	人民邮电出版社	2012/5/1	￥29.00	97871151934-2	计算机
JSP 程序设计实例教程	刘志成	人民邮电出版社	2011/5/1	￥29.00	9787115199058	计算机
舞台灯光设计	徐明	上海人民美术出版社	2011/2/1	￥48.00	9787532260195	艺术

3. 功能实现(40 分)

(1)图书按类别查询(20 分)

如图 1303-1 所示。当程序执行后,界面显示全部类别(默认)的图书列表,列表上方给出全部类别图书提示信息,分类下拉框列出图书所有分类供用户选择,当用户选择某个分类,单击"查询"按钮,界面显示用户所选类别的图书列表,同时列表上方分类提示信息变为所选择的类别信息,如图 1303-2 所示。

(2)图书删除(20 分)

用户选中需要删除的图书数据行,单击"删除"按钮,显示删除提示对话框,如图 1303-3 所示,单击"是"按钮,则删除用户当前选中的图书信息,否则返回不进行删除操作。单击"关闭"按钮,则退出程序。

4. 调试运行与打包(10 分)

通过 eclipse3.2(或 netbeans6.5)自带的打包工具,将上述完成的项目打包发布生成一个可执行的 jar 包,并存入考生答题文件夹,便于教师阅卷时,直接查看程序运行效果。

5. 代码规范(10 分)

程序结构规范,代码缩进规范,方法划分规范;类名、方法名、变量名命名规范;代码注释完整规范。

6. 职业素养(10 分)

(1)在项目完成过程中操作规范,场地整洁,举止文明,遵守规则。

(2)答题文件及文件夹按任务要求命名规范,文件存储路径正确。

四、项目注意事项

(1)文件存取路径说明:

考题文件夹:F:\CIMT\学校_姓名_身份证号\

素材文件夹:F:\CIMT\学校_姓名_身份证号\素材\

答题文件夹:F:\CIMT\学校_姓名_身份证号\答题\

(2)测试方式:上机操作。

(3)测试时间:120 分钟。

项目 34 企业人事管理系统——员工信息添加与删除模块

一、项目题库编号及名称

1-3-4,企业人事管理系统——员工信息添加与删除模块

二、项目背景

1. 项目描述

北京创协科技有限公司为了推进公司信息化建设,提高效率,需要开发一个企业人事信息管理系统。系统主要包括员工信息管理及考勤管理两大功能模块,其中员工信息管理包含员工信息添加、删除、修改、查询等基本功能。现在你作为项目开发组的程序员,请你完成以下功能模块:

(1)员工信息的添加;

(2)员工信息的删除。

2. 项目分析

系统中主要窗体效果图如图 1304-1、图 1304-2、图 1304-3 所示:

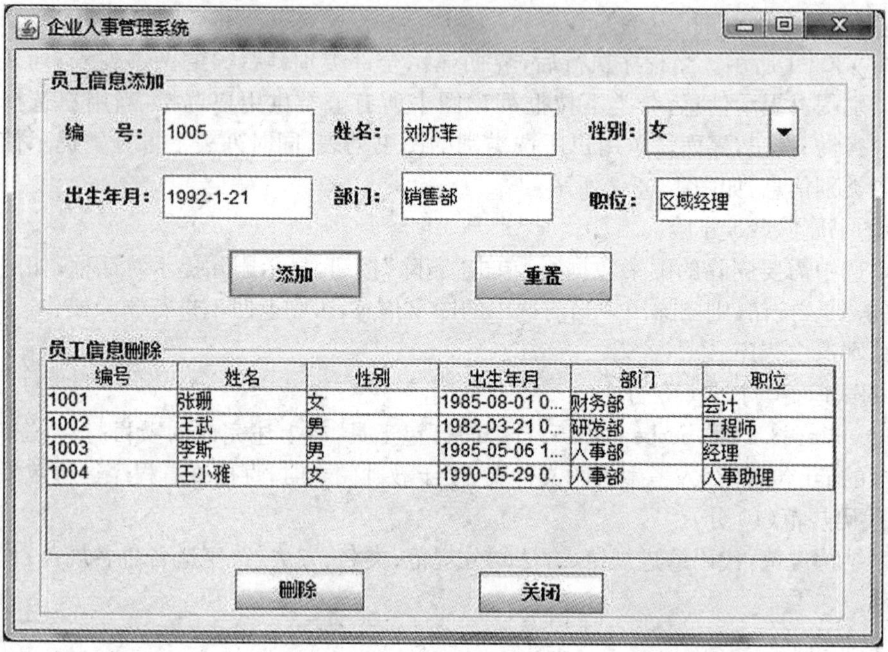

图 1304-1 添加信息

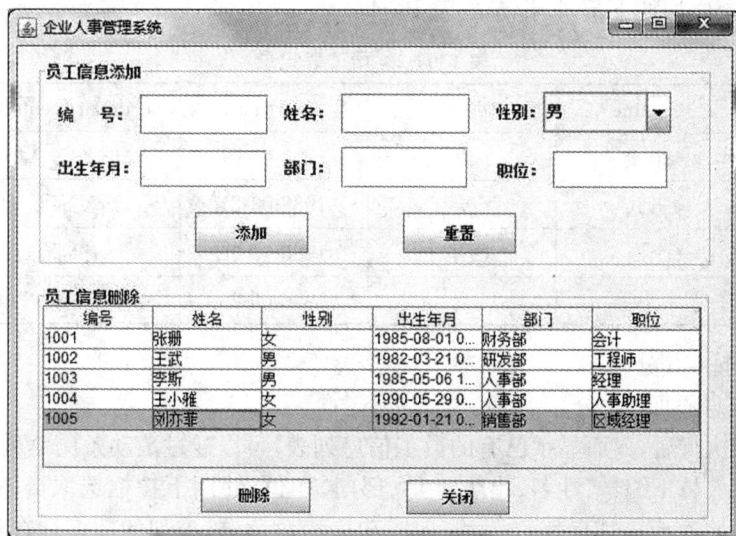

图 1304-2　选中员工记录进行删除

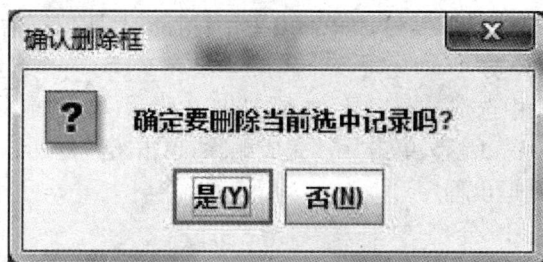

图 1304-3　删除确认提示框

三、项目内容及要求

1. 界面设计制作（20 分）

以提供的素材为基础，设计制作实现图 1304-1、1304-2、1304-3 所示窗体或对话框。

2. 数据库实现（10 分）

请将数据库文件从素材文件夹复制到答题文件夹中 dbfile 目录内，其中 dbfile 文件夹需要考生手动创建。然后附加到数据库服务器中。附加后的数据库名为 testDB。数据表结构见表 1304-1。并在各个表中添加 2 至 4 条测试记录，各字段值见表 1304-2。

表 1304-1　员工表结构（T_employeeInfo）

列名	数据类型	长度	为空	主键	说明
e_id	int		否	是	员工编号
e_name	varchar	32	否		姓名
e_sex	varchar	16	否		性别（男、女）
e_birthday	datetime		否		出生年月
e_department	varchar	32	否		部门
e_job	varchar	32	否		职位

在用户表中添加如下记录,记录见表1304-2。

表1304-2　员工表记录

e_id	e_name	e_sex	e_birthday	e_department	e_job
1001	张珊	女	1985-08-01	财务部	会计
1002	王武	男	1982-03-21	研发部	工程师
1003	李斯	男	1985-05-06	人事部	经理
1004	王小雅	女	1990-05-29	人事部	人事经理

3. 功能实现(40分)

(1)员工信息添加(20分)

① 当程序执行后,界面显示已有的员工信息列表,可以通过滚动条浏览员工信息。

② 用户输入员工编号、姓名、出生年月、部门、职位,使用下拉框选取员工性别信息,单击"添加"按钮,将完成添加操作,显示添加成功提示对话框,添加的数据行在员工信息列表中显示,如图1304-1、1304-2所示。

③ 若员工编号、姓名、出生年月、部门、职位为空,将显示相应错误提示对话框。

④ 单击"重置"按钮,将员工编号、姓名、出生年月、部门、职位等信息清空。

(2)员工信息删除(20分)

① 在员工信息列表中选定一条记录,如图1304-2所示,单击"删除"按钮,则弹出信息删除确认提示框,如图1304-3所示,单击"是"完成删除,单击"否"返回删除界面。

单击"关闭"按钮,则退出程序。

4. 调试运行与打包(10分)

通过eclipse3.2(或netbeans6.5)自带的打包工具,将上述完成的项目打包发布生成一个可执行的jar包,并存入考生答题文件夹,便于教师阅卷时,直接查看程序运行效果。

5. 代码规范(10分)

程序结构规范,代码缩进规范,方法划分规范;类名、方法名、变量名命名规范;代码注释完整规范。

6. 职业素养(10分)

(1)在项目完成过程中操作规范,场地整洁,举止文明,遵守规则。

(2)答题文件及文件夹按任务要求命名规范,文件存储路径正确。

四、项目注意事项

(1)文件存取路径说明:

考题文件夹:F:\CIMT\学校_姓名_身份证号\

素材文件夹:F:\CIMT\学校_姓名_身份证号\素材\

答题文件夹:F:\CIMT\学校_姓名_身份证号\答题\

(2)测试方式:上机操作。

(3)测试时间:120分钟。

项目35　企业工资管理系统——员工工资添加与更新模块

一、项目题库编号及名称

1-3-5,企业工资管理系统——员工工资添加与更新模块

二、项目背景

1. 项目描述

长沙正方科技有限公司为了提高效率，方便职员，需要开发一个企业工资管理系统。系统主要包括员工工资管理及系统用户管理两大功能模块，其中员工工资管理包含工资添加、删除、修改、查询等基本功能。现在你作为项目开发组的程序员，请你完成以下功能模块：

（1）工资记录添加；

（2）工资信息刷新。

2. 项目分析

系统中主要窗体效果图如图 1305-1、图 1305-2、图 1305-3 所示：

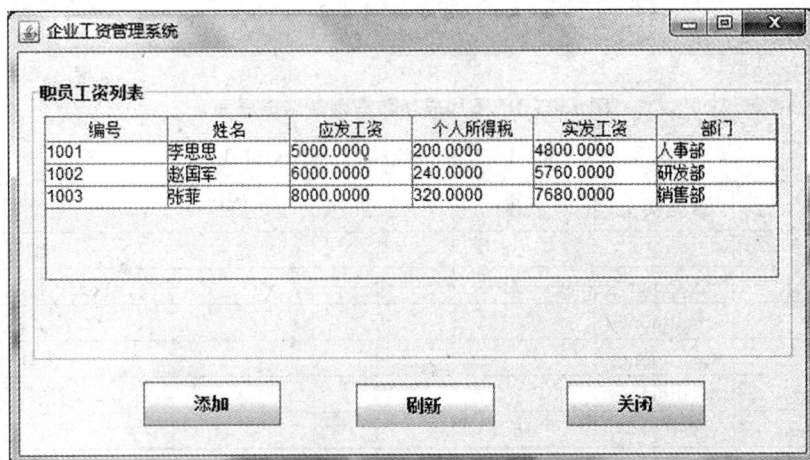

图 1305-1　职员工资列表界面

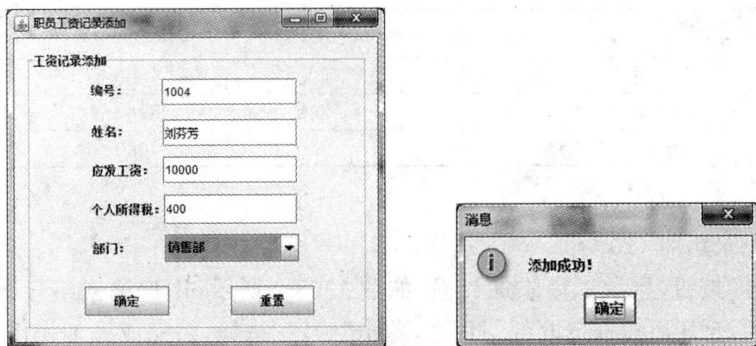

图 1305-2　工资记录添加窗体和添加成功提示对话框

三、项目内容及要求

1. 界面设计制作（20 分）

以提供的素材为基础，设计制作实现图 1305-1、1305-2、1305-3 所示窗体或对话框。

2. 数据库实现（10 分）

请将数据库文件从素材文件夹复制到答题文件夹中 dbfile 目录内，其中 dbfile 文件夹需要考生手动创建。然后附加到数据库服务器中。附加后的数据库名为 testDB。数据表结构见表 1305-1。并在各个表中添加 2 至 4 条测试记录，各字段值见表 1305-2。

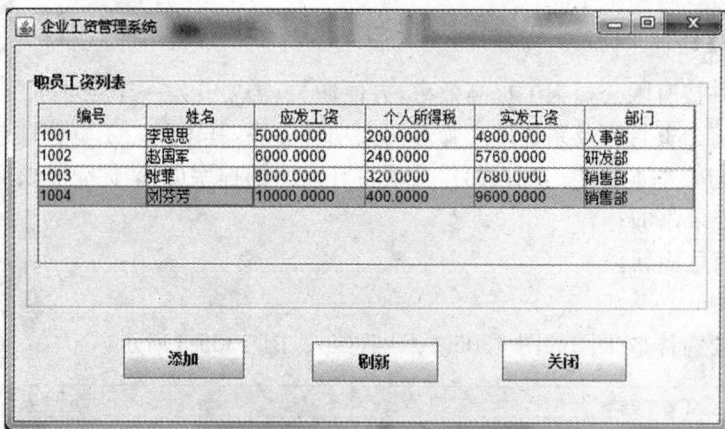

图 1305-3　添加成功数据刷新结果界面

表 1305-1　工资表结构(T_salaryInfo)

列名	数据类型	长度	为空	主键	说明
eId	int		否	是	编号
eName	varchar	32	否		姓名
eSalary	smallmoney		否		应发工资
eTax	smallmoney		否		个人所得税
eRealSalary	smallmoney		否		实发工资
eDepartment	varchar	16	否		部门

在工资表中添加如下记录,记录见表 1305-2。

表 1305-2　工资表记录

eId	eName	eSalary	eTax	eRealSalary	eDepartment
1001	李思思	5000	200	4800	人事部
1002	赵国军	6000	240	5760	研发部
1003	张菲	8000	320	7680	销售部

3. 功能实现(40 分)

(1)工资记录添加(20 分)

单击"添加"按钮,显示工资添加界面,如图 1305-2 所示;用户输入编号、姓名、应发工资、个人所得税,使用下拉框选取部门信息,单击"确定"按钮,将完成添加操作,显示添加成功提示对话框。

在图 1305-2 的添加界面若输入的编号、姓名、应发工资、个人所得税为空时,将弹出相应的错误提示对话框,要求重新输入数据;单击"重置"按钮,则清空所有数据,重新输入。

实发工资由应发工资减去个人所得税自动获取。

(2)工资信息刷新(20 分)

如图 1305-1 所示。当程序执行后,界面显示已有职员的工资信息列表,可以通过滚动条浏览工资。

在图 1305-1 中单击"刷新"按钮,新添加的工资数据行在职员工资列表中显示,如图 1305-3 所示。

单击"关闭"按钮,退出程序。

4. 调试运行与打包(10 分)

通过 eclipse3.2(或 netbeans6.5)自带的打包工具,将上述完成的项目打包发布生成一个可执行的 jar 包,并存入考生答题文件夹,便于教师阅卷时,直接查看程序运行效果。

5. 代码规范(10 分)

程序结构规范,代码缩进规范,方法划分规范;类名、方法名、变量名命名规范;代码注释完整规范。

6. 职业素养(10 分)

(1)在项目完成过程中操作规范,场地整洁,举止文明,遵守规则。

(2)答题文件及文件夹按任务要求命名规范,文件存储路径正确。

四、项目注意事项

(1)文件存取路径说明:

考题文件夹:F:\CIMT\学校_姓名_身份证号\

素材文件夹:F:\CIMT\学校_姓名_身份证号\素材\

答题文件夹:F:\CIMT\学校_姓名_身份证号\答题\

(2)测试方式:上机操作。

(3)测试时间:120 分钟。

项目 36 企业人事管理系统——员工工资修改与查询模块

一、项目题库编号及名称

1-3-6,企业人事管理系统——员工工资修改与查询模块

二、项目背景

1. 项目描述

长沙正方科技有限公司为了提高效率,方便职员,需要开发一个企业工资管理系统。系统主要包括员工工资管理及系统用户管理两大功能模块,其中员工工资管理包含工资添加、删除、修改、查询等基本功能。现在你作为项目开发组的程序员,请你完成以下功能模块:

(1) 工资修改;

(2) 工资查询。

2. 项目分析

系统中主要窗体效果图如图 1306-1、图 1306-2、图 1306-3 所示:

三、项目内容及要求

1. 界面设计制作(20 分)

以提供的素材为基础,设计制作实现图 1306-1、1306-2、1306-3 所示窗体或对话框。

2. 数据库实现(10 分)

请将数据库文件从素材文件夹复制到答题文件夹中 dbfile 目录内,其中 dbfile 文件夹需要考生手动创建。然后附加到数据库服务器中。附加后的数据库名为 testDB。数据表结构见表 1306-1。并在各个表中添加 2 至 4 条测试记录,各字段值见表 1306-2。

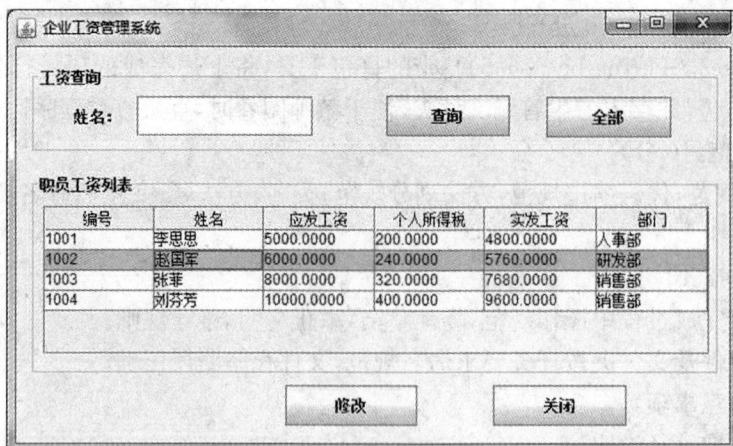

图 1306-1　程序主界面

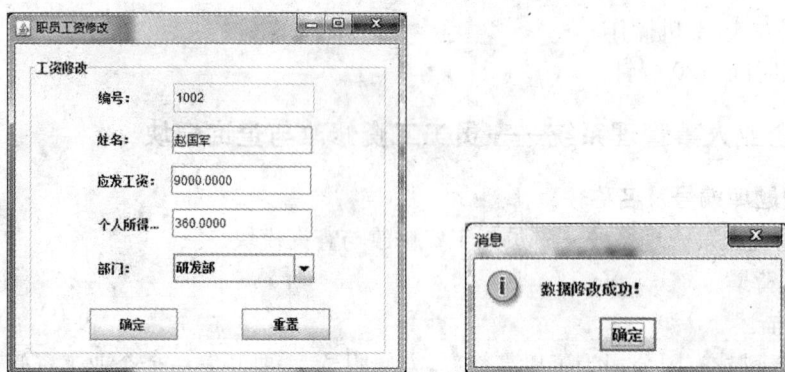

图 1306-2　工资数据修改窗体和提示对话框

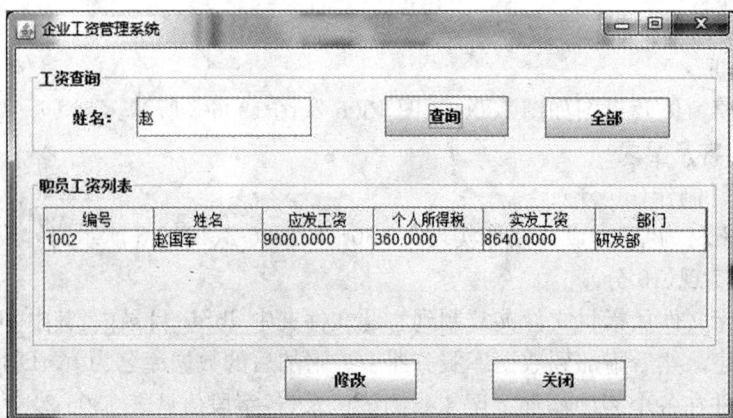

图 1306-3　工资查询结果界面

表 1306-1　工资表结构(T_salaryInfo)

列名	数据类型	长度	为空	主键	说明
eId	int		否	是	编号
eName	varchar	32	否		姓名
eSalary	smallmoney		否		应发工资
eTax	smallmoney		否		个人所得税
eRealSalary	smallmoney		否		实发工资
eDepartment	varchar	16	否		部门

在工资表中添加如下记录,记录见表 1306-2。

表 1306-2　工资表记录

eId	eName	eSalary	eTax	eRealSalary	eDepartment
1001	李思思	5000	200	4800	人事部
1002	赵国军	6000	240	5760	研发部
1003	张菲	8000	320	7680	销售部

3. 功能实现(40 分)

(1)工资信息修改(20 分)

① 用户选中需要修改的工资数据行,单击"修改"按钮,显示工资修改界面,如图 1306-2 所示;界面显示工资原始数据,除编号以外,用户可以修改姓名、应发工资、个人所得税以及部门信息,单击"确定"按钮,将完成修改操作,显示修改成功提示对话框;在图 1306-1 中单击"全部"按钮,修改的成绩数据行在成绩列表中显示。

② 在如图 1306-2 所示的修改界面中,若修改的数据为空,则显示相应的提示对话框,要求重新输入。

③ 在图 1306-2 所示修改界面中,单击"重置"按钮,则清空除编号之外的所有数据,重新输入数据。

④ 实发工资由应发工资减去个人所得税自动获取。

(2)工资记录查询(20 分)

① 如图 1306-1 所示。当程序执行后,界面显示已有的职员工资信息列表,用户输入职员姓名,单击"查询"按钮,查询并显示出对应的职员工资信息,姓名字段支持模糊查询,如图 1306-3 所示。

② 单击"全部"按钮,则显示所有的职员工资信息。

③ 单击"关闭"按钮,则退出程序。

4. 调试运行与打包(10 分)

通过 eclipse3.2(或 netbeans6.5)自带的打包工具,将上述完成的项目打包发布生成一个可执行的 jar 包,并存入考生答题文件夹,便于教师阅卷时,直接查看程序运行效果。

5. 代码规范(10 分)

程序结构规范,代码缩进规范,方法划分规范;类名、方法名、变量名命名规范;代码注释完整规范。

6. 职业素养(10 分)

(1)在项目完成过程中操作规范,场地整洁,举止文明,遵守规则。

(2)答题文件及文件夹按任务要求命名规范,文件存储路径正确。

四、项目注意事项

(1)文件存取路径说明:

考题文件夹:F:\CIMT\学校_姓名_身份证号\

素材文件夹:F:\CIMT\学校_姓名_身份证号\素材\

答题文件夹:F:\CIMT\学校_姓名_身份证号\答题\

(2)测试方式:上机操作。

(3)测试时间:120 分钟。

项目 37　企业通讯录管理系统——联系人查询模块

一、项目题库编号及名称

1-3-7,企业通讯录管理系统——联系人查询模块

二、项目背景

1. 项目描述

睿梦科技信息有限公司为了提升公司战略竞争力、扩展市场,方便与客户的联系,加强与客户的交流沟通,需要开发一个企业内部通讯录管理系统。系统主要包括联系人的增加、删除,联系人的信息修改以及联系人信息查询等功能。现在你作为项目开发组的程序员,请你完成以下功能模块:

(1) 联系人查询;

(2) 联系人详情浏览。

2. 项目分析

系统中主要窗体效果图如图 1307-1、图 1307-2、图 1307-3 所示:

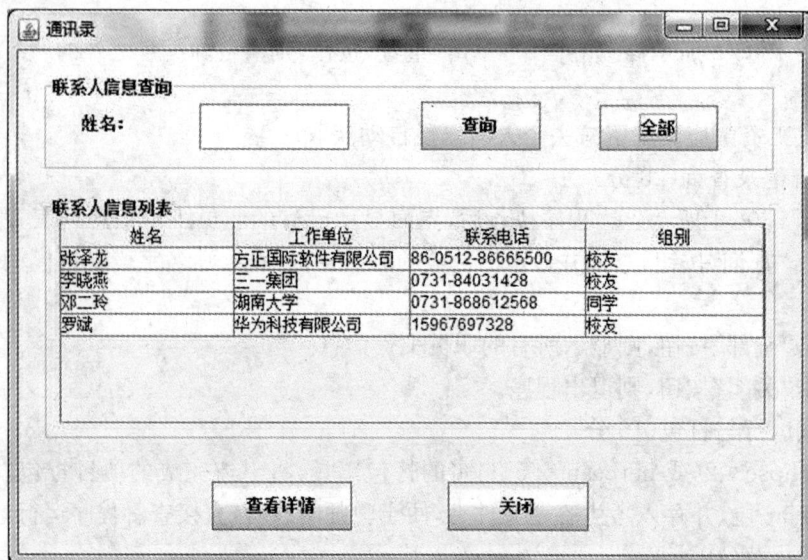

图 1307-1　程序主界面

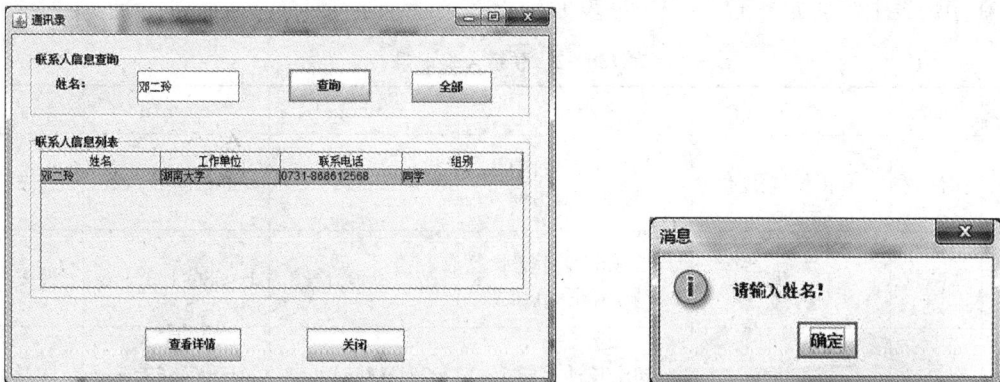

图 1307-2　查询提示对话框和查询结果界面

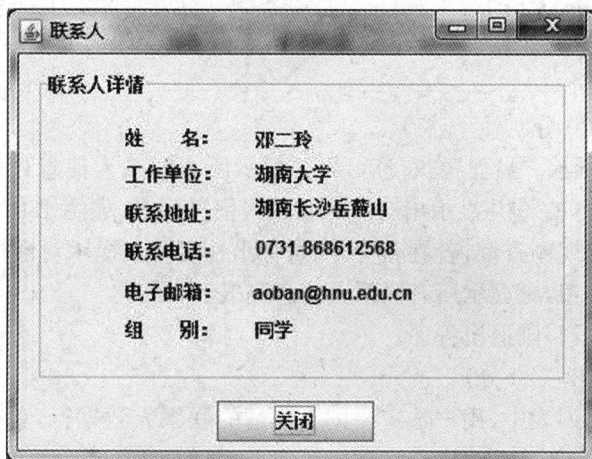

图 1307-3　联系人详情浏览界面

三、项目内容及要求

1. 界面设计制作（20 分）

以提供的素材为基础，设计制作实现图 1307-1、1307-2、1307-3 所示窗体或对话框。

2. 数据库实现（10 分）

请将数据库文件从素材文件夹复制到答题文件夹中 dbfile 目录内，其中 dbfile 文件夹需要考生手动创建。然后附加到数据库服务器中。附加后的数据库名为 testDB。数据表结构见表 1307-1。并在各个表中添加 2 至 4 条测试记录，各字段值见表 1307-2。

表 1307-1　联系人表结构（T_contactInfo）

列名	数据类型	长度	为空	主键	说明
c_ID	int		否	是	联系人 ID
c_name	varchar	24	否		姓名
c_workUnit	varchar	50	否		工作单位
c_addess	varchar	100	否		联系地址
c_phone	varchar	32	否		联系电话
c_email	varchar	50	否		电子邮箱
c_groups	varchar	12	否		群组（同学、校友、家人、好友）

在用户表中添加如下记录,记录见表1307-2。

表 1307-2　联系人表记录

c_ID	c_name	c_workUnit	c_address	c_phone	c_email	c_groups
1	张泽龙	方正科技集团	苏州市工业园区星湖街328号	86-0512-86665500	zhangzl@qq.com	校友
2	李晓燕	三一集团	长沙市经济技术开发区三一工业城	0731-84031428	lxy88@163.com	校友
3	邓二玲	湖南大学	湖南长沙岳麓山	0731-868612568	erling@163.com	同学
4	罗斌	北京赛博迪斯软件技术有限公司	北京市海淀区知春路太月园7号	010-82355546	luobin@qq.com	同学

3. 功能实现(40分)

(1)联系人查询(20分)

① 如图 1307-1 所示。当程序执行后,界面显示所有联系人信息列表,用户输入联系人姓名,单击"查询"按钮,查询并显示出对应的联系人信息列表,如图 1307-2 所示。

② 姓名字段支持模糊查询,若姓名为空时,弹出姓名输入提示对话框。

③ 单击"全部"按钮,则显示所有联系人信息列表。

④ 单击"关闭"按钮,则退出程序。

(2)联系人详情浏览(20分)

① 在联系人信息列表中,用户选定要浏览详情的联系人数据行,单击"查看详情"按钮,则显示联系人详情显示界面,如图 1307-3 所示。

② 单击"关闭"按钮,则退出联系人详情显示界面返回到查询界面。

4. 调试运行与打包(10分)

通过 eclipse3.2(或 netbeans6.5)自带的打包工具,将上述完成的项目打包发布生成一个可执行的 jar 包,并存入考生答题文件夹,便于教师阅卷时,直接查看程序运行效果。

5. 代码规范(10分)

程序结构规范,代码缩进规范,方法划分规范;类名、方法名、变量名命名规范;代码注释完整规范。

6. 职业素养(10分)

(1)在项目完成过程中操作规范,场地整洁,举止文明,遵守规则。

(2)答题文件及文件夹按任务要求命名规范,文件存储路径正确。

四、项目注意事项

(1)文件存取路径说明:

考题文件夹:F:\CIMT\学校_姓名_身份证号\

素材文件夹:F:\CIMT\学校_姓名_身份证号\素材\

答题文件夹:F:\CIMT\学校_姓名_身份证号\答题\

(2)测试方式:上机操作。

(3)测试时间:120分钟。

项目38 企业通讯录管理系统——联系人添加与删除模块

一、项目题库编号及名称

1-3-8,企业通讯录管理系统——联系人添加与删除模块

二、项目背景

1. 项目描述

睿梦科技信息有限公司为了提升公司战略竞争力、扩展市场,方便与客户的联系,加强与客户的交流沟通,需要开发一个企业内部通讯录管理系统。系统主要包括联系人的增加、删除,联系人的信息修改以及联系人信息查询等功能。现在你作为项目开发组的程序员,请你完成以下功能模块:

(1) 联系人添加;

(2) 联系人删除。

2. 项目分析

系统中主要窗体效果图如图 1308-1、图 1308-2、图 1308-3、图 1308-4 所示:

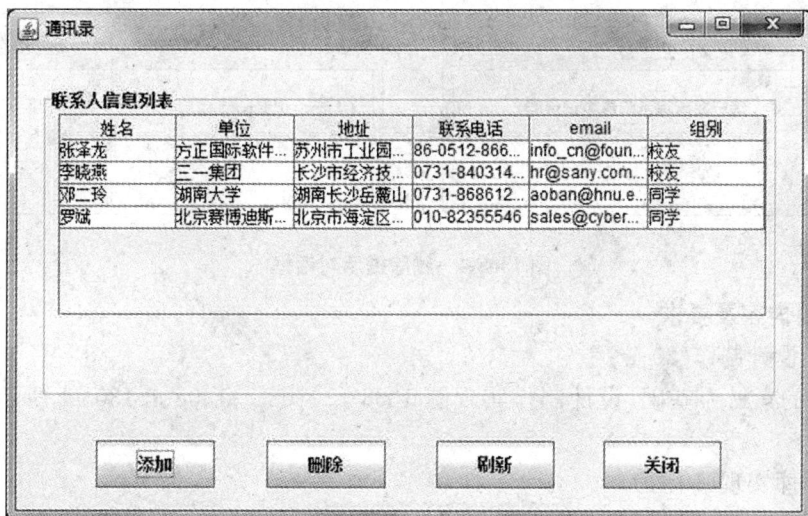

图 1308-1　程序主界面

图 1308-2　联系人添加窗体和提示对话框

图 1308-3 添加成功后刷新结果界面

图 1308-4 删除提示对话框

三、项目内容及要求

1. 界面设计制作(20 分)

以提供的素材为基础,设计制作实现图 1308-1、1308-2、1308-3、1308-4 所示窗体或对话框。

2. 数据库实现(10 分)

请将数据库文件从素材文件夹复制到答题文件夹中 dbfile 目录内,其中 dbfile 文件夹需要考生手动创建。然后附加到数据库服务器中。附加后的数据库名为 testDB。数据表结构见表 1308-1。并在各个表中添加 2 至 4 条测试记录,各字段值见表 1308-2。

表 1308-1 联系人表结构(T_contactInfo)

列名	数据类型	长度	为空	主键	说明
c_ID	int		否	是	联系人 ID
c_name	varchar	24	否		姓名
c_workUnit	varchar	50	否		工作单位
c_addess	varchar	100	否		联系地址
c_phone	varchar	32	否		联系电话
c_email	varchar	50	否		电子邮箱
c_groups	varchar	12	否		群组(同学、校友、家人、好友)

在用户表中添加如下记录,记录见表 1308-2。

表 1308-2　联系人表记录

c_ID	c_name	c_workUnit	c_address	c_phone	c_email	c_groups
1	张泽龙	方正科技集团	苏州市工业园区星湖街 328 号	86-0512-86665500	zhangzl@qq.com	校友
2	李晓燕	三一集团	长沙市经济技术开发区三一工业城	0731-84031428	lxy88@163.com	校友
3	邓二玲	湖南大学	湖南长沙岳麓山	0731-868612568	erling@163.com	同学
4	罗斌	北京赛博迪斯软件技术有限公司	北京市海淀区知春路太月园 7 号	010-82355546	luobin@qq.com	同学

3. 功能实现(40 分)

(1)联系人添加(20 分)

① 如图 1308-1 所示。当程序执行后,界面显示所有联系人信息列表,可以通过滚动条浏览联系人。

② 单击"添加"按钮,显示联系人添加界面,如图 1308-2 所示;用户输入姓名、工作单位、联系地址、联系电话、电子邮箱,使用下拉框选取群组信息,单击"确定"按钮,将完成添加操作,显示添加成功提示对话框;在图 1308-1 中单击"刷新"按钮,新添加的联系人数据行在联系人信息列表中显示,如图 1308-3 所示。

③ 在图 1308-2 的添加界面中若输入的姓名、工作单位、联系地址、联系电话、电子邮箱为空时,将弹出如图 1308-2 所示的错误提示对话框,重新输入数据;单击"重置"按钮,则清空所有数据,重新输入。

(2)联系人删除(20 分)

① 用户选中要删除的联系人数据行,单击"删除"按钮,则弹出如图 1308-4 所示删除确认对话框,单击"是",将删除用户当前所选中的联系人;单击"否",则不进行删除操作返回主界面。

② 单击"关闭"按钮,退出程序。

4. 调试运行与打包(10 分)

通过 eclipse3.2(或 netbeans6.5)自带的打包工具,将上述完成的项目打包发布生成一个可执行的 jar 包,并存入考生答题文件夹,便于教师阅卷时,直接查看程序运行效果。

5. 代码规范(10 分)

程序结构规范,代码缩进规范,方法划分规范;类名、方法名、变量名命名规范;代码注释完整规范;

6. 职业素养(10 分)

(1)在项目完成过程中操作规范,场地整洁,举止文明,遵守规则。

(2)答题文件及文件夹按任务要求命名规范,文件存储路径正确。

四、项目注意事项

(1)文件存取路径说明:

考题文件夹:F:\CIMT\学校_姓名_身份证号\

素材文件夹:F:\CIMT\学校_姓名_身份证号\素材\

答题文件夹:F:\CIMT\学校_姓名_身份证号\答题\

(2)测试方式:上机操作。

（3）测试时间：120 分钟。

项目 39　企业通讯录管理系统——联系人显示与修改模块

一、项目题库编号及名称

1-3-9，企业通讯录管理系统——联系人显示与修改模块

二、项目背景

1. 项目描述

睿梦科技信息有限公司为了提升公司战略竞争力、扩展市场，方便与客户的联系，加强与客户的交流沟通，需要开发一个企业内部通讯录管理系统。系统主要包括联系人的增加、删除，联系人的信息修改以及联系人信息查询等功能。现在你作为项目开发组的程序员，请你完成以下功能模块：

（1）联系人信息显示；

（2）联系人信息修改。

2. 项目分析

系统中主要窗体效果图如图 1309-1、图 1309-2、图 1309-3 所示：

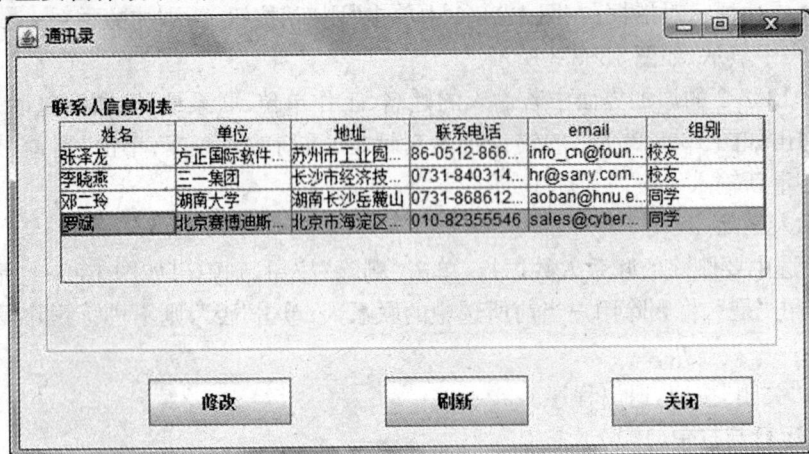

图 1309-1　程序主界面

图 1309-2　成绩修改窗体和提示对话框

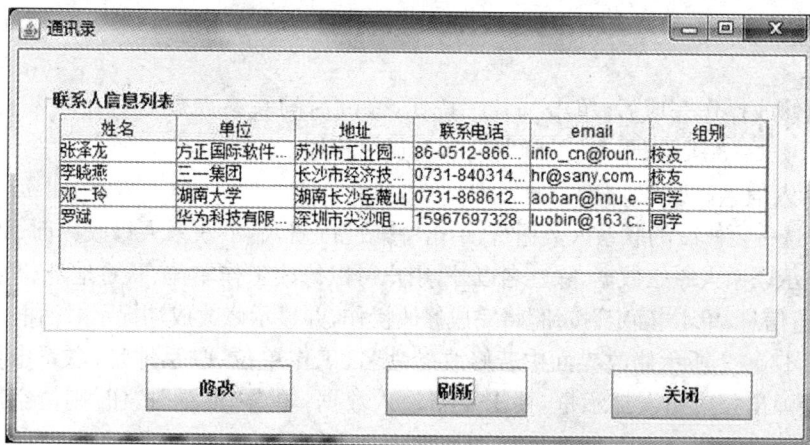

图 1309-3　修改之后的查询结果界面

三、项目内容及要求

1. 界面设计制作（20 分）

以提供的素材为基础，设计制作实现图 1309-1、1309-2、1309-3 所示窗体或对话框。

2. 数据库实现（10 分）

请将数据库文件从素材文件夹复制到答题文件夹中 dbfile 目录内，其中 dbfile 文件夹需要考生手动创建。然后附加到数据库服务器中。附加后的数据库名为 testDB。数据表结构见表 1309-1。并在各个表中添加 2 至 4 条测试记录，各字段值见表 1309-2。

表 1309-1　联系人表结构（T_contactInfo）

列名	数据类型	长度	为空	主键	说明
c_ID	int		否	是	联系人 ID
c_name	varchar	24	否		姓名
c_workUnit	varchar	50	否		工作单位
c_addess	varchar	100	否		联系地址
c_phone	varchar	32	否		联系电话
c_email	varchar	50	否		电子邮箱
c_groups	varchar	12	否		群组（同学、校友、家人、好友）

在用户表中添加如下记录，记录见表 1309-2。

表 1309-2　联系人表记录

c_ID	c_name	c_workUnit	c_address	c_phone	c_email	c_groups
1	张泽龙	方正科技集团	苏州市工业园区星湖街 328 号	86-0512-86665500	zhangzl@qq.com	校友
2	李晓燕	三一集团	长沙市经济技术开发区三一工业城	0731-84031428	lxy88@163.com	校友
3	邓二玲	湖南大学	湖南长沙岳麓山	0731-868612568	erling@163.com	同学
4	罗斌	北京赛博迪斯软件技术有限公司	北京市海淀区知春路太月园 7 号	010-82355546	luobin@qq.com	同学

3. 功能实现（40 分）

（1）联系人信息显示（20 分）

① 如图 1309-1 所示。当程序执行后,界面显示所有联系人信息列表,可以通过滚动条浏览联系人。

② 数据修改操作完成后,单击"刷新"按钮,修改后的联系人数据行在联系人信息列表中显示,如图 1309-3 所示;单击"关闭"按钮,则退出程序。

(2)联系人信息修改(20 分)

① 用户选中要修改的联系人数据行,单击"修改"按钮,显示联系人修改界面,如图 1309-2 所示;界面显示联系人原始数据,除姓名以外,用户可以修改工作单位、联系地址、联系电话、电子邮箱及群组信息,单击"确定"按钮,将完成修改操作,并显示修改成功提示对话框。

② 在图 1309-2 所示修改界面中若修改的姓名、工作单位、联系地址、联系电话、电子邮箱为空时,将弹出相应错误提示框,要求重新输入数据;单击"重置"按钮,则清空所有数据,重新输入。

4. 调试运行与打包(10 分)

通过 eclipse3.2(或 netbeans6.5)自带的打包工具,将上述完成的项目打包发布生成一个可执行的 jar 包,并存入考生答题文件夹,便于教师阅卷时,直接查看程序运行效果。

5. 代码规范(10 分)

程序结构规范,代码缩进规范,方法划分规范;类名、方法名、变量名命名规范;代码注释完整规范;

6. 职业素养(10 分)

(1)在项目完成过程中操作规范,场地整洁,举止文明,遵守规则。

(2)答题文件及文件夹按任务要求命名规范,文件存储路径正确。

四、项目注意事项

(1)文件存取路径说明:

考题文件夹:F:\CIMT\学校_姓名_身份证号\

素材文件夹:F:\CIMT\学校_姓名_身份证号\素材\

答题文件夹:F:\CIMT\学校_姓名_身份证号\答题\

(2)测试方式:上机操作。

(3)测试时间:120 分钟

项目 40　网吧信息管理系统——会员充值与查询模块

一、项目题库编号及名称

1-3-10,网吧信息管理系统——会员充值与查询模块

二、项目背景

1. 项目描述

为了提高公司服务质量和信息化管理水平,应广大会员的需求,飞腾网吧需要开发一个网吧信息管理系统。系统主要有会员管理、上机管理两大功能模块。其中,会员管理模块包含会员注册、会员信息修改、会员充值、会员注销以及会员查询等功能。现在你作为项目开发组的程序员,请你完成以下功能模块:

(1)会员充值;

(2)会员查询。

2. 项目分析

系统中主要窗体效果图如图 1310-1、图 1310-2、图 1310-3 所示：

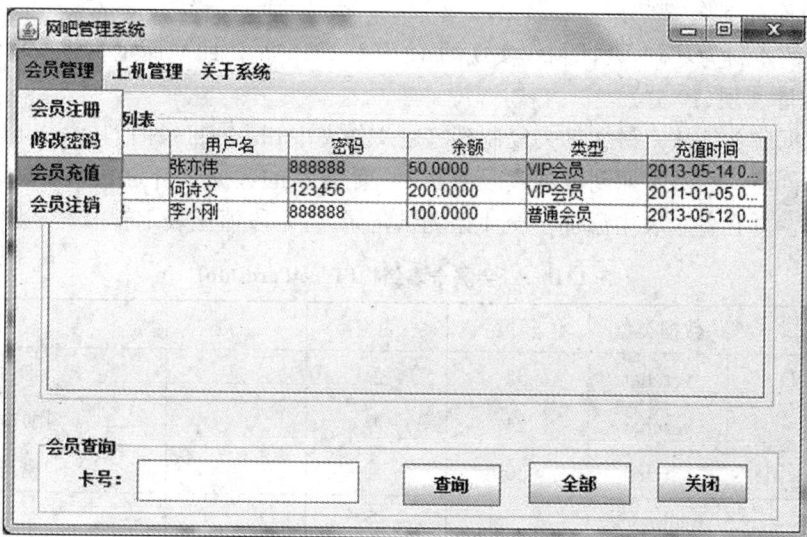

图 1310-1　程序主界面

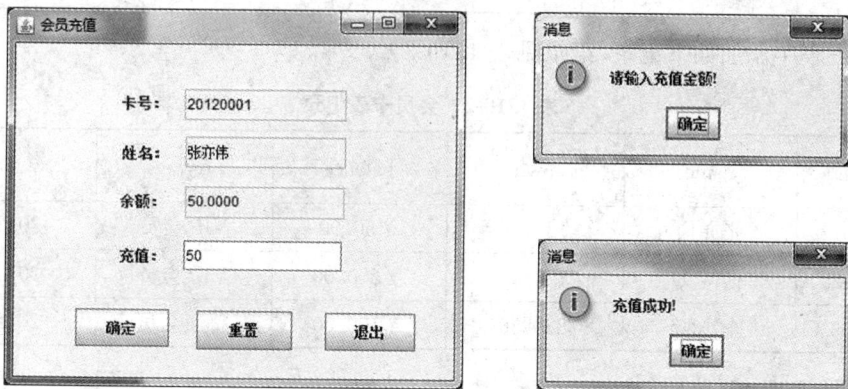

图 1310-2　会员充值界面和提示对话框

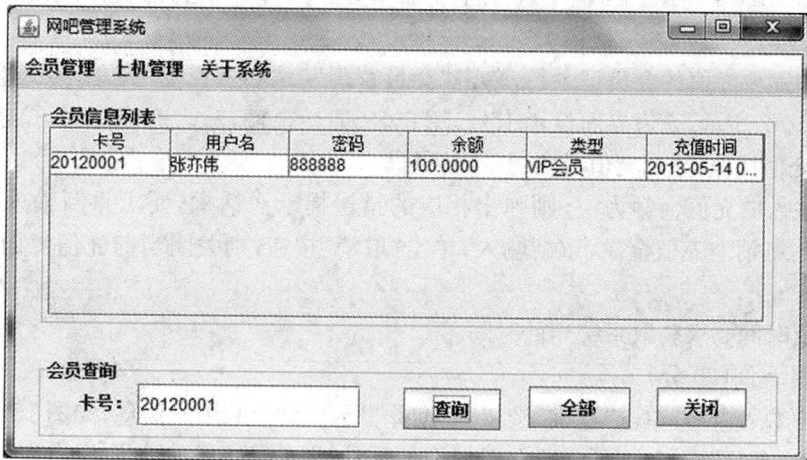

图 1310-3　会员信息查询结果界面

三、项目内容及要求

1. 界面设计制作（20分）

以提供的素材为基础，设计制作实现图1310-1、1310-2、1310-3所示窗体或对话框。

2. 数据库实现（10分）

请将数据库文件从素材文件夹复制到答题文件夹中dbfile目录内，其中dbfile文件夹需要考生手动创建。然后附加到数据库服务器中。附加后的数据库名为testDB。数据表结构见表1310-1。并在各个表中添加2至4条测试记录，各字段值见表1310-2。

表1310-1 会员卡表结构（T_netCardInfo）

列名	数据类型	长度	为空	主键	说明
netCardID	varchar	32	否	是	卡号
name	varchar	24	否		用户名
pwd	varchar	50	否		密码
balance	smallmoney		否		余额
type	varchar	16	否		会员卡类别
date	datetime	50	否		充值时间

在用户表中添加如下记录，记录见表1310-2。

表1310-2 会员卡表记录

netCardID	name	pwd	balance	type	date
20120001	张亦伟	123456	¥50.00	VIP会员	2012/8/8
20120002	何诗文	123456	¥200.00	VIP会员	2011/1/5
20120003	李小刚	888888	¥100.00	普通会员	2012/8/7

3. 功能实现（40分）

（1）会员充值（20分）

① 如图1310-1所示。当程序执行后，界面显示所有用户信息列表，可以通过滚动条浏览用户信息。

② 选中需要充值的会员记录行，单击"会员管理"→"会员充值"菜单，进入会员充值界面；如图1310-2所示，充值界面显示卡号、用户名、原始余额，输入充值金额，单击"确定"按钮，将完成充值操作，显示充值成功提示对话框。

③ 若输入的充值金额为空，则弹出相应的错误提示对话框，要求重新输入金额；单击"重置"按钮，则清空充值金额，重新输入；单击"取消"按钮，则关闭当前充值界面，返回到主界面。

④ 充值时间要求获取系统当前时间。

（2）会员查询（20分）

① 用户输入卡号，单击"查询"按钮，查询并显示出对应的用户信息，如图1310-3所示。

② 单击"全部"按钮，则显示所有用户信息列表；单击"关闭"按钮，则退出程序。

4. 调试运行与打包（10分）

通过 eclipse3.2(或 netbeans6.5)自带的打包工具,将上述完成的项目打包发布生成一个可执行的 jar 包,并存入考生答题文件夹,便于教师阅卷时,直接查看程序运行效果。

5. 代码规范(10 分)

程序结构规范,代码缩进规范,方法划分规范;类名、方法名、变量名命名规范;代码注释完整规范。

6. 职业素养(10 分)

(1)在项目完成过程中操作规范,场地整洁,举止文明,遵守规则。

(2)答题文件及文件夹按任务要求命名规范,文件存储路径正确。

四、项目注意事项

(1)文件存取路径说明:

考题文件夹:F:\CIMT\学校_姓名_身份证号\

素材文件夹:F:\CIMT\学校_姓名_身份证号\素材\

答题文件夹:F:\CIMT\学校_姓名_身份证号\答题\

(2)测试方式:上机操作。

(3)测试时间:120 分钟。

项目41 网上花店系统——鲜花类别管理

一、项目题库编号及名称

1-4-11,网上花店系统——鲜花类别管理

二、项目背景

1. 项目描述

随着网络的进一步普及和电子商务的高速发展,越来越多的人们开始选择在网上购物,这包括日常消费品的购买和赠送礼品的购买,而在网上订购礼品,可以让商家直接将礼品运送给收货人,既节省了亲自去商店挑选礼品的时间,又免去了一些当面赠送礼品的不便之处。在众多礼品中,鲜花无疑是人们的最佳礼品选择之一,几乎可以在任何节庆或特殊场合作为礼品赠送,而网上订购鲜花具备了省时、省事、省心等特点,从而受到越来越多人的欢迎。基于这种背景,祥瑞礼品商务公司决定开发一个网上花店系统。你作为项目开发组的程序员,由你来负责完成该公司网上花店系统的的开发工作。请实现如下功能:

(1)添加鲜花类别;

(2)浏览鲜花类别。

2. 项目分析

网上花店类别管理模块主要工作流程如下:用户打开网店后台首页,进入"鲜花类别"管理栏目,然后根据页面导航完成相应操作。网上花店系统的功能结构如图 1411-1 所示。

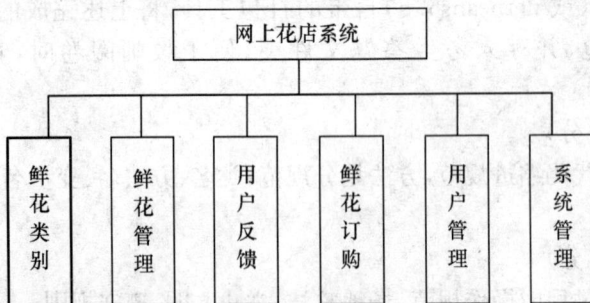

图 1411-1　系统功能结构

系统中主要页面效果图如图 1411-2、图 1411-3 所示：

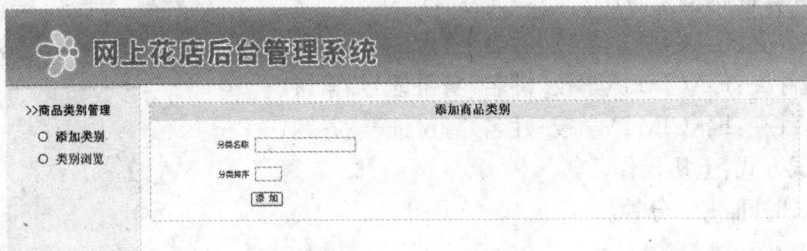

图 1411-2　添加鲜花类型

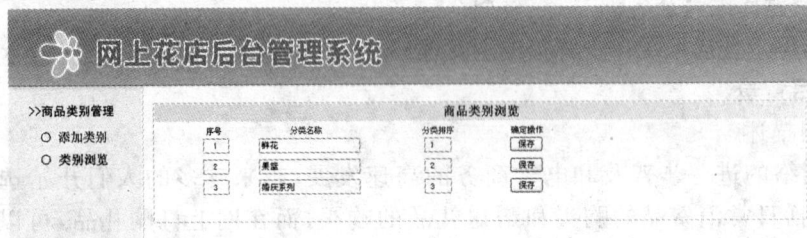

图 1411-3　浏览鲜花类别

三、项目内容及要求

1. 系统设计(20分)

按分层架构设计项目结构,并以提供的素材为基础,设计与制作如图 1411-2、1411-3 所示页面。

2. 数据库实现(10分)

请将数据库文件从素材文件夹复制到项目的 dbfile 目录(dbfile 文件夹需要考生手动创建),然后附加到数据库服务器中。附加后的数据库名为 FlowerDB。数据表结构见表 1411-1。并在表中添加至少 3 条测试用记录,各字段值自定义。

表 1411-1　鲜花类别表(flowerType)

列名	数据类型	长度	为空	主键	说明
typeID	int	4	否	是	鲜花类别编号(自动增长)
typeName	varchar	50	否		鲜花类别名称
typeOrder	int	4			分类排序

3. 功能实现(40 分)

(1)添加鲜花类别

在图 1411-2 页面中,输入鲜花类别名称、分类排序后,单击"添加"按钮,完成鲜花类别添加操作,其中类别名称、分类排序不能为空;

(2)浏览鲜花类别

在图 1411-2 页面的左边导航栏中,单击"类别浏览"链接,打开鲜花类别浏览页面,页面运行效果,如图 1411-3 所示。

4. 调试运行与发布(10 分)

通过开发工具自带的发布或打包功能,将上述完成的网站项目发布到 Tomcat,并配置 tomcat,便于用户通过"http://IP 地址/项目编号"的方式访问该项目。并将测试通过后的项目 war 包以及 Tomcat 配置文件拷贝至考生答题文件夹中。

5. 代码规范(10 分)

程序结构规范并遵循 MVC 分层思想;类、接口、方法划分规范;类名、方法名、变量名命名规范;代码缩进规范,代码注释完整规范;数据库连接等资源用完后及时正确地关闭,有正确的异常处理。

6. 职业素养(10 分)

(1)在项目完成过程中操作规范,场地整洁,举止文明,遵守规则。

(2)答题文件及文件夹按任务要求命名规范,文件存储路径正确。

四、项目注意事项

(1)文件存取路径说明:

考题文件夹:F:\CIMT\学校_姓名_身份证号\

素材文件夹:F:\CIMT\学校_姓名_身份证号\素材\

答题文件夹:F:\CIMT\学校_姓名_身份证号\答题\

(2)测试方式:上机操作。

(3)测试时间:120 分钟。

项目 42　网上花店系统——鲜花管理

一、项目题库编号及名称

1-4-12,网上花店系统——鲜花管理

二、项目背景

1. 项目描述

随着网络的进一步普及和电子商务的高速发展,越来越多的人们开始选择在网上购物,这包括日常消费品的购买和赠送礼品的购买,而在网上订购礼品,可以让商家直接将礼品运送给收货人,既节省了亲自去商店挑选礼品的时间,又免去了一些当面赠送礼品的不便之处。在众多礼品中,鲜花无疑是人们的最佳礼品选择之一,几乎可以在任何节庆或特殊场合作为礼品赠送,而网上订购鲜花具备了省时、省事、省心等特点,从而受到越来越多人的欢迎。基于这种背景,祥瑞礼品商务公司决定开发一个网上花店系统。你作为项目开发组的程序员,由你来负责完成该公司网上花店系统的的开发工作。请实现如下功能:

(1)添加鲜花;

(2)浏览鲜花。

2. 项目分析

网上花店鲜花信息管理模块主要工作流程如下:用户打开网店后台首页,进入"商品管理"栏目,然后根据页面导航完成相应操作。网上花店系统的功能结构如图 1412-1 所示。

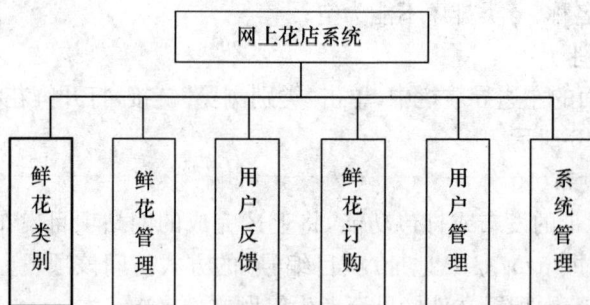

图 1412-1　系统功能结构

系统中主要页面效果图如图 1412-2、图 1412-3 所示:

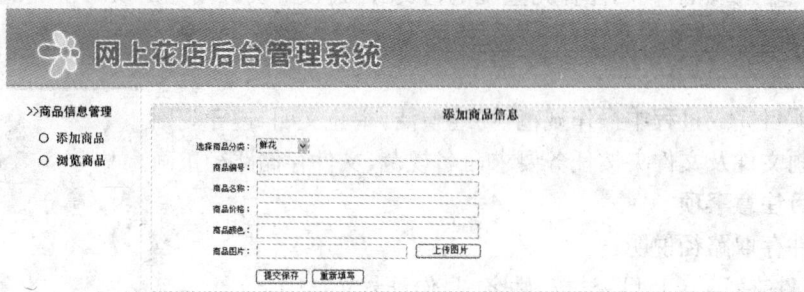

图 1412-2　添加鲜花信息

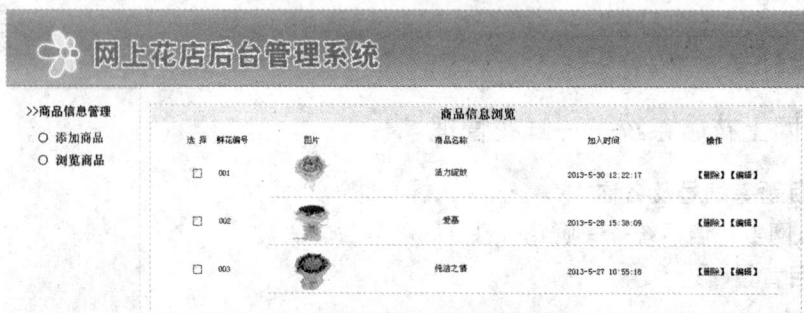

图 1412-3　浏览鲜花信息

三、项目内容及要求

1. 系统设计(20 分)

按分层架构设计项目结构,并以提供的素材为基础,设计与制作如图 1412-2、1412-3 所示页面。

2. 数据库实现(10 分)

请将数据库文件从素材文件夹复制到项目的 dbfile 目录(dbfile 文件夹需要考生手动创建),附加到数据库服务器中。附加后的数据库名为 FlowerDB。数据表结构见表 1412-1 和表 1412-2。并在表中添加 3 至 5 条测试用记录,各字段值自定义。

表 1412-1　鲜花类别表（flowerType）

列名	数据类型	长度	为空	主键	说明
typeID	int	4	否	是	鲜花类别编号
typeName	varchar	50	否		鲜花类别名称
typeOrder	int	4			分类排序

表 1412-2　鲜花信息表（flowerInfo）

列名	数据类型	长度	为空	主键	说明
flowerID	varchar	10	否	是	鲜花编号
flowerName	varchar	50	否		鲜花名称
typeID	int	100	否		鲜花类别编号
flowerPrice	float	5.2	否		鲜花价格
flowerImage	varchar	100	否		鲜花图片
inputDate	dateTime		否		添加时间

3. 功能实现（40 分）

（1）添加鲜花

在图 1412-2 页面中，输入鲜花编号、名称、价格、颜色，以及选择鲜花类别、鲜花图片后，单击"提交保存"按钮，完成鲜花信息的添加操作。所有相关项均不能为空！

（2）浏览鲜花

在图 1412-2 页面的左边导航栏中，在"商品信息管理"栏目中点击"浏览商品"链接，打开鲜花信息浏览页面，显示鲜花信息包括编号、图片、名称、添加时间等内容。另外，还要添加"选择"和"操作"两列。参考效果如图 1412-3 所示。

4. 调试运行与发布（10 分）

通过开发工具自带的发布或打包功能，将上述完成的网站项目发布到 Tomcat，并配置 tomcat，便于用户通过"http://IP 地址/项目编号"的方式访问该项目。并将测试通过后的项目 war 包以及 Tomcat 配置文件拷贝至考生答题文件夹中。

5. 代码规范（10 分）

程序结构规范并遵循 MVC 分层思想；类、接口、方法划分规范；类名、方法名、变量名命名规范；代码缩进规范，代码注释完整规范；数据库连接等资源用完后及时正确地关闭，有正确的异常处理。

6. 职业素养（10 分）

（1）在项目完成过程中操作规范，场地整洁，举止文明，遵守规则。

（2）答题文件及文件夹按任务要求命名规范，文件存储路径正确。

四、项目注意事项

（1）文件存取路径说明：

考题文件夹：F:\CIMT\学校_姓名_身份证号\

素材文件夹：F:\CIMT\学校_姓名_身份证号\素材\

答题文件夹：F:\CIMT\学校_姓名_身份证号\答题\

（2）测试方式：上机操作。

（3）测试时间：120 分钟。

项目 43　网上花店系统——用户反馈

一、项目题库编号及名称

1-4-13,网上花店系统——用户反馈

二、项目背景

1. 项目描述

随着网络的进一步普及和电子商务的高速发展,越来越多的人们开始选择在网上购物,这包括日常消费品的购买和赠送礼品的购买,而在网上订购礼品,可以让商家直接将礼品运送给收货人,既节省了亲自去商店挑选礼品的时间,又免去了一些当面赠送礼品的不便之处。在众多礼品中,鲜花无疑是人们的最佳礼品选择之一,几乎可以在任何节庆或特殊场合作为礼品赠送,而网上订购鲜花具备了省时、省事、省心等特点,从而受到越来越多人的欢迎。基于这种背景,祥瑞礼品商务公司决定开发一个网上花店系统。你作为项目开发组的程序员,由你来负责完成该公司网上花店系统的的开发工作。请实现如下功能:

(1) 用户留言;

(2) 查看回复。

2. 项目分析

网上花店用户反馈管理模块主要工作流程如下:用户打开网店首页,点击"在线留言"链接文本,打开在线留言管理页面,然后根据页面导航完成相应操作。网上花店系统的功能结构如图 1413-1 所示。

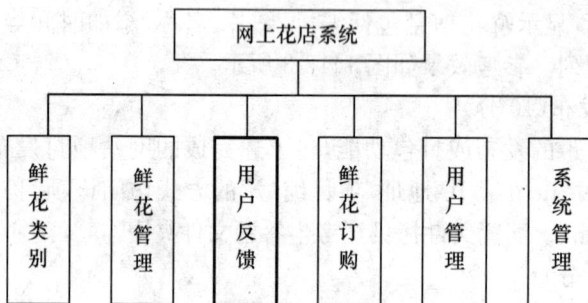

图 1413-1　系统功能结构

系统中主要页面效果图如图 1413-2、图 1413-3 所示:

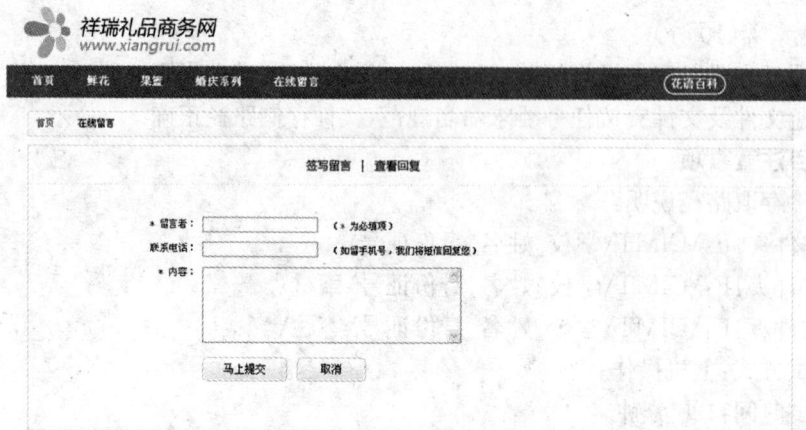

图 1413-2　提交在线留言

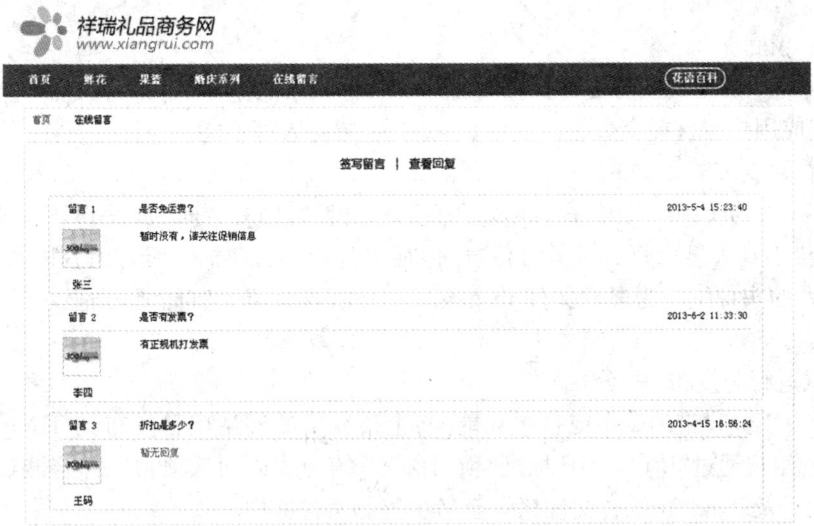

图 1413-3 查看留言回复

三、项目内容及要求

1. 系统设计（20 分）

按分层架构设计项目结构，并以提供的素材为基础，设计与制作如图 1413-2、1413-3 所示页面。

2. 数据库实现（10 分）

请将数据库文件从素材文件夹复制到项目的 dbfile 目录（dbfile 文件夹需要考生手动创建），然后附加到数据库服务器中。附加后的数据库名为 FlowerDB。数据表结构见表 1413-1。并在表中添加 3 至 5 条测试用记录，如表 1413-2 所示。各字段值也可以自定义，但要求内容与字段意义相符。

表 1413-1 用户留言表（message）

列名	数据类型	长度	为空	主键	说明
ID	int	4	否	是	留言编号（自动增长）
content	varchar	200	否		留言内容
name	varchar	20	否		留言者
msgDate	datetime	8	否		留言日期（默认值）
telephone	varchar	50			联系电话
replyContent	varchar	200			回复内容

表 1413-2 用户留言表测试记录

ID	content	name	msgDate	telephone	replyContent
1	是否免运费？	张三	2013-5-4	15308482340	暂时没有，请关注促销信息
2	是否有发票？	李四	2013-6-2	15308458823	有正规机打发票
3	折扣是多少？	王码	2013-4-15	18973188888	

3. 功能实现(40分)

(1)用户留言

在图1413-2所示的签写留言页面中,输入留言内容、联系电话、留言人后,单击"马上提交"按钮,完成用户留言提交操作。其中留言内容、留言人都不能为空。

(2)查看回复

在图1413-2页面中,点击"查看回复"链接,打开留言回复页面,如图1412-3所示。该页按留言ID从小到大显示每一条留言信息,包括留言者、留言时间、留言内容以及回复内容。其中,留言者的头像统一为素材文件msg.gif。另外,若该留言有回复,则显示红色文字"暂无回复"文本。

4. 调试运行与发布(10分)

通过开发工具自带的发布或打包功能,将上述完成的网站项目发布到Tomcat,并配置tomcat,便于用户通过"http://IP地址/项目编号"的方式访问该项目。并将测试通过后的项目war包以及Tomcat配置文件拷贝至考生答题文件夹中。

5. 代码规范(10分)

程序结构规范并遵循MVC分层思想;类、接口、方法划分规范;类名、方法名、变量名命名规范;代码缩进规范,代码注释完整规范;数据库连接等资源用完后及时正确地关闭,有正确的异常处理。

6. 职业素养(10分)

(1)在项目完成过程中操作规范,场地整洁,举止文明,遵守规则。

(2)答题文件及文件夹按任务要求命名规范,文件存储路径正确。

四、项目注意事项

(1)文件存取路径说明:

考题文件夹:F:\CIMT\学校_姓名_身份证号\

素材文件夹:F:\CIMT\学校_姓名_身份证号\素材\

答题文件夹:F:\CIMT\学校_姓名_身份证号\答题\

(2)测试方式:上机操作。

(3)测试时间:120分钟。

项目44 网上花店系统——鲜花订购

一、项目题库编号及名称

1-4-14,网上花店系统——鲜花订购

二、项目背景

1. 项目描述

随着网络的进一步普及和电子商务的高速发展,越来越多的人们开始选择在网上购物,这包括日常消费品的购买和赠送礼品的购买,而在网上订购礼品,可以让商家直接将礼品运送给收货人,既节省了亲自去商店挑选礼品的时间,又免去了一些当面赠送礼品的不便之处。在众多礼品中,鲜花无疑是人们的最佳礼品选择之一,几乎可以在任何节庆或特殊场合作为礼品赠送,而网上订购鲜花具备了省时、省事、省心等特点,从而受到越来越多人的欢迎。基于这种背景,祥瑞礼品商务公司决定开发一个网上花店系统。你作为项目开发组的程序员,由你来负责完成该公司网上花店系统的的开发工作。请实现如下功能:

(1) 鲜花展示；

(2) 鲜花购买。

2. 项目分析

网上花店鲜花订购管理模块主要工作流程如下：用户打开网店首页，用户可以看到网店出售鲜花的展示图片，点击"立即订购"链接，模拟完成鲜花订购任务。网上花店系统的功能结构如图 1414-1 所示。

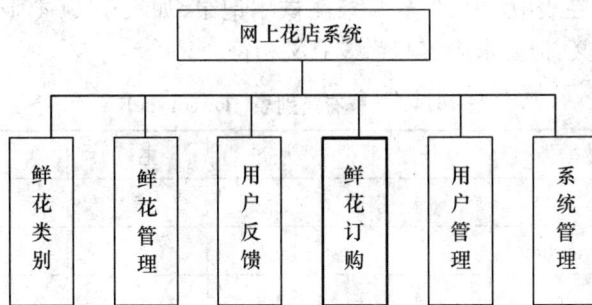

图 1414-1　系统功能结构

系统中主要页面效果图如图 1414-2、图 1414-3 所示：

图 1414-2　鲜花图片展示

图 1414-3　鲜花订购成功提示

三、项目内容及要求

1. 系统设计(20 分)

按分层架构设计项目结构,并以提供的素材为基础,设计与制作如图 1414-2、1414-3 所示页面或提示框。

2. 数据库实现(10 分)

请将数据库文件从素材文件夹复制到项目的 dbfile 目录(dbfile 文件夹需要考生手动创建),然后附加到数据库服务器中。附加后的数据库名为 FlowerDB。数据表结构见表 1414-1、1414-2、1414-3。并在表中添加 3 至 5 条测试用记录,如表 1414-4、1414-5、1414-6 所示。各字段值也可以自定义,但要求内容与字段意义相符。

表 1414-1　鲜花类别表(flowerType)

列名	数据类型	长度	为空	主键	说明
typeID	int	4	否	是	鲜花类别编号
typeName	varchar	50	否		鲜花类别名称
typeOrder	int	4			分类排序

表 1414-2　鲜花信息表(flowerInfo)

列名	数据类型	长度	为空	主键	说明
flowerID	varchar	50	否	是	鲜花编号
flowerName	varchar	50	否		鲜花名称
typeID	int	4	否		鲜花类别编号
flowerPrice	float	5.2	否		鲜花价格
flowerImage	varchar	50	否		鲜花图片
flowerColor	varchar	50	否		鲜花颜色
inputDate	dateTime	8	否		加入时间

表 1414-3　鲜花订单表(OrderList)

列名	数据类型	长度	为空	主键	说明
orderID	int	4	否	是	订单编号
flowerID	varchar	50	否		鲜花编号
orderDate	dataTime	8	否		下单日期(默认值)
orderStatus	float	5.2	否		状态
number	int	4	否		数量

分别在上述三个表中添加若干测试用记录:

表 1414-4　鲜花类别测试记录

typeID	typeName	typeOrder
1	鲜花	1
2	果篮	2
3	婚庆	3

表 1414-5　鲜花信息测试记录

flowerID	flowerName	typeID	flowerPrice	flowerImage	flowerColor	inputDate
001	活力绽放	1	128	001.jpg	粉色	2013-5-30 12:22:17
002	爱慕	2	136	002.jpg	红色	2013-5-26 15:38:09
003	纯洁之情	3	179	003.jpg	粉色	2013-5-27 10:55:18
004	一生有你	1	195	004.jpg	红色	2013-5-27 10:58:36

表 1414-6　鲜花订单测试记录

orderID	flowerID	orderDate	orderStatus	number
1	001	2013-6-1	预订	1
2	002	2013-6-2	预订	1
3	001	2013-6-7	预订	1

3. 功能实现(40 分)

(1)鲜花图片展示

用户打开网站首页,即可浏览网店鲜花图片展示,如图 1414-2 页面所示。该页以图文并茂的形式显示出鲜花的图片、类别、名称、价格等信息。

(2)鲜花网上订购

在图 1414-2 页面中,在选择的鲜花图片下面,单击"立即订购"链接,完成鲜花的订购操作,并提示"订购成功"。如图 1414-3 所示。其中,默认的订购鲜花数量为 1 束。

4. 调试运行与发布(10 分)

通过开发工具自带的发布或打包功能,将上述完成的网站项目发布到 Tomcat,并配置 tomcat,便于用户通过"http://IP 地址/项目编号"的方式访问该项目。并将测试通过后的项目 war 包以及 Tomcat 配置文件拷贝至考生答题文件夹中。

5. 代码规范(10 分)

程序结构规范并遵循 MVC 分层思想;类、接口、方法划分规范;类名、方法名、变量名命名规范;代码缩进规范,代码注释完整规范;数据库连接等资源用完后及时正确地关闭,有正确的异常处理。

6. 职业素养(10 分)

(1)在项目完成过程中操作规范,场地整洁,举止文明,遵守规则。

(2)答题文件及文件夹按任务要求命名规范,文件存储路径正确。

四、项目注意事项

(1)文件存取路径说明:

考题文件夹:F:\CIMT\学校_姓名_身份证号\

素材文件夹:F:\CIMT\学校_姓名_身份证号\素材\

答题文件夹:F:\CIMT\学校_姓名_身份证号\答题\

(2)测试方式:上机操作。

(3)测试时间:120 分钟。

项目 45　网上花店系统——用户管理

一、项目题库编号及名称

1-4-15,网上花店系统——用户管理

二、项目背景

1. 项目描述

随着网络的进一步普及和电子商务的高速发展,越来越多的人们开始选择在网上购物,这包括日常消费品的购买和赠送礼品的购买,而在网上订购礼品,可以让商家直接将礼品运送给收货人,既节省了亲自去商店挑选礼品的时间,又免去了一些当面赠送礼品的不便之处。在众多礼品中,鲜花无疑是人们的最佳礼品选择之一,几乎可以在任何节庆或特殊场合作为礼品赠送,而网上订购鲜花具备了省时、省事、省心等特点,从而受到越来越多人的欢迎。基于这种背景,祥瑞礼品商务公司决定开发一个网上花店系统。你作为项目开发组的程序员,由你来负责完成该公司网上花店系统的的开发工作。请实现如下功能:

(1) 用户注册;

(2) 密码修改。

2. 项目分析

网上花店用户管理模块主要工作流程如下:用户打开网店首页,点击"用户注册"链接,打开用户注册页面;点击"修改密码"链接,打开用户登录密码修改页面,然后根据提示完成相关操作。网上花店系统的功能结构如图 1415-1 所示。

图 1415-1 系统功能结构

系统中主要页面效果图如图 1415-2、图 1415-3 所示:

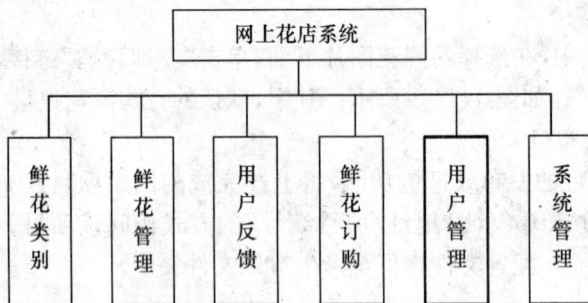

图 1415-2 用户注册

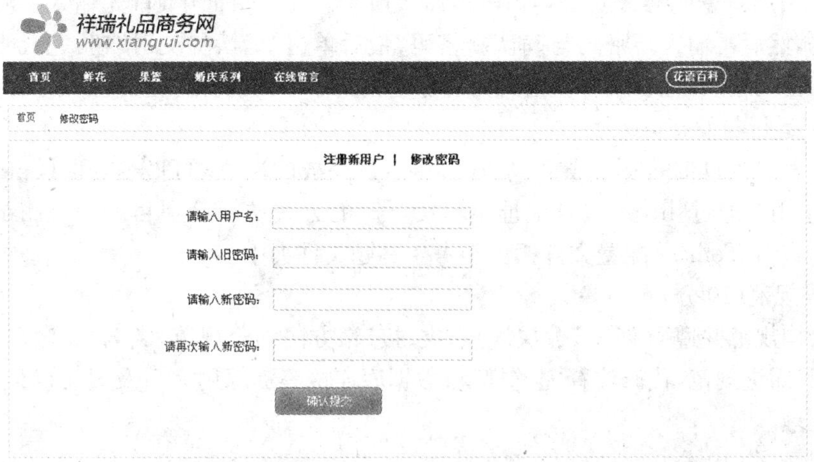

图 1415-3　用户密码修改

三、项目内容及要求

1. 系统设计（20 分）

按分层架构设计项目结构，并以提供的素材为基础，设计与制作如图 1415-2、1415-3 所示页面。

2. 数据库实现（10 分）

请将数据库文件从素材文件夹复制到项目的 dbfile 目录（dbfile 文件夹需要考生手动创建），然后附加到数据库服务器中。附加后的数据库名为 FlowerDB。数据表结构见表 1415-1。并在表中添加 2 至 4 条测试用记录，如表 1415-2 所示。各字段值也可以自定义，但要求内容与字段意义相符。

表 1415-1　用户表（userInfo）

列名	数据类型	长度	为空	主键	说明
userID	varchar	20	否	是	用户编号（用户名/昵称）
userPwd	varchar	16	否		密码
userMail	varchar	50	否		电子邮箱
regDate	datetime		否		注册日期（默认值）

表 1415-2　用户表测试记录

userID	userPwd	userMail	regDate
admin	1234	admin@csctc.net	2013-5-4
guest	8888	guest@qq.com	2013-6-2

3. 功能实现（40 分）

（1）用户注册

打开网站用户注册页面，如图 1415-2 所示。在该页面中，输入用户名、密码、电子邮箱后，单击"提交注册信息"按钮，完成用户注册。要求密码与确认密码的输入一致，否则给予相应提示。

（2）密码修改

打开网站用户密码修改页面,如图 1415-3 所示。在该页面中,首先输入要修改的用户名及旧密码,然后再输入新密码与确认新密码,最后单击"确认提交"按钮,完成密码修改操作。如果旧密码输入错误,或者新密码与确认新密码不一致时,给予相应的错误提示。

4. 调试运行与发布(10 分)

通过开发工具自带的发布或打包功能,将上述完成的网站项目发布到 Tomcat,并配置 tomcat,便于用户通过"http://IP 地址/项目编号"的方式访问该项目。并将测试通过后的项目 war 包以及 Tomcat 配置文件拷贝至考生答题文件夹中。

5. 代码规范(10 分)

程序结构规范并遵循 MVC 分层思想;类、接口、方法划分规范;类名、方法名、变量名命名规范;代码缩进规范,代码注释完整规范;数据库连接等资源用完后及时正确地关闭,有正确的异常处理。

6. 职业素养(10 分)

(1)在项目完成过程中操作规范,场地整洁,举止文明,遵守规则。

(2)答题文件及文件夹按任务要求命名规范,文件存储路径正确。

四、项目注意事项

(1)文件存取路径说明:

考题文件夹:F:\CIMT\学校_姓名_身份证号\

素材文件夹:F:\CIMT\学校_姓名_身份证号\素材\

答题文件夹:F:\CIMT\学校_姓名_身份证号\答题\

(2)测试方式:上机操作。

(3)测试时间:120 分钟。

核心技能模块二　信息系统实施与应用

项目 46　TOY 公司 ERP 系统的实施

一、项目题库编号及名称

2-1-1,TOY 公司 ERP 系统的实施

二、企业及 ERP 系统简介

1. 企业基本情况描述

TOY 公司是一个以玩具生产和销售为主的股份制企业。公司于 2011 年底购买了一套 ERP 系统,其中包括:总账、报表、应收、应付、采购管理、销售管理、生产管理、仓库管理等模块。公司准备在 2012 年 1 月启用该 ERP 系统,在进行期初设置和基础数据的录入之后,启用各业务系统,从而进行企业各项业务的处理。

2. ERP 系统实施描述

TOY 公司实施 ERP 系统的过程主要分为以下 5 步:

(1)建立一个新的账套,并启用账套;

(2)建立用户并给用户授予相应权限;

(3)账套期初设置及基础数据录入;

(4)账套结束初始化;

(5)各模块日常业务开始,处理企业各项事务。

三、操作内容及要求

(一)建立并启用账套(15 分)

1. 建立并启用账套

(1)账套号:[学生座位号]

(2)账套名:[学生座位号]+[学生名]

(3)账套类型:标准供应链解决方案

(4)数据库实体:[学生座位号]+姓名

(5)数据库文件路径:考生文件夹

(6)数据库日志文件路径:考生文件夹

(7)公司名称:[学生座位号]TOY 股份有限公司

(8)记账本位币:人民币货币代码:RMB

(9)账套启用期间:2012 年 01 月 01 日

(10)会计期间:自然年度会计期间

2. 设置账套参数

(1)从模板中引入会计科目(企业会计制度)

(2)设置核算参数

启用年度:2012 年　　启用期间:第 1 期

核算方式:数量、金额核算

库存更新控制:单据审核后更新

门店模块设置:不启用门店管理

工厂日历:周六、周日为休息日

(3)系统设置

1)单据编码规则(按系统默认设置)

2)其他:

①审核人与制单人为同一人(系统默认)

②去掉"若应收应付系统未结束初始化,则业务系统发票不允许保存"的"√"

③"√"上"外购入库生成暂估冲回凭证"选项

④ 暂估冲回凭证生成方式:单到冲回

3. 建立用户并为用户授权(表 2101-1)。

表 2101-1

用户名	认证方式	用户组	权限
[学生名]	密码认证(不设密码)	Users(一般用户组)	授予所有权限

(二)设置基础资料(20 分)

(1)增加凭证字为"记"字。

(2)增加计量单位组及相应组的计量单位(表 2101-2)。

表 2101-2

计量单位组	代码	计量单位名称	系数
数量组(01)	A	个	1
	J	件	10
重量组(02)	G	克	1
	KG	千克	1000

(3)新增"部门"资料(表 2101-3)。

表 2101-3

代码	名称
01	财务部
02	采购部
03	销售部
04	生产部
05	仓管部
06	一车间
07	二车间

(4)新增"职员"资料(表 2101-4)。

表 2101-4

代码	姓名	部门
01	张琪	财务部
02	王冰	采购部
03	李好	销售部
04	赵娜	生产部
05	刘丽	仓管部
06	陈小	一车间
07	吴森	二车间

(5)新增"供应商"资料(表 2101-5)。

表 2101-5

代码	名称
01	环球公司
02	宇宙公司
03	创发公司

(6)新增"客户"资料(表 2101-6)。

表 2101-6

代码	名称
01	飞翔玩具专卖
02	天天开心玩具店

(7)新增"仓库"资料(表 2101-7)。

表 2101-7

代码	名称	仓库类型
01	原材料仓	普通仓
02	半成品仓	普通仓
03	产成品仓	普通仓
04	赠品仓	赠品仓
05	代管仓	代管仓

(8)新增"物料"资料(表 2101-8)。

表 2101-8

代码	名称	物料属性	计量单位	计价方法	存货科目	销售收入	销售成本
01	原材料						
01.01	PP 棉	外购	千克	加权平均	1211	5102	5405
01.02	普通绒布	外购	千克	加权平均	1211	5102	5405
01.03	丝光绒布	外购	千克	加权平均	1211	5102	5405
01.04	五彩线	外购	克	加权平均	1211	5102	5405
02	半成品						
02.01	普通外套	自制	个	加权平均	1243	5101	5401
02.02	丝光外套	委外加工	个	加权平均	1243	5101	5401
03	产成品						
03.01	毛绒狗	自制	个	加权平均	1243	5101	5401
03.02	高档毛绒狗	自制	个	加权平均	1243	5101	5401

(三)录入初始余额(5 分)

(1)该账套各项初始余额数据均为 0。

(2)结束初始化,开始日常业务处理。

(四)日常业务处理(50 分)

特别提醒:单据中没有指明的主管、负责人等信息可以随机填写,不作为考核内容。

(1)新增 3.01 产成品绒毛狗的 BOM 结构。如图 2101-1 所示:

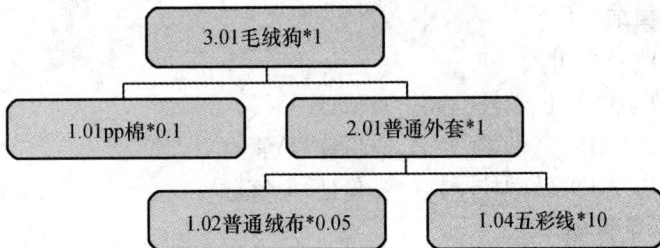

图 2101-1 绒毛狗的 BOM 结构

(2)2012 年 1 月 7 日,天天开心玩具店向销售部业务员李好订购绒毛狗 1000 个,单价(含税)10 元。

(3)2012 年 1 月 8 日,生产部赵娜根据 1000 个绒毛狗的销售订单进行主生产计划(MPS)和物料需求计划(MRP),然后根据物料清单向采购部提出原料采购申请。其中 MPS

计划和 MRP 计划的参数设置为:

①计划展望期的时区个数为 10,各时区天数为 1;

②计划方案均采用 MTO(SYS),按需求设置投放参数,其他参数均按默认设置。

(4)2012 年 1 月 9 日,采购部业务员王冰向供应商环球公司订购如下原材料:

①pp 棉 100 千克,单价(含税)10 元,同日通知仓管部刘丽收货,1 月 10 日货到,入原料仓,同日采购发票到财务部张琪处。

②普通绒布 50 千克,单价(含税)20 元,同日通知仓管部刘丽收货,1 月 10 日采购发票到财务部张琪处,1 月 11 日货到,入原材料仓。

③五彩线 10000 克,单价 0.01 元,同日通知仓管部刘丽收货,1 月 11 日货到,入原材料仓,采购发票下月开出。

(5)2012 年 1 月 12 日,一车间陈小到原材料仓领用普通绒布 50 千克,五彩线 10000 克,仓管部刘丽发货。

(6)2012 年 1 月 13 日,一车间陈小将加工完成的普通外套 1000 个送回半成品仓,仓管部刘丽验收入库。

(7)2012 年 1 月 14 日,二车间吴森到原料仓领用 pp 棉 100 千克,到半成品仓领用普通外套 1000 个,仓管部刘丽发货。

(8)2012 年 1 月 15 日,二车间吴森将生产完成后的毛绒狗 1000 个送回产成品仓,仓管部刘丽验收入库。

(9)2012 年 1 月 15 日,仓管部刘丽向天天开心玩具店发运毛绒狗 600 个;次日,刘丽向天天开心玩具店发运毛绒狗 400 个。

(10)2012 年 1 月 20 日,财务部张琪向天天开心玩具店开出销售发票,发票金额同销售订单。

(11)2012 年 1 月 30 日,公司进行本月存货核算,请根据本月业务,进行外购入库核算,将所有外购入库单与采购发票进行勾稽,最终生成本期外购入库业务的凭证。

(12)对生成的凭证进行审核,过账处理。

(五)职业素养(10 分)

(1)操作符合操作规程,场地整洁,举止文明,遵守规则。

(2)文档命名规范,格式规范,内容完整,表达清晰,无错别字。

四、项目注意事项

(1)文件存取路径说明:

考题文件夹:F:\CIMT\学校_姓名_身份证号\

素材文件夹:F:\CIMT\学校_姓名_身份证号\素材\

答题文件夹:F:\CIMT\学校_姓名_身份证号\答题\

(2)测试方式:上机操作。

(3)测试时间:120 分钟。

(4)账套号及账套名务必按要求方式命名。

(5)按要求完成各项系统维护任务。

项目 47 CUP 公司 ERP 系统的实施

一、项目题库编号及名称

2-1-2,CUP 公司 ERP 系统的实施

二、企业级 ERP 系统系统简介

1. 企业基本情况描述

CUP 公司是一个以塑料杯生产和销售为主的企业。公司于 2011 年底购买了一套 ERP 系统,其中包括:总账、报表、应收、应付、采购管理、销售管理、生产管理、仓库管理等模块。公司准备在 2012 年 1 月启用该 ERP 系统,在进行期初设置和基础数据的录入之后,启用各业务系统,从而进行企业各项业务的处理。

2. ERP 系统实施描述

CUP 公司实施 ERP 系统的过程主要分为以下 5 步:

(1)建立一个新的账套,并启用账套;

(2)建立用户并给用户授予相应权限;

(3)账套期初设置及基础数据录入;

(4)账套结束初始化;

(5)各模块日常业务开始,处理企业各项事务。

三、操作内容及要求

(一)建立并启用账套(15 分)

1. 建立并启用账套

(1)账套号:[学生座位号]

(2)账套名:[学生座位号]+[学生名]

(3)账套类型:标准供应链解决方案

(4)数据库实体:[学生座位号]+姓名

(5)数据库文件路径:考生文件夹

(6)数据库日志文件路径:考生文件夹

(7)公司名称:[学生座位号]CUP 股份有限公司

(8)记账本位币:人民币货币代码:RMB

(9)账套启用期间:2012 年 01 月 01 日

(10)会计期间:自然年度会计期间

2. 设置账套参数

(1)从模板中引入会计科目(企业会计制度)

(2)设置核算参数

启用年度:2012 年　　启用期间:第 1 期

核算方式:数量、金额核算

库存更新控制:单据审核后更新

门店模块设置:不启用门店管理

工厂日历:周六、周日为休息日

(3)系统设置

1)单据编码规则(按系统默认设置)

2)其他：

①审核人与制单人为同一人（系统默认）

②去掉"若应收应付系统未结束初始化，则业务系统发票不允许保存"的"√"

③"√"上"外购入库生成暂估冲回凭证"选项

④暂估冲回凭证生成方式：单到冲回

3. 建立用户并为用户授权（表 2102-1）

表 2102-1

用户名	认证方式	用户组	权限
[学生名]	密码认证(不设密码)	Users(一般用户组)	授予所有权限

（二）设置基础资料（20 分）

（1）增加凭证字为"记"字。

（2）增加计量单位组及相应组的计量单位（表 2102-1）。

表 2102-2

计量单位组	代码	计量单位名称	系数
数量组(01)	A	个	1
	X	箱	50

（3）新增"部门"资料（表 2102-3）。

表 2101-3

代码	名称
01	财务部
02	采购部
03	销售部
04	生产部
05	仓管部
06	一车间
07	二车间

（4）新增"职员"资料（表 2102-4）。

表 2102-4

代码	姓名	部门
01	张琪	财务部
02	王冰	采购部
03	李好	销售部
04	赵娜	生产部
05	刘丽	仓管部
06	陈小	一车间
07	吴森	二车间

（5）新增"供应商"资料（表 2102-5）。

表 2102-5

代码	名称
01	环球塑料厂
02	宇宙公司
03	创发公司

(6)新增"客户"资料(表2102-6)。

表 2102-6

代码	名称
01	温馨家居用品店
02	天天超市

(7)新增"仓库"资料(表2102-7)。

表 2102-7

代码	名称	仓库类型
01	原材料仓	普通仓
02	半成品仓	普通仓
03	产成品仓	普通仓
04	赠品仓	赠品仓
05	代管仓	代管仓

(8)新增"物料"资料(表2102-8)。

表 2102-8

代码	名称	物料属性	计量单位	计价方法	存货科目	销售收入	销售成本
01	原材料						
01.01	杯盖	外购	个	加权平均	1211	5102	5405
01.02	水壶盖	外购	个	加权平均	1211	5102	5405
01.03	杯身	外购	个	加权平均	1211	5102	5405
01.04	水壶身	外购	个	加权平均	1211	5102	5405
01.05	杯带	外购	个	加权平均	1211	5102	5405
01.06	水壶带	外购	个	加权平均	1211	5102	5405
02	半成品						
02.01	杯体	自制	个	加权平均	1243	5101	5401
02.02	水壶体	自制	个	加权平均	1243	5101	5401
03	产成品						
03.01	塑料杯	自制	个	加权平均	1243	5101	5401
03.02	塑料水壶	自制	个	加权平均	1243	5101	5401

(三)录入初始余额(5分)

(1)该账套各项初始余额数据均为0。

(2)结束初始化,开始日常业务处理。

(四)日常业务处理(50分)

特别提醒:单据中没有指明的主管、负责人等信息可以随机填写,不作为考核内容。

(1)新增 3.01 产成品塑料杯的 BOM 结构(提示,请自行新增产成品、半成品的 BOM 组别)。如图 2102-1 所示:

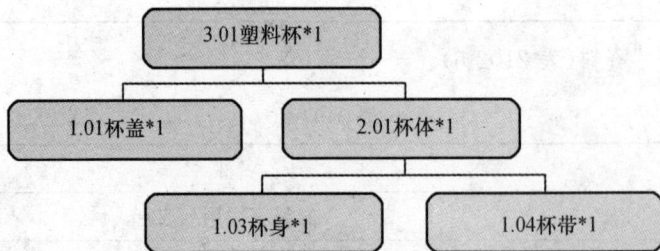

图 2102-1 塑料杯的 BOM 结构

(2)2012 年 1 月 2 日,天天超市向销售部业务员李好订购塑料杯 500 个,单价(含税)8 元。

(3)2012 年 1 月 3 日,生产部赵娜根据 500 个塑料杯的销售订单进行主生产计划(MPS)和物料需求计划(MRP),然后根据物料清单向采购部提出原料采购申请。其中 MPS 计划和 MRP 计划的参数设置为:

①计划展望期的时区个数为 10,各时区天数为 1;

②计划方案均采用 MTO(SYS),按需求设置投放参数,其它参数均按默认设置。

(4)2012 年 1 月 4 日,采购部业务员王冰向供应商环球公司订购以下物料:

①杯盖 500 个,单价(含税)1 元,同日通知仓管部刘丽收货,1 月 5 日货到,入原料仓,同日采购发票到财务部张琪处。

②杯身 500 个,单价(含税)3 元,同日通知仓管部刘丽收货,1 月 5 日到货 200 个,入原材料仓,1 月 6 日采购发票到财务部张琪处,1 月 7 日到货 300 个,入原材料仓。

③杯带 500 个,单价 1 元,同日通知仓管部刘丽收货,1 月 6 日货到,入原材料仓,采购发票下月开出。

(5)2012 年 1 月 8 日,一车间陈小到原材料仓领用杯身 500 个,杯带 500 个,仓管部刘丽发货。

(6)2012 年 1 月 9 日,一车间陈小将加工完成的杯体 500 个送回半成品仓,仓管部刘丽验收入库。

(7)2012 年 1 月 10 日,二车间吴森到原料仓领用杯盖 500 个,到半成品仓领用杯体 500 个,仓管部刘丽发货。

(8)2012 年 1 月 11 日,二车间吴森将组装完成后的塑料杯 500 个送回产成品仓,仓管部刘丽验收入库。

(9)2012 年 1 月 12 日,仓管部刘丽向天天超市发运塑料杯 500 个。

(10)2012 年 1 月 13 日,财务部张琪向天天超市开出销售发票,发票金额同销售订单。

(11)2012 年 1 月 30 日,公司进行本月存货核算,请根据本月业务,进行外购入库核算,将所有外购入库单与采购发票进行勾稽,最终生成本期外购入库业务的凭证。

(12)对生成的凭证进行审核,过账处理。

（五）职业素养(10 分)

(1)操作符合操作规程,场地整洁,举止文明,遵守规则。

(2)文档命名规范,格式规范,内容完整,表达清晰,无错别字。

四、项目注意事项

(1)文件存取路径说明:

考题文件夹:F:\CIMT\学校_姓名_身份证号\

素材文件夹:F:\CIMT\学校_姓名_身份证号\素材\

答题文件夹:F:\CIMT\学校_姓名_身份证号\答题\

(2)测试方式:上机操作。

(3)测试时间:120 分钟。

(4)账套号及账套名务必按要求方式命名。

(5)按要求完成各项系统维护任务。

项目 48　ELEC 公司 ERP 系统的实施

一、项目题库编号及名称

2-1-5,ELEC 公司 ERP 系统的实施

二、企业及 ERP 系统简介

1. 企业基本情况描述

ELEC 公司是一个以 MP4 生产和销售为主的企业。公司于 2011 年底购买了一套 ERP 系统,其中包括:总账、报表、应收、应付、采购管理、销售管理、生产管理、仓库管理等模块。公司准备在 2012 年 1 月启用该 ERP 系统,在进行期初设置和基础数据的录入之后,启用各业务系统,从而进行企业各项业务的处理。

2.ERP 系统实施描述

ELEC 公司实施 ERP 系统的过程主要分为以下 5 步:

(1)建立一个新的账套,并启用账套;

(2)建立用户并给用户授予相应权限;

(3)账套期初设置及基础数据录入;

(4)账套结束初始化;

(5)各模块日常业务开始,处理企业各项事务。

三、操作内容及要求

（一）建立并启用账套(15 分)

1. 建立并启用账套

(1)账套号:[学生座位号]

(2)账套名:[学生座位号]+[学生名]

(3)账套类型:标准供应链解决方案

(4)数据库实体:[学生座位号]+姓名

(5)数据库文件路径:考生文件夹

(6)数据库日志文件路径:考生文件夹

(7)公司名称:[学生座位号]ELEC 股份有限公司

(8)记账本位币:人民币货币代码:RMB

(9)账套启用期间:2012 年 01 月 01 日

(10)会计期间:自然年度会计期间

2.设置账套参数

(1)从模板中引入会计科目(企业会计制度)

(2)设置核算参数

启用年度:2012 年　　启用期间:第 1 期

核算方式:数量、金额核算

库存更新控制:单据审核后更新

门店模块设置:不启用门店管理

工厂日历:周六、周日为休息日

(3)系统设置

1)单据编码规则(按系统默认设置)

2)其他:

①审核人与制单人为同一人(系统默认)

②去掉"若应收应付系统未结束初始化,则业务系统发票不允许保存"的"√"

③"√"上"外购入库生成暂估冲回凭证"选项

④暂估冲回凭证生成方式:单到冲回

3.建立用户并为用户授权(表 2105-1)

表 2105-1

用户名	认证方式	用户组	权限
〔学生名〕	密码认证(不设密码)	Users(一般用户组)	授予所有权限

(二)设置基础资料(20 分)

(1)增加凭证字为"记"字。

(2)增加计量单位组及相应组的计量单位(表 2105-2)。

表 2105-2

计量单位组	代码	计量单位名称	系数
数量组(01)	A	个	1
	X	箱	100

(3)新增"部门"资料(表 2105-3)。

表 2105-3

代码	名称
01	财务部
02	采购部
03	销售部
04	生产部
05	仓管部
06	一车间
07	二车间

(4)新增"职员"资料(表 2105-4)。

表 2105-4

代码	姓名	部门
01	张琪	财务部
02	王冰	采购部
03	李好	销售部
04	赵娜	生产部
05	刘丽	仓管部
06	陈小	一车间
07	吴森	二车间

（5）新增"供应商"资料（表2105-5）。

表 2105-5

代码	名称
01	环球塑料厂
02	生生电子有限公司
03	创发公司

（6）新增"客户"资料（表2105-6）。

表 2105-6

代码	名称
01	广大电脑城
02	天天电脑城

（7）新增"仓库"资料（表2105-7）。

表 2105-7

代码	名称	仓库类型
01	原材料仓	普通仓
02	半成品仓	普通仓
03	产成品仓	普通仓
04	赠品仓	赠品仓
05	代管仓	代管仓

（8）新增"物料"资料（表2105-8）。

表 2105-8

代码	名称	物料属性	计量单位	计价方法	存货科目	销售收入	销售成本
01	原材料						
01.01	芯片	外购	个	加权平均	1211	5102	5405
01.02	外壳	外购	个	加权平均	1211	5102	5405
01.03	纸板	外购	个	加权平均	1211	5102	5405
02	半成品						
02.01	包装	自制	个	加权平均	1243	5101	5401
03	产成品						
03.01	MP4	自制	个	加权平均	1243	5101	5401

（三）录入初始余额（5分）

（1）该账套各项初始余额数据均为0。

（2）结束初始化，开始日常业务处理。

（四）日常业务处理（50分）

特别提醒：单据中没有指明的主管、负责人等信息可以随机填写，不作为考核内容。

（1）新增3.01产成品MP4的BOM结构。如图2105-1所示：

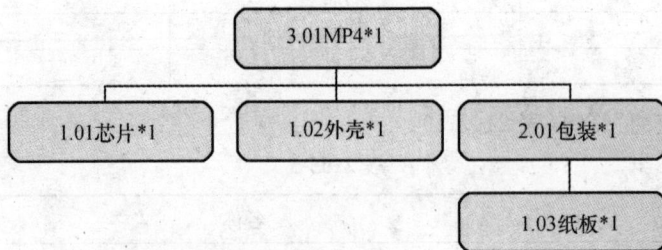

图2105-1　MP4的BOM结构

（2）2012年1月20日，天天电脑城向销售部业务员李好订购MP4 1000个，单价（含税）400元。

（3）2012年1月21日，生产部赵娜根据1000个MP4的销售订单进行主生产计划（MPS）和物料需求计划（MRP），然后根据物料清单向采购部提出原料采购申请。其中MPS计划和MRP计划的参数设置为：

①计划展望期的时区个数为10，各时区天数为1；

②计划方案均采用MTO(SYS)，按需求设置投放参数，其他参数均按默认设置。

（4）2012年1月22日，采购部业务员王冰向供应商生生电子有限公司订购芯片1000个，单价（含税）100元，同日通知仓管部刘丽收货，1月23日货到，入原料仓，同日采购发票到财务部张琪处。

（5）2012年1月22日，采购部业务员王冰向供应商环球塑料厂订购外壳1000个，单价（含税）50元，同日通知仓管部刘丽收货，1月23日到货500个，入原材料仓，1月25日到货500个，入原材料仓。同日，采购发票到财务部张琪处。

（6）2012年1月22日，采购部业务员王冰向供应商创发公司订购纸板1000个，单价（含税）1元，同日通知仓管部刘丽收货，1月23日货到，入原料仓，同日采购发票到财务部张琪处。

（7）2012年1月23日，一车间陈小到原材料仓领用纸板1000个，仓管部刘丽发货。

（8）2012年1月26日，一车间陈小将加工完成的包装1000个送回半成品仓，仓管部刘丽验收入库。同日，二车间吴森到半成品仓领用包装1000个，仓管部刘丽发货。

（9）2012年1月27日，二车间吴森将组装完成后的MP4 1000个送回产成品仓，仓管部刘丽验收入库。

（10）2012年1月28日，仓管部刘丽向天天电脑城发运MP4 1000个。

（11）2012年1月28日，财务部张琪向天天电脑城开出销售发票，发票金额同销售订单。

（12）2012年1月30日，公司进行本月存货核算，请根据本月业务，进行外购入库核算，将所有外购入库单与采购发票进行勾稽，最终生成本期外购入库业务的凭证。

（五）职业素养（10分）

（1）操作符合操作规程，场地整洁，举止文明，遵守规则。

(2)文档命名规范,格式规范,内容完整,表达清晰,无错别字。

四、项目注意事项

(1)文件存取路径说明:

考题文件夹:F:\CIMT\学校_姓名_身份证号\

素材文件夹:F:\CIMT\学校_姓名_身份证号\素材\

答题文件夹:F:\CIMT\学校_姓名_身份证号\答题\

(2)测试方式:上机操作。

(3)测试时间:120 分钟。

(4)账套号及账套名务必按要求方式命名。

(5)按要求完成各项系统维护任务。

项目 49　GOLD 公司 ERP 系统的实施

一、项目题库编号及名称

2-1-7,GOLD 公司 ERP 系统的实施

二、企业及 ERP 系统简介

1. 企业基本情况描述

GOLD 公司是一个以生产五金塑胶为主的制造企业。公司于 2011 年底购买了一套 ERP 系统,其中包括:总账、报表、应收、应付、采购管理、销售管理、生产管理、仓库管理等模块。公司准备在 2012 年 1 月启用该 ERP 系统,在进行期初设置和基础数据的录入之后,启用各业务系统,从而进行企业各项业务的处理。

2.ERP 系统实施描述

GOLD 公司实施 ERP 系统的过程主要分为以下 5 步:

(1)建立一个新的账套,并启用账套;

(2)建立用户并给用户授予相应权限;

(3)账套期初设置及基础数据录入;

(4)账套结束初始化;

(5)各模块日常业务开始,处理企业各项事务。

三、操作内容及要求

(一)建立并启用账套(15 分)

1. 建立并启用账套

(1)账套号:[学生座位号]

(2)账套名:[学生座位号]+[学生名]

(3)账套类型:标准供应链解决方案

(4)数据库实体:[学生座位号]+姓名

(5)数据库文件路径:考生文件夹

(6)数据库日志文件路径:考生文件夹

(7)公司名称:[学生座位号] GOLD 股份有限公司

(8)记账本位币:人民币货币代码:RMB

(9)账套启用期间:2012 年 01 月 01 日

(10)会计期间:自然年度会计期间

2.设置账套参数

(1)从模板中引入会计科目(企业会计制度)

(2)设置核算参数

启用年度:2012年　　启用期间:第1期

核算方式:数量、金额核算

库存更新控制:单据审核后更新

门店模块设置:不启用门店管理

工厂日历:周六、周日为休息日

(3)系统设置

1)单据编码规则(按系统默认设置)

2)其他:

①审核人与制单人为同一人(系统默认)

②去掉"若应收应付系统未结束初始化,则业务系统发票不允许保存"的"√"

③"√"上"外购入库生成暂估冲回凭证"选项

④暂估冲回凭证生成方式:单到冲回

3.建立用户并为用户授权(表2107-1)

表2107-1

用户名	认证方式	用户组	权限
[学生名]	密码认证(不设密码)	Users(一般用户组)	授予所有权限

(二)设置基础资料(20分)

(1)增加凭证字为"记"字。

(2)增加计量单位组及相应组的计量单位(表2107-2)。

表2107-2

计量单位组	代码	计量单位名称	系数
数量组(01)	A	个	1
	X	箱	100
重量组(02)	G	克	1
	KG	千克	1000

(3)新增"部门"资料(表2107-3)。

表2107-3

代码	名称
01	财务部
02	采购部
03	销售部
04	生产部
05	仓管部
06	一车间
07	二车间

(4)新增"职员"资料(表2107-4)。

表2107-4

代码	姓名	部门
01	张琪	财务部
02	王冰	采购部
03	李好	销售部
04	赵娜	生产部
05	刘丽	仓管部
06	陈小	一车间
07	吴森	二车间

(5)新增"供应商"资料(表2107-5)。

表2107-5

代码	名称
01	环球塑料厂
02	生生有限公司
03	创发公司

(6)新增"客户"资料(表2107-6)。

表2107-6

代码	名称
01	红彤公司
02	天天公司

(7)新增"仓库"资料(表2107-7)。

表2107-7

代码	名称	仓库类型
01	原材料仓	普通仓
02	半成品仓	普通仓
03	产成品仓	普通仓
04	赠品仓	赠品仓
05	代管仓	代管仓

(8)新增"物料"资料(表2107-8)。

表2107-8

代码	名称	物料属性	计量单位	计价方法	存货科目	销售收入	销售成本
01				原材料			
01.01	保护膜	外购	个	加权平均	1211	5102	5405
01.02	包装	外购	个	加权平均	1211	5102	5405
01.03	ABS树脂	外购	千克	加权平均	1211	5102	5405
02				半成品			
02.01	塑胶件	自制	千克	加权平均	1243	5101	5401
03				产成品			
03.01	五金塑胶	自制	千克	加权平均	1243	5101	5401

(三)录入初始余额(5分)

(1)该账套各项初始余额数据均为0。

(2)结束初始化,开始日常业务处理。

(四)日常业务处理(50分)

特别提醒:单据中没有指明的主管、负责人等信息可以随机填写,不作为考核内容。

(1)新增3.01产成品五金塑胶的BOM结构。如图2107-1所示:

(2)2012年1月20日,天天公司向销售部业务员李好订购五金塑胶100千克,单价(含税)100元。

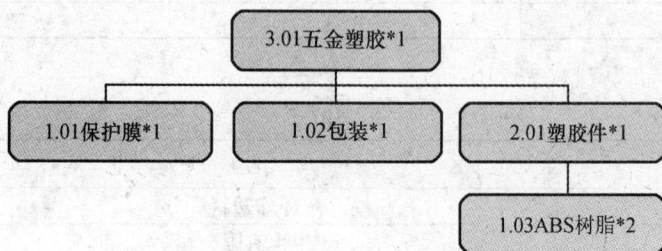

图 2107-1　五金塑胶的 BOM 结构

　　(3)2012年1月21日,采购部业务员王冰向供应商环球塑料厂订购ABS树酯200千克,单价(含税)50元。

　　(4)2012年1月22日采购部业务员王冰通知仓管部刘丽收货,1月23日货到,入原料仓,同日采购发票到财务部张琪处。

　　(5)2012年1月21日,由于生产排产已饱和,只能委外加工相关单位进行加工生产,因此生产部向委外加工供应商生生有限公司发出了100千克五金塑胶的委外加工生产任务单。

　　(6)2012年1月22日,仓管部刘丽向委外加工供应商发出原材料ABS树酯200千克。

　　(7)2012年1月25日,委外加工供应商完成加工任务,将产品五金塑胶100千克运送到公司,仓管部刘丽验收入库。

　　(8)将委外加工业务生成相应的财务凭证

　　(9)2012年1月27日,仓管部刘丽向天天公司发运五金塑胶100千克。

　　(10)2012年1月28日,财务部张琪向天天公司开出销售发票,发票金额同销售订单。

　　(11)2012年1月30日,公司进行本月存货核算,请根据本月业务,进行外购入库核算,将所有外购入库单与采购发票进行勾稽,最终生成本期外购入库业务的凭证。

　　(12)对生成的凭证进行审核,过账处理。

　　(五)职业素养(10分)

　　(1)操作符合操作规程,场地整洁,举止文明,遵守规则。

　　(2)文档命名规范,格式规范,内容完整,表达清晰,无错别字。

四、项目注意事项

(1)文件存取路径说明:

考题文件夹:F:\CIMT\学校_姓名_身份证号\

素材文件夹:F:\CIMT\学校_姓名_身份证号\素材\

答题文件夹:F:\CIMT\学校_姓名_身份证号\答题\

(2)测试方式：上机操作。

(3)测试时间：120分钟。

(4)账套号及账套名务必按要求方式命名。

(5)按要求完成各项系统维护任务。

项目50　GLASS公司ERP系统的实施

一、项目题库编号及名称

2-1-9,GLASS公司ERP系统的实施

二、企业及ERP系统简介

1. 企业基本情况描述

GLASS公司是一个以生产树酯眼镜为主的制造企业。公司于2011年底购买了一套ERP系统，其中包括：总账、报表、应收、应付、采购管理、销售管理、生产管理、仓库管理等模块。公司准备在2012年1月启用该ERP系统，在进行期初设置和基础数据的录入之后，启用各业务系统，从而进行企业各项业务的处理。

2. ERP系统实施描述

GLASS公司实施ERP系统的过程主要分为以下5步：

(1)建立一个新的账套，并启用账套；

(2)建立用户并给用户授予相应权限；

(3)账套期初设置及基础数据录入；

(4)账套结束初始化；

(5)各模块日常业务开始，处理企业各项事务。

三、操作内容及要求

(一)建立并启用账套(15分)

1. 建立并启用账套

(1)账套号：[学生座位号]

(2)账套名：[学生座位号]＋[学生名]

(3)账套类型：标准供应链解决方案

(4)数据库实体：[学生座位号]＋姓名

(5)数据库文件路径：考生文件夹

(6)数据库日志文件路径：考生文件夹

(7)公司名称：[学生座位号]GLASS股份有限公司

(8)记账本位币：人民币货币代码：RMB

(9)账套启用期间：2012年01月01日

(10)会计期间：自然年度会计期间

2. 设置账套参数

(1)从模板中引入会计科目(企业会计制度)

(2)设置核算参数

启用年度：2012年　　启用期间：第1期

核算方式：数量、金额核算

库存更新控制：单据审核后更新

门店模块设置：不启用门店管理

工厂日历：周六、周日为休息日

（3）系统设置

1）单据编码规则（按系统默认设置）

2）其他：

①审核人与制单人为同一人（系统默认）

②去掉"若应收应付系统未结束初始化，则业务系统发票不允许保存"的"√"

③"√"上"外购入库生成暂估冲回凭证"选项

④暂估冲回凭证生成方式：单到冲回

3. 建立用户并为用户授权（表 2109-1）

表 2109-1

用户名	认证方式	用户组	权限
［学生名］	密码认证（不设密码）	Users（一般用户组）	授予所有权限

（二）设置基础资料（20 分）

（1）增加凭证字为"记"字。

（2）增加计量单位组及相应组的计量单位（表 2109-2）。

表 2109-2

计量单位组	代码	计量单位名称	系数
数量组（01）	A	个	1
	H	盒	50
重量组（02）	G	克	1
	KG	千克	1000

（3）新增"部门"资料（表 2109-3）。

表 2109-3

代码	名称
01	财务部
02	采购部
03	销售部
04	生产部
05	仓管部
06	一车间
07	二车间

（4）新增"职员"资料（表 2109-4）。

表 2109-4

代码	姓名	部门
01	张琪	财务部
02	王冰	采购部
03	李好	销售部
04	赵娜	生产部
05	刘丽	仓管部
06	陈小	一车间
07	吴森	二车间

(5)新增"供应商"资料(表2109-5)。

表 2109-5

代码	名称
01	环球塑料厂
02	生生电子有限公司
03	创发公司

(6)新增"客户"资料(表2109-6)。

表 2109-6

代码	名称
01	闪亮眼镜超市
02	天天眼科医院

(7)新增"仓库"资料(表2109-7)。

表 2109-7

代码	名称	仓库类型
01	原材料仓	普通仓
02	半成品仓	普通仓
03	产成品仓	普通仓
04	赠品仓	赠品仓
05	代管仓	代管仓

(8)新增"物料"资料(表2109-8)。

表 2109-8

代码	名称	物料属性	计量单位	计价方法	存货科目	销售收入	销售成本
01				原材料			
01.01	ABS树脂	外购	千克	加权平均	1211	5102	5405
01.02	镜架	外购	个	加权平均	1211	5102	5405
01.03	螺钉	外购	个	加权平均	1211	5102	5405
02				半成品			
02.01	镜片	自制	个	加权平均	1243	5101	5401
03				产成品			
03.01	树脂放大镜	自制	个	加权平均	1243	5101	5401

(三)录入初始余额(5分)

(1)该账套各项初始余额数据均为0。

(2)结束初始化,开始日常业务处理。

(四)日常业务处理(50分)

特别提醒:单据中没有指明的主管、负责人等信息可以随机填写,不作为考核内容。

(1)新增3.01产成品树酯放大镜的BOM结构。如图2109-1所示:

(2)2012年1月20日,闪亮眼镜超市向销售部业务员李好订购树酯放大镜200个,单价(含税)80元。

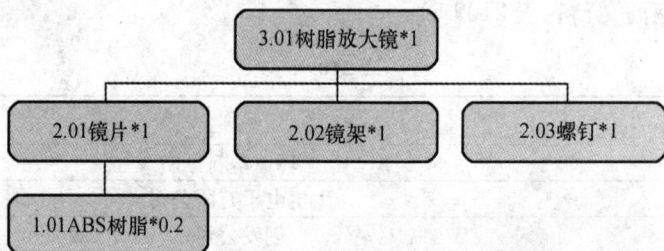

图 2109-1　树酯放大镜的 BOM 结构

(3)2012 年 1 月 21 日,采购部业务员王冰向供应商创发公司订购 ABS 树酯 40 千克,单价(含税)200 元,同日通知仓管部刘丽收货,1 月 23 日货到,入原料仓,同日采购发票到财务部张琪处。

(4)2012 年 1 月 23 日,生产部赵娜向一车间陈小发出来源于闪亮眼镜超市的 200 个树酯放大镜产品的生产任务单。

(5)2012 年 1 月 23 日,一车间陈小到原材料仓领用 ABS 树酯 40 千克,仓管部刘丽发货。

(6)2012 年 1 月 23 日,一车间投入物料开始生产。

(7)2012 年 1 月 25 日,一车间完成生产任务进行汇报。

(8)2012 年 1 月 26 日,一车间陈小将加工完成的 200 个树酯放大镜送回产成品仓,仓管部刘丽验收入库。

(9)2012 年 1 月 27 日,仓管部刘丽向闪亮眼镜超市发运树脂放大镜 100 个。

(10)2012 年 1 月 28 日,财务部张琪向闪亮眼镜超市开出销售发票,发票金额同销售订单。

(11)2012 年 1 月 30 日,公司进行本月存货核算,请根据本月业务,进行外购入库核算,将所有外购入库单与采购发票进行勾稽,最终生成本期外购入库业务的凭证。

(12) 对生成的凭证进行审核,过账处理。

(五)职业素养(10 分)

(1)操作符合操作规程,场地整洁,举止文明,遵守规则。

(2)文档命名规范,格式规范,内容完整,表达清晰,无错别字。

四、项目注意事项

(1)文件存取路径说明:

考题文件夹:F:\CIMT\学校_姓名_身份证号\

素材文件夹:F:\CIMT\学校_姓名_身份证号\素材\

答题文件夹:F:\CIMT\学校_姓名_身份证号\答题\

(2)测试方式:上机操作。

(3)测试时间:120 分钟。

(4)账套号及账套名务必按要求方式命名。

(5)按要求完成各项系统维护任务。

项目51 PHONE公司ERP系统的实施

一、项目题库编号及名称

2-1-10,PHONE公司ERP系统的实施

二、企业及ERP系统简介

1. 企业基本情况描述

PHONE公司是一个以手机生产和销售为主的企业。公司于2011年底购买了一套ERP系统,其中包括:总账、报表、应收、应付、采购管理、销售管理、生产管理、仓库管理等模块。公司准备在2012年1月启用该ERP系统,在进行期初设置和基础数据的录入之后,启用各业务系统,从而进行企业各项业务的处理。

2. ERP系统实施描述

PHONE公司实施ERP系统的过程主要分为以下5步:

(1)建立一个新的账套,并启用账套;

(2)建立用户并给用户授予相应权限;

(3)账套期初设置及基础数据录入;

(4)账套结束初始化;

(5)各模块日常业务开始,处理企业各项事务。

三、操作内容及要求

(一)建立并启用账套(15分)

1. 建立并启用账套

(1)账套号:[学生座位号]

(2)账套名:[学生座位号]+[学生名]

(3)账套类型:标准供应链解决方案

(4)数据库实体:[学生座位号]+姓名

(5)数据库文件路径:考生文件夹

(6)数据库日志文件路径:考生文件夹

(7)公司名称:[学生座位号]PHONE股份有限公司

(8)记账本位币:人民币货币代码:RMB

(9)账套启用期间:2012年01月01日

(10)会计期间:自然年度会计期间

2. 设置账套参数

(1)从模板中引入会计科目(企业会计制度)

(2)设置核算参数

启用年度:2012年　　启用期间:第1期

核算方式:数量、金额核算

库存更新控制:单据审核后更新

门店模块设置:不启用门店管理

工厂日历:周六、周日为休息日

(3)系统设置

1)单据编码规则(按系统默认设置)

2)其他：

①审核人与制单人为同一人（系统默认）

②去掉"若应收应付系统未结束初始化，则业务系统发票不允许保存"的"√"

③"√"上"外购入库生成暂估冲回凭证"选项

④暂估冲回凭证生成方式：单到冲回

3. 建立用户并为用户授权（表 2110-1）

表 2110-1

用户名	认证方式	用户组	权限
[学生名]	密码认证（不设密码）	Users（一般用户组）	授予所有权限

（二）设置基础资料（20 分）

（1）增加凭证字为"记"字。

（2）增加计量单位组及相应组的计量单位（表 2110-2）。

表 2110-2

计量单位组	代码	计量单位名称	系数
数量组（01）	A	个	1
	X	箱	100

（3）新增"部门"资料（表 2110-3）。

表 2110-3

代码	名称
01	财务部
02	采购部
03	销售部
04	生产部
05	仓管部
06	一车间
07	二车间

（4）新增"职员"资料（表 2110-4）。

表 2110-4

代码	姓名	部门
01	张琪	财务部
02	王冰	采购部
03	李好	销售部
04	赵娜	生产部
05	刘丽	仓管部
06	陈小	一车间
07	吴森	二车间

（5）新增"供应商"资料（表 2110-5）。

表 2110-5

代码	名称
01	环球塑料厂
02	生生电子有限公司
03	发展电子公司

(6)新增"客户"资料(表 2110-6)。

表 2110-6

代码	名称
01	广大电子超市
02	天天电脑城

(7)新增"仓库"资料(表 2110-7)。

表 2110-7

代码	名称	仓库类型
01	原材料仓	普通仓
02	半成品仓	普通仓
03	产成品仓	普通仓
04	赠品仓	赠品仓
05	代管仓	代管仓

(8)新增"物料"资料(表 2110-8)。

表 2110-8

代码	名称	物料属性	计量单位	计价方法	存货科目	销售收入	销售成本
01	原材料						
01.01	芯片	外购	个	加权平均	1211	5102	5405
01.02	外壳	外购	个	加权平均	1211	5102	5405
01.03	液晶板	外购	个	加权平均	1211	5102	5405
02	半成品						
02.01	触摸屏	自制	个	加权平均	1243	5101	5401
03	产成品						
03.01	Phone 手机	自制	个	加权平均	1243	5101	5401

(三)录入初始余额(5 分)

(1)该账套各项初始余额数据均为 0。

(2)结束初始化,开始日常业务处理。

(四)日常业务处理(50 分)

特别提醒:单据中没有指明的主管、负责人等信息可以随机填写,不作为考核内容。

(1)新增 3.01 产成品 Phone 手机的 BOM 结构。如图 2110-1 所示:

(2)2012 年 1 月 20 日,广大电子超市向销售部业务员李好订购 Phone 手机 1000 个,单价(含税)2000 元。

(3)2012 年 1 月 21 日,生产部赵娜根据 1000 个 Phone 手机的销售订单进行主生产计划(MPS)和物料需求计划(MRP),然后根据物料清单向采购部提出原料采购申请。其中 MPS

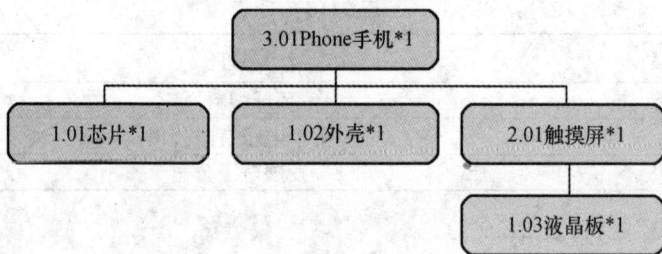

图 2110-1   Phone 手机的 BOM 结构

计划和 MRP 计划的参数设置为:

①计划展望期的时区个数为 10,各时区天数为 1;

②计划方案均采用 MTO(SYS),按需求设置投放参数,其他参数均按默认设置。

(4)2012 年 1 月 22 日,采购部业务员王冰向供应商生生电子有限公司订购芯片 1000 个,单价(含税)800 元,同日通知仓管部刘丽收货,1 月 23 日货到,入原料仓,同日采购发票到财务部张琪处。

(5)2012 年 1 月 22 日,采购部业务员王冰向供应商环球塑料厂订购外壳 1000 个,单价(含税)80 元,同日通知仓管部刘丽收货,1 月 23 日到货 500 个,入原材料仓,1 月 25 日到货 500 个,入原材料仓。同日,采购发票到财务部张琪处。

(6)2012 年 1 月 22 日,采购部业务员王冰向供应商发展电子公司订购液晶板 1000 个,单价(含税)200 元,同日通知仓管部刘丽收货,1 月 23 日货到,入原料仓,同日采购发票到财务部张琪处。

(7)2012 年 1 月 23 日,一车间陈小到原材料仓领用液晶板 1000 个,仓管部刘丽发货。

(8)2012 年 1 月 26 日,一车间陈小将加工完成的触摸屏 1000 个送回半成品仓,仓管部刘丽验收入库。同日,二车间吴森到到半成品仓领用触摸屏 1000 个,仓管部刘丽发货。

(9)2012 年 1 月 27 日,二车间吴森将组装完成后的 Phone 手机 1000 个送回产成品仓,仓管部刘丽验收入库。

(10)2012 年 1 月 28 日,仓管部刘丽向广大电子超市发运 Phone 手机 1000 个。

(11)2012 年 1 月 28 日,财务部张琪向广大电子超市开出销售发票,发票金额同销售订单。

(12)2012 年 1 月 30 日,公司进行本月存货核算,请根据本月业务,进行外购入库核算,将所有外购入库单与采购发票进行勾稽,最终生成本期外购入库业务的凭证。

(五)职业素养(10 分)

(1)操作符合操作规程,场地整洁,举止文明,遵守规则。

(2)文档命名规范,格式规范,内容完整,表达清晰,无错别字。

四、项目注意事项

(1)文件存取路径说明:

考题文件夹:F:\CIMT\学校_姓名_身份证号\

素材文件夹:F:\CIMT\学校_姓名_身份证号\素材\

答题文件夹:F:\CIMT\学校_姓名_身份证号\答题\

(2)测试方式:上机操作。

(3)测试时间:120 分钟。

(4)账套号及账套名务必按要求方式命名。

(5)按要求完成各项系统维护任务。

项目52 MET公司ERP系统的实施

一、项目题库编号及名称

2-1-14,MET公司ERP系统的实施

二、企业及ERP系统简介

1. 企业基本情况描述

MET公司是一个以五金机械生产加工为主的企业。公司于2011年底购买了一套ERP系统,其中包括:总账、报表、应收、应付、采购管理、销售管理、生产管理、仓库管理等模块。公司准备在2012年1月启用该ERP系统,在进行期初设置和基础数据的录入之后,启用各业务系统,从而进行企业各项业务的处理。

2. ERP系统实施描述

MET公司实施ERP系统的过程主要分为以下5步:

(1)建立一个新的账套,并启用账套;

(2)建立用户并给用户授予相应权限;

(3)账套期初设置及基础数据录入;

(4)账套结束初始化;

(5)各模块日常业务开始,处理企业各项事务。

三、操作内容及要求

(一)建立并启用账套(15分)

1. 建立并启用账套

(1)账套号:[学生座位号]

(2)账套名:[学生座位号]+[学生名]

(3)账套类型:标准供应链解决方案

(4)公司名称:[学生座位号]MET股份有限公司

(5)记账本位币:人民币货币代码:RMB

(6)账套启用期间:2012年01月01日

(7)会计期间:自然年度会计期间

2. 设置账套参数

(1)从模板中引入会计科目(企业会计制度)

(2)设置核算参数

启用年度:2012年　　启用期间:第1期

核算方式:数量、金额核算

库存更新控制:单据审核后更新

门店模块设置:不启用门店管理

工厂日历:周六、周日为休息日

(3)系统设置

1)单据编码规则(按系统默认设置)

2)其他:

①审核人与制单人为同一人（系统默认）

②去掉"若应收应付系统未结束初始化,则业务系统发票不允许保存"的"√"

③"√"上"外购入库生成暂估冲回凭证"选项

④暂估冲回凭证生成方式:单到冲回

3. 建立用户并为用户授权(表 2114-1)

表 2114-1

用户名	认证方式	用户组	权限
[学生名]	密码认证(不设密码)	Users(一般用户组)	授予所有权限

(二)设置基础资料(20 分)

(1)增加凭证字为"记"字。

(2)增加计量单位组及相应组的计量单位(表 2114-2)。

表 2114-2

计量单位组	代码	计量单位名称	系数
数量组(01)	A	个	1
	X	箱	50
重量组(02)	G	克	1
	KG	千克	1000

(3)新增"部门"资料(表 2114-3)。

表 2114-3

代码	名称
01	财务部
02	采购部
03	销售部
04	生产部
05	仓管部
06	一车间
07	二车间

(4)新增"职员"资料(表 2114-4)。

表 2114-4

代码	姓名	部门
01	张琪	财务部
02	王冰	采购部
03	李好	销售部
04	赵娜	生产部
05	刘丽	仓管部
06	陈小	一车间
07	吴森	二车间

(5)新增"供应商"资料(表 2114-5)。

表 2114-5

代码	名称
01	环球塑料厂
02	生生公司
03	创发公司

(6)新增"客户"资料(表 2114-6)。

表 2114-6

代码	名称
01	宝贝母婴连锁店
02	天天超市

(7)新增"仓库"资料(表 2114-7)。

表 2114-7

代码	名称	仓库类型
01	原材料仓	普通仓
02	半成品仓	普通仓
03	产成品仓	普通仓
04	赠品仓	赠品仓
05	代管仓	代管仓

(8)新增"物料"资料(表 2114-8)。

表 2114-8

代码	名称	物料属性	计量单位	计价方法	存货科目	销售收入	销售成本
01	原材料						
01.01	铝合金锭	外购	千克	加权平均	1211	5102	5405
01.02	塑料	外购	千克	加权平均	1211	5102	5405
02	半成品						
02.01	脚踏板	自制	个	加权平均	1243	5101	5401
02.02	支撑架	自制	个	加权平均	1243	5101	5401
02.03	车轮	自制	个	加权平均	1243	5101	5401
03	产成品						
03.01	滑板车	自制	个	加权平均	1243	5101	5401

(三)录入初始余额(5 分)

(1)该账套各项初始余额数据均为 0。

(2)结束初始化,开始日常业务处理。

(四)日常业务处理(50 分)

特别提醒:单据中没有指明的主管、负责人等信息可以随机填写,不作为考核内容。

(1)新增 3.01 产成品滑板车的 BOM 结构。如图 2114-1 所示:

(2)2012 年 1 月 2 日,宝贝母婴连锁店向销售部业务员李好订购滑板车 50 个,单价(含税)70 元。

(3)2012 年 1 月 3 日,生产部赵娜根据 50 个滑板车的销售订单进行主生产计划(MPS)

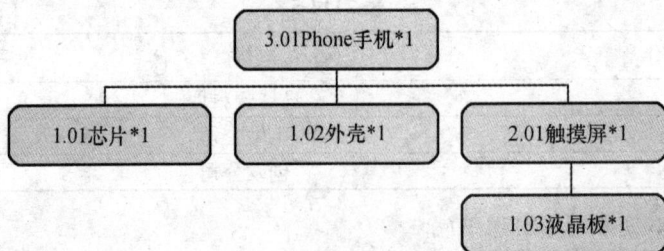

图 2114-1 滑板车的 BOM 结构

和物料需求计划（MRP），然后根据物料清单向采购部提出原料采购申请。其中 MPS 计划和 MRP 计划的参数设置为：

①计划展望期的时区个数为 10，各时区天数为 1；

②计划方案均采用 MTO(SYS)，按需求设置投放参数，其他参数均按默认设置。

(4)2012 年 1 月 4 日，采购部业务员王冰向供应商环球塑料厂订购塑料 50 千克，单价（含税）5 元，同日通知仓管部刘丽收货，1 月 5 日货到，入原料仓，同日采购发票到财务部张琪处。

(5)2012 年 1 月 4 日，采购部业务员王冰向供应商生生公司订购铝合金锭 125 千克，单价（含税）15 元，同日通知仓管部刘丽收货，1 月 5 日货到入原材料仓，另赠送铝合金锭 5 千克入赠品仓。1 月 6 日采购发票到财务部张琪处。

(6)2012 年 1 月 7 日，一车间陈小到原材料仓领用铝合金锭 125 千克，塑料 50 千克，仓管部刘丽发货。

(7)2012 年 1 月 9 日，一车间陈小将加工完成的脚踏板、支撑架、车轮各 50 个送回半成品仓，仓管部刘丽验收入库。

(8)2012 年 1 月 10 日，二车间吴森到到半成品仓领用脚踏板、支撑架、车轮各 50 个，仓管部刘丽发货。

(9)2012 年 1 月 11 日，二车间吴森将组装完成后的滑板车 50 个送回产成品仓，仓管部刘丽验收入库。

(10)2012 年 1 月 12 日，仓管部刘丽向宝贝母婴连锁店发运滑板车 50 个。

(11)2012 年 1 月 13 日，财务部张琪向宝贝母婴连锁店开出销售发票，发票金额同销售订单。

(12)2012 年 1 月 30 日，公司进行本月存货核算，请根据本月业务，进行外购入库核算，将所有外购入库单与采购发票进行勾稽，最终生成本期外购入库业务的凭证。

（五）职业素养（10 分）

(1)操作符合操作规程，场地整洁，举止文明，遵守规则。

(2)文档命名规范，格式规范，内容完整，表达清晰，无错别字。

四、项目注意事项

(1)文件存取路径说明：

考题文件夹：F:\CIMT\学校_姓名_身份证号\

素材文件夹：F:\CIMT\学校_姓名_身份证号\素材\

答题文件夹：F:\CIMT\学校_姓名_身份证号\答题\

(2)测试方式：上机操作。

(3)测试时间:120 分钟。

(4)账套号及账套名务必按要求方式命名。

(5)按要求完成各项系统维护任务。

项目 53　BOBO 公司 ERP 系统的实施

一、项目题库编号及名称

2-1-16,BOBO 公司 ERP 系统的实施

二、企业及 ERP 系统简介

1. 企业基本情况描述

BOBO 公司是一个以家具生产和销售为主的股份制企业。公司于 2011 年底购买了一套 ERP 系统,其中包括:总账、报表、应收、应付、采购管理、销售管理、生产管理、仓库管理等模块。公司准备在 2012 年 1 月启用该 ERP 系统,在进行期初设置和基础数据的录入之后,启用各业务系统,从而进行企业各项业务的处理。

2. ERP 系统实施描述

BOBO 公司实施 ERP 系统的过程主要分为以下 5 步:

(1)建立一个新的账套,并启用账套;

(2)建立用户并给用户授予相应权限;

(3)账套期初设置及基础数据录入;

(4)账套结束初始化;

(5)各模块日常业务开始,处理企业各项事务。

三、操作内容及要求

(一)建立并启用账套(15 分)

1. 建立并启用账套

(1)账套号:[学生座位号]

(2)账套名:[学生座位号]+[学生名]

(3)账套类型:标准供应链解决方案

(4)数据库实体:[学生座位号]+姓名

(5)数据库文件路径:考生文件夹

(6)数据库日志文件路径:考生文件夹

(7)公司名称:[学生座位号]BOBO 股份有限公司

(8)记账本位币:人民币货币代码:RMB

(9)账套启用期间:2012 年 01 月 01 日

(10)会计期间:自然年度会计期间

2. 设置账套参数

(1)从模板中引入会计科目(企业会计制度)

(2)设置核算参数

启用年度:2012 年　　启用期间:第 1 期

核算方式:数量、金额核算

库存更新控制:单据审核后更新

门店模块设置:不启用门店管理

工厂日历:周六、周日为休息日

(3)系统设置

1)单据编码规则(按系统默认设置)

2)其他:

①审核人与制单人为同一人(系统默认)

②去掉"若应收应付系统未结束初始化,则业务系统发票不允许保存"的"√"

③"√"上"外购入库生成暂估冲回凭证"选项

④暂估冲回凭证生成方式:单到冲回

3. 建立用户并为用户授权(表2116-1)

表 2116-1

用户名	认证方式	用户组	权限
[学生名]	密码认证(不设密码)	Users(一般用户组)	授予所有权限

(二)设置基础资料(20 分)

(1)增加凭证字为"记"字。

(2)增加计量单位组及相应组的计量单位(表2116-2)。

表 2116-2

计量单位组	代码	计量单位名称	系数
数量组(01)	A	个	1
	J	件	10
重量组(02)	G	克	1
	KG	千克	1000
数量组(03)	B	把	1

(3)新增"部门"资料(表2116-3)。

表 2116-3

代码	名称
01	财务部
02	采购部
03	销售部
04	生产部
05	仓管部
06	一车间
07	二车间

(4)新增"职员"资料(表2116-4)。

表 2116-4

代码	姓名	部门
01	刘琪	财务部
02	张宇	采购部
03	李彬	销售部
04	赵娜	生产部
05	刘丽	仓管部
06	陈光	一车间
07	吴森	二车间

(5)新增"供应商"资料(表2116-5)。

表 2116-5

代码	名称
01	腾飞公司
02	遨游公司
03	搜狐公司

(6)新增"客户"资料(表2116-6)。

表 2116-6

代码	名称
01	天马行空有限公司
02	明磊股份有限公司

(7)新增"仓库"资料(表2116-7)。

表 2116-7

代码	名称	仓库类型
01	原材料仓	普通仓
02	半成品仓	普通仓
03	产成品仓	普通仓
04	赠品仓	赠品仓
05	代管仓	代管仓

(8)新增"物料"资料(表2116-8)。

表 2116-8

代码	名称	物料属性	计量单位	计价方法	存货科目	销售收入	销售成本
01				原材料			
01.01	羊绒	外购	千克	加权平均	1211	5102	5405
01.02	人造纤维	外购	千克	加权平均	1211	5102	5405
01.03	绒布	外购	千克	加权平均	1211	5102	5405
01.04	彩线	外购	克	加权平均	1211	5102	5405
02				半成品			
02.01	椅套	自制	个	加权平均	1243	5101	5401
02.02	办公座椅	委外加工	把	加权平均	1243	5101	5401
03				产成品			
03.01	办公座椅	自制	个	加权平均	1243	5101	5401
03.02	高档办公座椅	自制	个	加权平均	1243	5101	5401

(三)系统初始化(5分)

(1)在原材料仓中录入初始数据(其他物料初始余额为0)。

表 2116-9

代码	名称	本年累计收入数量	本年累计收入金额	本年累计发出数量	本年累计发出金额	期初数量	期初金额
02.02	办公座椅	100	1000	50	1000	1500	120000

(2)结束初始化。

结束初始化工作,开始日常业务处理。

(四)日常业务处理(50分)

特别提醒:单据中没有指明的主管、负责人等信息可以随机填写,不作为考核内容。

(1)新增3.02高档办公座椅的BOM结构。如图2116-1所示:

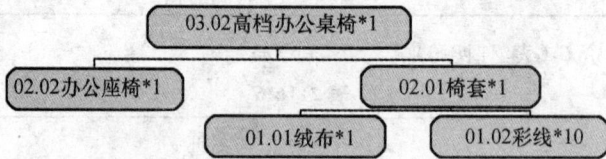

图 2116-1　办公座椅的 BOM 结构

(2)2012年1月7日,明磊股份有限公司向销售部业务员李彬订高档办公座椅1000个,单价(含税)800元,明磊股份公司由于某些特殊原因未能在1月份开具发票。

(3)2012年1月8日,生产部赵娜根据1000个高档办公座椅的销售订单进行主生产计划(MPS)和物料需求计划(MRP),然后根据物料清单向采购部提出原料采购申请,同时投放生成生产任务单。(提醒:计划方案维护时投放参数视情况自行拟定)

其中MPS计划和MRP计划的参数设置为:

①计划展望期的时区个数为10,各时区天数为1;

②计划方案均采用MTO(SYS),按需求设置投放参数,其他参数均按默认设置。

(4)2012年1月9日,采购部业务员张宇向供应商腾飞公司订购如下原材料:

①羊绒350千克,单价(含税)12元,同日通知仓管部刘丽收货,1月9日货到,入原料仓,同日采购发票到财务部刘琪处。

②绒布500千克,单价(含税)10元,同日通知仓管部刘丽收货,1月9日采购发票到财务部刘琪处,1月9日货到,入原材料仓。

③彩线10000克,单价1元,同日通知仓管部刘丽收货,1月9日货到,入原材料仓,采购发票下月开出。

(5)2012年1月10日,采购部业务员张宇向腾飞公司订购羊绒150千克,单价(含税)12元,绒布500千克,单价(含税)10元,同日仓管部刘丽收货,入原材料仓。

(6)2012年1月12日,一车间陈光到原材料仓领用普通绒布1000千克,彩线10000克,羊绒500千克,仓管部刘丽发货。

(7)2012年1月13日,一车间陈光将加工完成的椅套1000个送回半成品仓,成本价为100元,仓管部刘丽验收入库。

(8)2012年1月14日,到半成品仓领用普通椅套1000个,仓管部刘丽发货。

(9)2012年1月15日,二车间吴森将生产完成后的高档办公座椅1000个送回产成品仓,仓管部刘丽验收入库。

(10)2012年1月15日,仓管部刘丽向明磊股份有限公司发运高档办公座椅1000个,单价1000元。并开销售发票。

(11)2012年1月30日,公司进行本月存货核算,请根据本月业务,进行外购入库核算,将所有外购入库单与采购发票进行勾稽,最终生成本期外购入库业务的凭证。

(12)对生成的凭证进行审核、过账处理。

（五）职业素养（10 分）

（1）操作符合操作规程，场地整洁，举止文明，遵守规则。

（2）文档命名规范，格式规范，内容完整，表达清晰，无错别字。

四、项目注意事项

（1）文件存取路径说明：

考题文件夹：F:\CIMT\学校_姓名_身份证号\

素材文件夹：F:\CIMT\学校_姓名_身份证号\素材\

答题文件夹：F:\CIMT\学校_姓名_身份证号\答题\

（2）测试方式：上机操作。

（3）测试时间：120 分钟。

（4）账套号及账套名务必按要求方式命名。

（5）按要求完成各项系统维护任务。

项目 54 APPLE 公司 ERP 系统的实施

一、项目题库编号及名称

2-1-18，APPLE 公司 ERP 系统的实施

二、企业及 ERP 系统简介

1. 企业基本情况描述

APPLE 公司是一个以创意相框生产和销售为主的企业。公司于 2011 年底购买了一套 ERP 系统，其中包括：总账、报表、应收、应付、采购管理、销售管理、生产管理、仓库管理等模块。公司准备在 2012 年 1 月启用该 ERP 系统，在进行期初设置和基础数据的录入之后，启用各业务系统，从而进行企业各项业务的处理。

2. ERP 系统实施描述

APPLE 公司实施 ERP 系统的过程主要分为以下 5 步：

（1）建立一个新的账套，并启用账套；

（2）建立用户并给用户授予相应权限；

（3）账套期初设置及基础数据录入；

（4）账套结束初始化；

（5）各模块日常业务开始，处理企业各项事务。

三、操作内容及要求

（一）建立并启用账套（15 分）

1. 建立并启用账套

（1）账套号：[学生座位号]

（2）账套名：[学生座位号]+[学生名]

（3）账套类型：标准供应链解决方案

（4）公司名称：[学生座位号] APPLE 股份有限公司

（5）记账本位币：人民币货币代码：RMB

（6）账套启用期间：2012 年 01 月 01 日

（7）会计期间：自然年度会计期间

2. 设置账套参数

(1)从模板中引入会计科目(企业会计制度)

(2)设置核算参数

启用年度:2012 年　　　启用期间:第 1 期

核算方式:数量、金额核算

库存更新控制:单据审核后更新

门店模块设置:不启用门店管理

工厂日历:周六、周日为休息日

(3)系统设置

1)单据编码规则(按系统默认设置)

2)其他:

①审核人与制单人为同一人(系统默认)

②去掉"若应收应付系统未结束初始化,则业务系统发票不允许保存"的"√"

③"√"上"外购入库生成暂估冲回凭证"选项

④暂估冲回凭证生成方式:单到冲回

3. 建立用户并为用户授权(表 2118-1)

表 2118-1

用户名	认证方式	用户组	权限
[学生名]	密码认证(不设密码)	Users(一般用户组)	授予所有权限

(二)设置基础资料(20 分)

(1)增加凭证字为"记"字。

(2)增加计量单位组及相应组的计量单位(表 2118-2)。

表 2118-2

计量单位组	代码	计量单位名称	系数
数量组(01)	P	片	1
	H	盒	100
重量组(02)	G	克	1
	KG	千克	1000

(3)新增"部门"资料(表 2118-3)。

表 2118-3

代码	名称
01	财务部
02	采购部
03	销售部
04	生产部
05	仓管部
06	一车间
07	二车间

(4)新增"职员"资料(表 2118-4)。

表 2118-4

代码	姓名	部门
01	刘琪	财务部
02	张宇	采购部
03	李彬	销售部
04	赵娜	生产部
05	刘丽	仓管部
06	陈光	一车间
07	吴森	二车间

（5）新增"供应商"资料（表 2118-5）。

表 2118-5

代码	名称
01	GLOBA 塑料厂
02	环宇玻璃生产厂
03	创发公司

（6）新增"客户"资料（表 2118-6）。

表 2118-6

代码	名称
01	创意有限公司
02	天天集团

（7）新增"仓库"资料（表 2118-7）。

表 2118-7

代码	名称	仓库类型
01	原材料仓	普通仓
02	半成品仓	普通仓
03	产成品仓	普通仓
04	赠品仓	赠品仓
05	代管仓	代管仓

（8）新增"物料"资料（表 2118-8）。

表 2118-8

代码	名称	物料属性	计量单位	计价方法	存货科目	销售收入	销售成本
01	原材料						
01.01	PC 塑料	外购	千克	加权平均	1211	5102	5405
01.02	玻璃板	外购	片	加权平均	1211	5102	5405
02	半成品						
02.01	支架	自制	个	加权平均	1243	5101	5401
02.02	框体	自制	个	加权平均	1243	5101	5401
02.03	框面	自制	个	加权平均	1243	5101	5401
03	产成品						
03.01	创意相框	自制	个	加权平均	1243	5101	5401

（三）系统初始化(5分)

(1)该账套各项初始余额数据均为0。

(2)结束初始化工作,开始日常业务处理。

（四）日常业务处理(50分)

特别提醒:单据中没有指明的主管、负责人等信息可以随机填写,不作为考核内容。

(1)新增3.01产成品创意相框的BOM结构。如图2118-1所示:

(2) 2012年1月2日,APPLE公司接受了一项受托加工业务,为创意有限公司受托加工一批成品创意相框。成品创意相框主要由原材料支架、框体、框面三种半成品加工而成。半成品支架、框体、框面由创意有限公司自己提供。

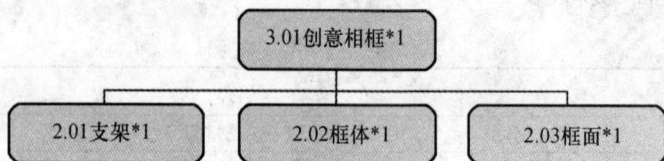

图 2118-1　创意相框的 BOM 结构

(3)2012年1月3日,半成品支架100个、框体100个、框面100个,由创意有限公司发货入到公司的代管仓,刘丽收货.

(4) 2012年1月3日,生产部赵娜赵娜向一车间陈光发出来源于创意有限公司受托加工生产类型的生产任务单,创意相框产品数量为100个。

(5)2012年1月4日,一车间陈光到代管仓领用支架、框体、框面各100个,仓管部刘丽发货。

(6)2012年1月15日,受托加工完工100个并由仓管部刘丽验收入库,成本价定为6元。

(7)2012年1月16日,将已经受托加工完工的100个成品创意相框交付给创意有限公司,单价10元。

(8) 2012年1月18日,财务部刘琪向创意有限公司开出销售发票,发票金额1000元。

(9)经财务结算,在加工创意相框过程的加工费为500元。

(10)2012年1月30日,公司进行本月存货核算,请根据本月业务,进行产品出库核算,相关单据进行勾稽,最终生成本期受托产品出库业务的凭证。

(11)对生成的凭证进行审核、过账处理。

（五）职业素养(10分)

(1)操作符合操作规程,场地整洁,举止文明,遵守规则。

(2)文档命名规范,格式规范,内容完整,表达清晰,无错别字。

四、项目注意事项

(1)文件存取路径说明:

考题文件夹:F:\CIMT\学校_姓名_身份证号\

素材文件夹:F:\CIMT\学校_姓名_身份证号\素材\

答题文件夹:F:\CIMT\学校_姓名_身份证号\答题\

(2)测试方式:上机操作。

(3)测试时间:120分钟。

(4)账套号及账套名务必按要求方式命名。

(5)按要求完成各项系统维护任务。

项目 55　HSB 公司 ERP 系统的实施

一、项目题库编号及名称

2-1-20,HSB 公司 ERP 系统的实施

二、企业及 ERP 系统简介

1. 企业基本情况描述

HSB 公司是一个以自行车生产和销售为主的企业。公司于 2012 年初购买了一套 ERP 系统,其中包括:总账、报表、应收、应付、采购管理、销售管理、生产管理、仓库管理等模块。公司准备在 2012 年 7 月启用该 ERP 系统,在进行期初设置和基础数据的录入之后,启用各业务系统,从而进行企业各项业务的处理。

2.ERP 系统实施描述

HSB 公司实施 ERP 系统的过程主要分为以下 5 步:

(1)建立一个新的账套,并启用账套;

(2)建立用户并给用户授予相应权限;

(3)账套期初设置及基础数据录入;

(4)账套结束初始化;

(5)各模块日常业务开始,处理企业各项事务。

三、操作内容及要求

(一)建立并启用账套(15 分)

1. 建立并启用账套

(1)账套号:[学生座位号]

(2)账套名称:[学生座位号]+[学生名]

(3)账套类型:标准供发顺丰应链解决方案

(4)数据库文件路径:默认

(5)数据库日记文件路径:默认

(6)系统账号为 SQL Server 身份验证密码为空,其余为系统默认

(7)公司名称:[学生座位号]HSB 股份有限公司

(8)记账本位币:人民币货币代码:RMB

(9)账套启用期间:2012 年 07 月 01 日

会计期间:自然年度会计期间

2. 设置账套参数

(1)从模板中引入会计科目(企业会计制度)

(2)设置核算参数

启用年度:2012 年　　启用期间:第 7 期

核算方式:数量、金额核算

库存更新控制:单据审核后更新

门店模块设置:不启用门店管理

工厂日历:周六、周日为休息日

(3)系统设置

1)单据编码规则(按系统默认设置)

2)其他:

①审核人与制单人为同一人(系统默认)

②去掉"若应收应付系统未结束初始化,则业务系统发票不允许保存"的"√"

③"√"上"外购入库生成暂估冲回凭证"选项

④暂估冲回凭证生成方式:单到冲回

3. 建立用户并为用户授权(表2120-1)

表 2120-1

用户名	认证方式	用户组	权限
[学生名]	密码认证(不设密码)	Users(一般用户组)	授予所有权限

(二)设置基础资料(20 分)

(1)增加凭证字为"记"字。

(2)增加计量单位组及相应组的计量单位(表2120-2)。

表 2120-2

计量单位组	代码	计量单位名称	系数
数量组(01)	A	个	1
	B	辆	30

(3)新增"部门"资料(表2120-3)。

表 2120-3

代码	名称
01	财务部
02	采购部
03	销售部
04	生产部
05	仓管部
06	组装车间
07	生产车间

(4)新增"职员"资料(表2120-4)。

表 2120-4

代码	姓名	部门
01	李勇	财务部
02	李丹	采购部
03	刘宇	销售部
04	赵斌	生产部
05	刘小丽	仓管部
06	陈光春	组装车间
07	吴森森	生产车间

(5)新增"供应商"资料(表 2120-5)。

表 2120-5

代码	名称
01	长沙钢材厂
02	美才公司
03	西口公司
04	德邦物流
05	GLOBA 公司

(6)新增"客户"资料(表 2120-6)。

表 2120-6

代码	名称
01	长沙自行车店
02	家润多超市

(7)新增"仓库"资料(表 2120-7)。

表 2120-7

代码	名称	仓库类型
01	原材料仓	普通仓
02	半成品仓	普通仓
03	产成品仓	普通仓
04	赠品仓	赠品仓
05	代管仓	代管仓

(8)新增"物料"资料(表 2120-8)。

表 2120-8

代码	名称	物料属性	计量单位	计价方法	存货科目	销售收入	销售成本
01	原材料						
01.01	钢管	外购	根	加权平均	1211	5102	5405
01.02	轮圈	外购	个	加权平均	1211	5102	5405
01.03	轮胎	外购	个	加权平均	1211	5102	5405
01.04	辐条	外购	根	加权平均	1211	5102	5405
02	半成品						
02.01	车轮	自制	个	加权平均	1243	5101	5401
02.02	车把	自制	个	加权平均	1243	5101	5401
02.03	车架	自制	个	加权平均	1243	5101	5401
03	产成品						
03.01	自行车	自制	辆	加权平均	1243	5101	5401

(9)新增"费用"基础资料(表 2120-9)。

表 2120-9

代码	名称
01	运费
02	看管费

(三)系统初始化(5 分)

(1)该账套各项初始余额数据均为 0。

(2)结束初始化工作,开始日常业务处理。

(四)日常业务处理(50 分)

特别提醒:单据中没有指明的主管、负责人等信息可以随机填写,不作为检查内容。

(1)新增 3.01 产成品自形车的 BOM 结构。如图 2120-1 所示:

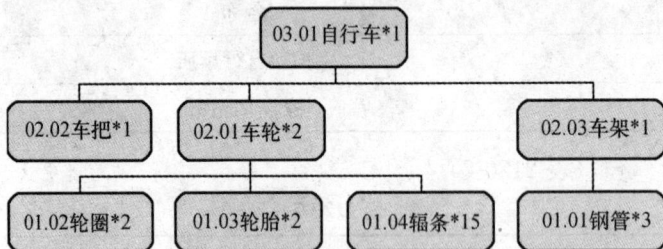

图 2120-1 自行车的 BOM 结构

(2)2012 年 7 月 2 日,家润多超市向销售部业务员刘宇订购自行车 20 辆,单价(含税)1000 元。

(3)2012 年 7 月 3 日,生产部赵斌根据 20 辆自行车的销售订单进行主生产计划(MPS)和物料需求计划(MRP),然后根据物料清单向采购部提出原料采购申请。(提醒:计划方案维护时投放参数视情况自行拟定)

其中 MPS 计划和 MRP 计划的参数设置为:

①计划展望期的时区个数为 10,各时区天数为 1;

②计划方案均采用 MTO(SYS),按需求设置投放参数,其它参数均按默认设置。

(4)2012 年 7 月 4 日,采购部业务员张宇向供应商 GLOBA 公司订购如下原材料:

①轮圈 40 个,单价(含税)30 元,同日通知仓管部刘小丽收货,7 月 5 日货到,入原料仓,同日采购发票到财务部李勇处。

②轮胎 40 个,单价(含税)15 元,同日通知仓管部刘小丽收货,7 月 5 日到货 20 个,入原材料仓,7 月 6 日采购发票到财务部李勇处,7 月 7 日到货 20 个,入原材料仓。

③钢管 60 根,单价 30 元,同日通知仓管部刘小丽收货,7 月 6 日货到,入原材料仓,采购发票下月开出。

④辐条 300 根,单价 3 元,同日通知仓管部刘小丽收货,7 月 8 日货到,入原材料仓,7 月 9 号开来 300 根的采购发票。

(5)2012 年 7 月 9 日,组装车间陈光春到原材料仓领用轮圈 40 个,轮胎 40 个,辐条 300 跟,仓管部刘小丽发货。

(6)2012 年 7 月 10 日,组装车间陈光春将加工完成的车轮 40 个送回半成品仓,仓管部刘小丽验收入库。

(7)2012 年 7 月 10 日,生产车间吴森森到原料仓领用钢管 60 根,仓管部刘小丽发货。

(8)2012 年 7 月 11 日,组装车间陈光春将加工完成的车架 20 个送回半成品仓,仓管部刘小丽验收入库。

(9)2012 年 7 月 12 日,生产车间吴森森到原料仓领用车架 20 个,到半成品仓领用车轮 40 个,车把 20 个,仓管部刘小丽发货。

(10)2012 年 7 月 11 日,生产车间吴森森将组装完成后的自行车 20 辆送回产成品仓,仓管部刘小丽验收入库。

(11)2012 年 7 月 12 日,仓管部刘小丽向家润多超市发运自行车 20 辆,同日,财务部李勇向家润多超市开出销售发票,发票金额同销售订单

(12)2012 年 7 月 30 日,公司进行本月存货核算,请根据本月业务,进行外购入库核算,将所有外购入库单与采购发票进行勾稽,最终生成本期外购入库业务的凭证。

(五)职业素养(10 分)

(1)操作符合操作规程,场地整洁,举止文明,遵守规则。

(2)文档命名规范,格式规范,内容完整,表达清晰,无错别字。

四、项目注意事项

(1)文件存取路径说明:

考题文件夹:F:\CIMT\学校_姓名_身份证号\

素材文件夹:F:\CIMT\学校_姓名_身份证号\素材\

答题文件夹:F:\CIMT\学校_姓名_身份证号\答题\

(2)测试方式:上机操作。

(3)测试时间:120 分钟。

(4)账套号及账套名务必按要求方式命名。

(5)按要求完成各项系统维护任务。

项目 56　BOS 公司 ERP 系统的实施

一、项目题库编号及名称

2-1-22,BOS 公司 ERP 系统实施

二、企业及 ERP 系统简介

1. 企业基本情况描述

BOS 有限公司是一家以采购销售服装为主的工业企业,公司拟定于 2012 年 3 月 1 日开始正式使用 ERP 财务、供应链系统进行会计核算,采购、销售及各类存货出入库业务,在供应链系统中启用采购管理、销售管理、仓存管理和存货系统进行核算与管理,涉及进出口模块处理。目前,BOLO 公司已在实施人员的协助下,根据企业实际情况完成了部分系统初始化工作。以下所有业务操作均使用 administrator 登录,以 morningstar 进行审核单据。

2. ERP 系统实施描述

BOS 公司实施 ERP 系统的过程主要分为以下 5 步:

(1)建立一个新的账套,并启用账套;

(2)建立用户并给用户授予相应权限;

(3)账套期初设置及基础数据录入;

(4)账套结束初始化;

(5)各模块日常业务开始,处理企业各项事务。

三、操作内容及要求

（一）建立并启用账套(10分)

1. 建立并启用账套

(1)账套号:[学生座位号]

(2)账套名称:[学生座位号]+[学生名]

(3)账套类型:标准供应链解决方案

(4)公司名称:[学生座位号]HSB股份有限公司

(5)数据库文件路径:默认

(6)数据库日志文件路径:默认

(7)系统账号为SQLserver身份验证为空,其余为默认

(8)记账本位币:人民币 货币代码:RMB

(9)启用期间:2012年3月

(10)会计期间:自然年度会计期间。

2. 设置账套参数

(1)从模板中引入会计科目(股份制企业会计科目)

(2)设置核算参数

启用年度:2012年　　启用期间:第3期

核算方式:数量、金额核算

库存更新控制:单据审核后更新

门店模块设置:不启用门店管理

工厂日历:周六、周日为休息日

(3)系统设置

1)单据编码规则(按系统默认设置)

2)其他:

①审核人与制单人为同一人(系统默认)

②去掉"若应收应付系统未结束初始化,则业务系统发票不允许保存"的"√"

③"√"上"外购入库生成暂估冲回凭证"选项

④ 暂估冲回凭证生成方式:单到冲回

3. 建立用户并为用户授权(表2122-1)

表 2122-1

用户名	认证方式	用户组	权限
[学生名]	密码认证(不设密码)	Users(一般用户组)	授予所有权限

（二）设置基础资料(20分)

(1)凭证字:增加凭证字为"记"字;

(2)单位:增加计量单位组"布料组",计量单位为"匹"并增加了计量单位组"服饰组"并增加计量单位"件";

(3)客户:依依不舍公司、剑虹公司;

(4)供应商:北京恒星布料公司 华夏公司;

（5）仓库：深圳仓（普通仓） 检验仓（待检仓）；

（6）部门：采购部、销售部、财务部、生产部、仓存部、质检部；

（7）职员：赵彩（采购部）、李肖（销售部）、张宏（财务部）、林保（仓存部）、王可（质检部）张一君（生产部）；

（8）物料（表2122-2）；

表 2122-2

代码	类别	名称	属性	计量单位	计价方法	存货科目	销售收入	销售成本
01	产品	T恤	外购	件	加权平均法	1243	5101	5401
03	原材料	布料	外购	匹	加权平均法	1121	5102	5405
04	产品	外套	自制	件	加权平均法	1243	5101	5401
05	产品	内衣	外购	件	加权平均法	1243	5101	5401

（9）进行供应链系统核算参数中设置为数量金额核算、审核时更新库存，不启用门店系统；

（10）录入库存初始化数据（表2122-3）。

表 2122-3

代码	名称	本年累计收入数量	本年累计收入金额	本年累计发出数量	本年累计发出金额	期初数量	期初金额
01	T恤	100	1000	50	1000	50	2500
02	外套	200	4000	100	1000	100	10000
03	布料	200	3000	150	1500	250	5000
04	内衣	200	4000	100	3000	100	2000

在存货核算系统选项中不勾择"生成外购入库暂估冲回凭证"参数，暂估差额选择"差额调整"方式。采购系统选项中"支持勾选部分钩稽"打钩。

注意：因为没有录入总账的相关数据，可能导致对账不平，请不要使用对账功能。

（三）系统初始化（5分）

（1）该账套各项初始余额数据均为0。

（2）结束初始化工作，开始日常业务处理。

（四）日常业务处理（50分）

特别提醒：单据中没有指明的主管、负责人等信息可以随机填写，不作为考核内容。

（1）采购部采购人员赵彩于2012年5月10日向恒星布料公司订购布料2000匹，单价1元（不含税价）。2012年5月15日货到，当日采购部门通知仓库入库，仓管人员林保经检验合格1800匹后入库（原材料仓）。200匹不合格的直接退货，未收到北京恒星公司开出的增值税发票。（提示：走质量管理检验流程，收料通知单/请检单需要录入待检仓）

（2）承接上面案例，5月20日发现检验疏忽，已经入库的布料1800匹需要退货800匹。

（3）5月21日，北京恒星公司补发了200匹布料由采购部赵彩收货。发票未开。

（4）依依不舍公司于2012年5月10日向销售部销售人员李肖订购外套30件，100匹布料，外套销售价150元（不含税），布料销售单价5元（不含税价）。2012年5月13日销售部通知仓库发货，同日仓库发货，销售部并开具销售发票。

（5）生产部张一君于2012年5月22日向仓库领用原材料布料600匹、于2012年5月

26 日入库产成品外套 300 件和 T 恤 200 件。(提示：无需做任务单，直接新增单据处理即可)

(6)企业本月共发生了 800 元采购运输费，按采购物料的金额分摊入物料的入库成本，并确定本月发生的外购物料的入库成本。

(7) 2012 年 5 月 30 日，进行外购入库核算和出库核算计算出发出材料的成本。

(8) 2012 年 6 月 5 日，北京恒星公司开了了 1200 匹布料的发票，单价为 2 元(不含税价)，由财务部接收。

(9)2012 年 6 月 30 日，公司进行本月存货核算，根据本月业务，分别进行外购入库核算、暂估入库核算、材料出库核算、产成品入库核算，最终生成本期物流业务的凭证。

(10)对生成的凭证进行审核、过账处理。

(五)职业素养(10 分)

(1)操作符合操作规程，场地整洁，举止文明，遵守规则。

(2)文档命名规范，格式规范，内容完整，表达清晰，无错别字。

四、项目注意事项

(1)文件存取路径说明：

考题文件夹：F:\CIMT\学校_姓名_身份证号\

素材文件夹：F:\CIMT\学校_姓名_身份证号\素材\

答题文件夹：F:\CIMT\学校_姓名_身份证号\答题\

(2)测试方式：上机操作。

(3)测试时间：120 分钟。

(4)账套号及账套名务必按要求方式命名。

(5)按要求完成各项系统维护任务。

项目 57　QIGAO 公司 ERP 系统的实施

一、项目题库编号及名称

2-1-25，QIGAO 公司 ERP 系统的实施

二、企业及 ERP 系统简介

1. 企业基本情况描述

QIGAO 公司是一家以阀门生产和销售为主的企业。公司于 2011 年底购买了一套 ERP 系统，其中包括：总账、报表、应收、应付、采购管理、销售管理、生产管理、仓库管理等模块。公司准备在 2012 年 1 月启用该 ERP 系统，在进行期初设置和基础数据的录入之后，启用各业务系统，从而进行企业各项业务的处理。

2.ERP 系统实施描述

QIGAO 公司实施 ERP 系统的过程主要分为以下 5 步：

(1)建立一个新的账套，并启用账套；

(2)建立用户并给用户授予相应权限；

(3)账套期初设置及基础数据录入；

(4)账套结束初始化；

(5)各模块日常业务开始，处理企业各项事务。

三、操作内容及要求

(一)建立并启用账套(15 分)

1. 建立并启用账套

(1)账套号:[学生座位号]

(2)账套名:[学生座位号]+[学生名]

(3)账套类型:标准供应链解决方案

(4)数据库实体:[学生座位号]+姓名

(5)数据库文件路径:考生文件夹

(6)数据库日志文件路径:考生文件夹

(7)公司名称:[学生座位号]QIGAO 股份有限公司

(8)记账本位币:人民币货币代码:RMB

(9)账套启用期间:2012 年 01 月 01 日

(10)会计期间:自然年度会计期间

2. 设置账套参数

(1)从模板中引入会计科目(企业会计制度)

(2)设置核算参数

启用年度:2012 年　　启用期间:第 1 期

核算方式:数量、金额核算

库存更新控制:单据审核后更新

门店模块设置:不启用门店管理

工厂日历:周六、周日为休息日

(3)系统设置

1)单据编码规则(按系统默认设置)

2)其他:

①审核人与制单人为同一人(系统默认)

②去掉"若应收应付系统未结束初始化,则业务系统发票不允许保存"的"√"

③"√"上"外购入库生成暂估冲回凭证"选项

④暂估冲回凭证生成方式:单到冲回

3. 建立用户并为用户授权(表 2125-1)

表 2125-1

用户名	认证方式	用户组	权限
[学生名]	密码认证(不设密码)	Users(一般用户组)	授予所有权限

(二)设置基础资料(20 分)

(1)增加凭证字为"记"字。

(2)增加计量单位组及相应组的计量单位(表 2125-2)。

表 2125-2

计量单位组	代码	计量单位名称	系数
数量组(01)	A	个	1
	X	箱	100

(3)新增"部门"资料(表2125-3)。

表 2125-3

代码	名称
01	财务部
02	采购部
03	销售部
04	生产部
05	仓管部
06	一车间
07	二车间

(4)新增"职员"资料(表2125-4)。

表 2125-4

代码	姓名	部门
01	刘远	财务部
02	张宾	采购部
03	李军	销售部
04	李娜	生产部
05	高华	仓管部
06	唐斌	一车间
07	刘丽	二车间

(5)新增"供应商"资料(表2125-5)。

表 2125-5

代码	名称
01	大明工厂
02	先科有限公司
03	大发公司

(6)新增"客户"资料(表2125-6)。

表 2125-6

代码	名称
01	诚信阀门超市
02	贝腾阀门城

(7)新增"仓库"资料(表2125-7)。

表 2125-7

代码	名称	仓库类型
01	原材料仓	普通仓
02	半成品仓	普通仓
03	产成品仓	普通仓
04	赠品仓	赠品仓
05	代管仓	代管仓

(8)新增"物料"资料(表 2125-8)。

表 2125-8

代码	名称	物料属性	计量单位	计价方法	存货科目	销售收入	销售成本
01	原材料						
01.01	螺母	外购	个	加权平均	1211	5102	5405
01.02	主杆	外购	个	加权平均	1211	5102	5405
01.03	阀柄	外购	个	加权平均	1211	5102	5405
02	半成品						
02.01	阀杆	自制	个	加权平均	1243	5101	5401
03	产成品						
03.01	球型阀门	自制	个	加权平均	1243	5101	5401

(三)系统初始化(5 分)

(1)该账套各项初始余额数据均为 0。

(2)结束初始化,开始日常业务处理。

(四)日常业务处理(50 分)

特别提醒:单据中没有指明的主管、负责人等信息可以随机填写,不作为检查内容。

(1)新增 3.01 产成品球型阀门的 BOM 结构。如图 2125-1 所示:

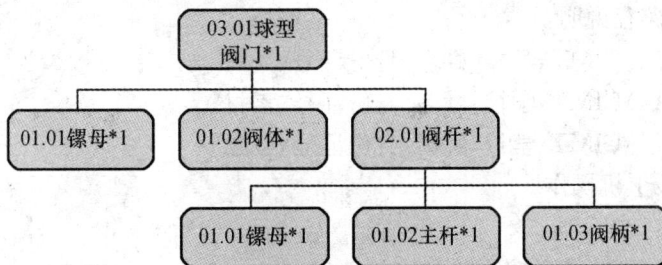

图 2125-1　球型阀门的 BOM 结构

(2)2012 年 1 月 20 日,诚信阀门超市向销售部业务员李军订购球型阀门 1000 个,单价(含税)2000 元。

(3)2012 年 1 月 21 日,生产部李娜根据 1000 个球型阀门的销售订单进行主生产计划(MPS)和物料需求计划(MRP),然后根据物料清单向采购部提出原料采购申请。其中 MPS 计划和 MRP 计划的参数设置为:(提醒:计划方案维护时投放参数视情况自行拟定)

其中 MPS 计划和 MRP 计划的参数设置为:

①计划展望期的时区个数为 10,各时区天数为 1;

②计划方案均采用 MTO(SYS),按需求设置投放参数,其他参数均按默认设置。

(4)2012 年 1 月 22 日,采购部业务员张宾向供应商先科有限公司订购螺母 1000 个,单价(含税)800 元,同日通知仓管部高华收货,1 月 23 日货到,入原料仓,同日采购发票到财务部刘远处。

(5)2012 年 1 月 22 日,采购部业务员张宾向供应商大明工厂订购主杆 1000 个,单价(含税)80 元,同日通知仓管部高华收货,1 月 23 日到货 500 个,入原材料仓,1 月 25 日到货 500 个,入原材料仓。同日,采购发票到财务部刘远处。

(6)2012 年 1 月 22 日,采购部业务员张宾向供应商大发公司订购阀柄 1000 个,单价(含税)200 元,同日通知仓管部高华收货,1 月 23 日货到,入原料仓,同日采购发票到财务部刘远处。

(7)2012 年 1 月 23 日,一车间唐斌到原材料仓领用阀柄 1000 个,仓管部高华发货。

(8)2012 年 1 月 26 日,一车间唐斌将加工完成的阀杆 1000 个送回半成品仓,仓管部高华验收入库。

(9)2012 年 1 月 26 日,二车间刘丽到到半成品仓领用阀杆 1000 个,仓管部高华发货。

(10)2012 年 1 月 27 日,二车间刘丽将组装完成后的球型阀门 1000 个送回产成品仓,仓管部高华验收入库。

(11)2012 年 1 月 28 日,仓管部高华向诚信阀门超市发运球型阀门 1000 个。同日,向诚信阀门超市开出销售发票,发票金额同销售订单。

(12)2012 年 1 月 30 日,公司进行本月存货核算,请根据本月业务,进行外购入库核算,将所有外购入库单与采购发票进行勾稽,最终生成本期外购入库业务的凭证。

(五)职业素养(10 分)

(1)操作符合操作规程,场地整洁,举止文明,遵守规则。

(2)文档命名规范,格式规范,内容完整,表达清晰,无错别字。

四、项目注意事项

(1)文件存取路径说明:

考题文件夹:F:\CIMT\学校_姓名_身份证号\

素材文件夹:F:\CIMT\学校_姓名_身份证号\素材\

答题文件夹:F:\CIMT\学校_姓名_身份证号\答题\

(2)测试方式:上机操作。

(3)测试时间:120 分钟。

(4)账套号及账套名务必按要求方式命名。

(5)按要求完成各项系统维护任务。

项目 58 GLOBA 公司 ERP 系统的实施

一、项目题库编号及名称

2-1-27,GLOBA 公司 ERP 系统的实施

二、企业及 ERP 系统简介

1. 企业基本情况描述

GLOBA 公司是一个以销售汽车模型玩具企业。公司于 2011 年底购买了一套 ERP 系统,其中包括:总账、报表、应收、应付、采购管理、销售管理、生产管理、仓库管理等模块。公

司准备在 2012 年 3 月启用该 ERP 系统,在进行期初设置和基础数据的录入之后,启用各业务系统,从而进行企业各项业务的处理。

2.ERP 系统实施描述

GLOBA 公司实施 ERP 系统的过程主要分为以下 5 步:

(1)建立一个新的账套,并启用账套;

(2)建立用户并给用户授予相应权限;

(3)账套期初设置及基础数据录入;

(4)账套结束初始化;

(5)各模块日常业务开始,处理企业各项事务。

三、操作内容及要求

(一)建立并启用账套(15 分)

1. 建立并启用账套

(1)账套号:[学生座位号]

(2)账套名:[学生座位号]+[学生名]

(3)账套类型:标准供应链解决方案

(4)数据库实体:[学生座位号]+姓名

(5)数据库文件路径:考生文件夹

(6)数据库日志文件路径:考生文件夹

(7)公司名称:[学生座位号]GLOBA 股份有限公司

(8)记账本位币:人民币货币代码:RMB

(9)账套启用期间:2012 年 03 月 01 日

(10)会计期间:自然年度会计期间

2. 设置账套参数

(1)从模板中引入会计科目(企业会计制度)

(2)设置核算参数

启用年度:2012 年　　启用期间:第 3 期

核算方式:数量、金额核算

库存更新控制:单据审核后更新

门店模块设置:不启用门店管理

工厂日历:周六、周日为休息日

(3)系统设置

1)单据编码规则(按系统默认设置)

2)其他:

①审核人与制单人为同一人(系统默认)

②去掉"若应收应付系统未结束初始化,则业务系统发票不允许保存"的"√"

③"√"上"外购入库生成暂估冲回凭证"选项

④暂估冲回凭证生成方式:月初一次冲回

3. 建立用户并为用户授权(表 2127-1)

表 2127-1

用户名	认证方式	用户组	权限
〔学生名〕	密码认证(不设密码)	Users(一般用户组)	授予所有权限

(二)设置基础资料(20分)

(1)增加凭证字为"记"字。

(2)增加计量单位组及相应组的计量单位(表2127-2)。

表 2127-2

计量单位组	代码	计量单位名称	系数
数量组(01)	01	个	1
	02	箱	50
重量组(02)	03	克	1
	04	千克	1000

(3)新增"部门"资料(表2127-3)。

表 2127-3

代码	名称
01	财务部
02	采购部
03	销售部
04	生产部
05	仓管部
06	一车间
07	二车间

(4)新增"职员"资料(表2127-4)。

表 2127-4

代码	姓名	部门
01	刘琪	财务部
02	张宇	采购部
03	李彬	销售部
04	赵娜	生产部
05	刘丽	仓管部
06	陈光	一车间
07	吴森	二车间

(5)新增"供应商"资料(表2127-5)。

表 2127-5

代码	名称
01	远发塑料厂
02	宇宙硅胶有限公司
03	奥拓公司

(6)新增"客户"资料(表2127-6)。

表 2127-6

代码	名称
01	流一连锁店
02	鼎盛超市

(7)新增"仓库"资料(表2127-7)。

表 2127-7

代码	名称	仓库类型
01	原材料仓	普通仓
02	半成品仓	普通仓
03	产成品仓	普通仓
04	赠品仓	赠品仓
05	代管仓	代管仓

(8)新增"物料"资料(表2127-8)。

表 2127-8

代码	名称	物料属性	计量单位	计价方法	存货科目	销售收入	销售成本
01	原材料						
01.01	PP塑料	外购	千克	加权平均	1211	5102	5405
01.02	硅胶	外购	千克	加权平均	1211	5102	5405
02	半成品						
02.01	轮胎	自制	个	加权平均	1243	5101	5401
02.02	车顶盖	自制	个	加权平均	1243	5101	5401
02.03	底板	自制	个	加权平均	1243	5101	5401
03	产成品						
03.01	汽车模型	自制	个	加权平均	1243	5101	5401

(三)录入初始余额(5分)

(1)该账套各项初始余额数据均为0。

(2)结束初始化工作,开始日常业务处理。

(四)日常业务处理(50分)

特别提醒:单据中没有指明的主管、负责人等信息可以随机填写,不作为考核内容

新增3.01产成品汽车模型的BOM结构。如图2127-1所示:

(2)2012年1月2日,流一连锁店向销售部业务员李彬订购汽车模型200个,单价(含税)20元。

(3)2012年1月3日,生产部赵娜根据200个汽车模型销售订单进行主生产计划(MPS)和物料需求计划(MRP),然后根据物料清单向采购部提出原料采购申请。(提醒:计划方案维护时投放参数视情况自行拟定)

其中MPS计划和MRP计划的参数设置为:

①计划展望期的时区个数为10,各时区天数为1;

②计划方案均采用MTO(SYS),按需求设置投放参数,其他参数均按默认设置。

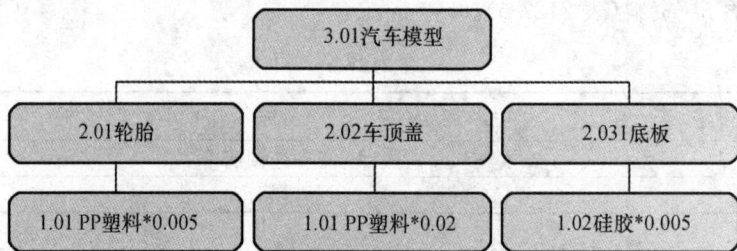

图 2127-1　汽车模型的 BOM 结构

(4)2012 年 1 月 4 日,采购部业务员张宇向供应商远发塑料厂订购 PP 塑料 50 千克,单价(含税)10 元,同日通知仓管部刘丽收货,1 月 5 日货到,入原料仓,同日采购发票到财务部刘琪处。

(5)2012 年 1 月 4 日,采购部业务员张宇向供应商宇宙硅胶有限公司订购硅胶 10 千克,单价(含税)50 元,同日通知仓管部刘丽收货,1 月 5 日货到入原材料仓,另赠送硅胶 1 千克入赠品仓。1 月 6 日采购发票到财务部刘琪处。

(6)2012 年 1 月 7 日,一车间陈光到原材料仓领用 PP 塑料 50 千克,硅胶 10 千克,仓管部刘丽发货。

(7)2012 年 1 月 9 日,一车间陈光将加工完成的车轮胎 800 个、车顶盖和底板各 200 个送回半成品仓,仓管部刘丽验收入库。

(8)2012 年 1 月 10 日,二车间吴森到到半成品仓领用车轮胎 800 个、车顶盖和底板各 200 个,仓管部刘丽发货。

(9) 2012 年 1 月 11 日,二车间吴森将组装完成后的汽车模型 200 个送回产成品仓,仓管部刘丽验收入库。

(10) 2012 年 1 月 12 日,仓管部刘丽向流一连锁店发运汽车模型 200 个。

(11) 2012 年 1 月 13 日,财务部刘琪向流一连锁店开出销售发票,发票金额同销售订单。

(12) 2012 年 1 月 30 日,公司进行本月存货核算,请根据本月业务,进行外购入库核算,将所有外购入库单与采购发票进行勾稽,最终生成本期外购入库业务的凭证。

(五)职业素养(10 分)

(1)操作符合操作规程,场地整洁,举止文明,遵守规则。

(2)文档命名规范,格式规范,内容完整,表达清晰,无错别字。

四、项目注意事项

(1)文件存取路径说明:

考题文件夹:F:\CIMT\学校_姓名_身份证号\

素材文件夹:F:\CIMT\学校_姓名_身份证号\素材\

答题文件夹:F:\CIMT\学校_姓名_身份证号\答题\

(2)测试方式:上机操作。

(3)测试时间:120 分钟。

(4)账套号及账套名务必按要求方式命名。

(5)按要求完成各项系统维护任务。

项目 59　DAHUA 公司 ERP 系统的实施

一、项目题库编号及名称

2-1-29,DAHUA 公司 ERP 系统的实施

二、企业及 ERP 系统简介

1. 企业基本情况描述

DAHUA 股份有限公司是一个以生产塑胶模具为主的制造企业。公司于 2011 年底购买了一套 ERP 系统,其中包括:总账、报表、应收、应付、采购管理、销售管理、生产管理、仓库管理等模块。公司准备在 2012 年 1 月启用该 ERP 系统,在进行期初设置和基础数据的录入之后,启用各业务系统,从而进行企业各项业务的处理。

2. ERP 系统实施描述

DAHUA 股份有限公司实施 ERP 系统的过程主要分为以下 5 步:

(1)建立一个新的账套,并启用账套;

(2)建立用户并给用户授予相应权限;

(3)账套期初设置及基础数据录入;

(4)账套结束初始化;

(5)各模块日常业务开始,处理企业各项事务。

三、操作内容及要求

(一)建立并启用账套(15 分)

1. 建立并启用账套

(1)账套号:[学生座位号]

(2)账套名:[学生座位号]+[学生名]

(3)账套类型:标准供应链解决方案

(4)数据库实体:[学生座位号]+姓名

(5)数据库文件路径:考生文件夹

(6)数据库日志文件路径:考生文件夹

(7)公司名称:[学生座位号] 大华股份有限公司

(8)记账本位币:人民币货币代码:RMB

(9)账套启用期间:2012 年 01 月 01 日

(10)会计期间:自然年度会计期间

2. 设置账套参数

(1)从模板中引入会计科目(企业会计制度)

(2)设置核算参数

启用年度:2012 年　　　启用期间:第 1 期

核算方式:数量、金额核算

库存更新控制:单据审核后更新

门店模块设置:不启用门店管理

工厂日历:周六、周日为休息日

(3)系统设置

1)单据编码规则(按系统默认设置)

2)其他：

①审核人与制单人为同一人（系统默认）

②去掉"若应收应付系统未结束初始化,则业务系统发票不允许保存"的"√"

③"√"上"外购入库生成暂估冲回凭证"选项

④暂估冲回凭证生成方式：单到冲回

3. 建立用户并为用户授权（表 2129-1）

表 2129-1

用户名	认证方式	用户组	权限
[学生名]	密码认证（不设密码）	Users（一般用户组）	授予所有权限

（二）设置基础资料（20 分）

（1）增加凭证字为"记"字。

（2）增加计量单位组及相应组的计量单位（表 2129-2）。

表 2129-2

计量单位组	代码	计量单位名称	系数
数量组（01）	A	个	1
	X	箱	100
重量组（02）	G	克	1
	KG	千克	1000

（3）新增"部门"资料（表 2129-3）。

表 2129-3

代码	名称
01	生产部
02	仓管部
03	销售部
04	财务部
05	采购部
06	一车间
07	二车间

（4）新增"职员"资料（表 2129-4）。

表 2129-4

代码	姓名	部门
01	罗淇	生产部
02	范冰	仓管部
03	陈好	销售部
04	李娜	财务部
05	刘洁	采购部
06	陈龙	一车间
07	吴哥	二车间

(5) 新增"供应商"资料(表2129-5)。

表 2129-5

代码	名称
01	默然生物塑胶厂
02	金色原野有限公司
03	阳光股份公司

(6) 新增"客户"资料(表2129-6)。

表 2129-6

代码	名称
01	朗科集团
02	杰森公司

(7) 新增"仓库"资料(表2129-7)。

表 2129-7

代码	名称	仓库类型
01	原材料仓	普通仓
02	半成品仓	普通仓
03	产成品仓	普通仓
04	赠品仓	赠品仓
05	代管仓	代管仓

(8) 新增"物料"资料(表2129-8)。

表 2129-8

代码	名称	物料属性	计量单位	计价方法	存货科目	销售收入	销售成本
01			原材料				
01.01	有机树脂	外购	千克	加权平均	1211	5102	5405
02			产成品				
02.01	生产模具	自制	个	加权平均	1243	5101	5401

(三)录入初始余额(5分)

(1)该账套各项初始余额数据均为0。

(2)结束初始化工作,开始日常业务处理。

(四)日常业务处理(50分)

特别提醒:单据中没有指明的主管、负责人等信息可以随机填写,不作为检查内容。

(1)新增3.01产成品生产模具的BOM结构。如图2129-1所示:

(2)2012年1月20日,朗科集团向销售部业务员陈好订购成产模具50个,单价(含税)400元。

(3)2012年1月21号,朗科集团由于业务量的扩大,临时向销售业务员陈好订购,想在原有签订的订单模具50个基础改成60个,并强调不想签订另一张销售订单。

(4)2012年1月22日,采购部业务员刘洁向供应商默然生物塑胶厂订购有机树酯24千克,单价(含税)50元,同日通知仓管部范冰收货,1月23日货到,入原料仓,同日采购发票到

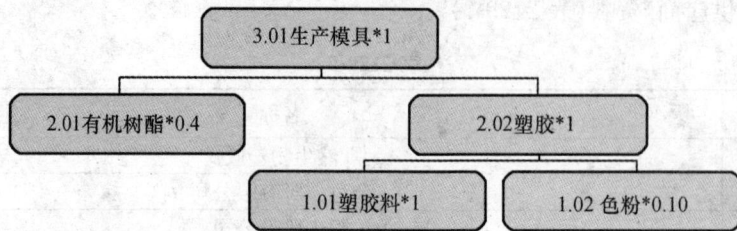

图 2129-1　生产模具的 BOM 结构

财务部罗琪处。

(5)2012 年 1 月 23 日,生产部李娜向一车间陈龙发出来源于朗科集团的 60 个成产模具产品的生产任务单。

(6)2012 年 1 月 23 日,一车间陈龙到原材料仓领用有机树酯 24 千克,仓管部范冰发货。

(7)2012 年 1 月 23 日,一车间投入物料开始生产。

(8)2012 年 1 月 25 日,一车间完成生产任务进行汇报。

(9) 2012 年 1 月 26 日,一车间陈龙将加工完成的 60 个成产模具送回产成品仓,仓管部刘洁验收入库。

(10) 2012 年 1 月 27 日,仓管部范冰向朗科集团发运生产模具 60 个

(11) 2012 年 1 月 28 日,财务部罗琪向朗科公司分期开出销售发票,货物提前发给客户,发货时暂时不计入销售成本,一月内分期收回货款,收入与成本按照收款情况分期确认。上旬收款 20000 元并开其发票,下旬收款 4000 元并开发票。

(12) 2012 年 1 月 30 日,公司进行本月存货核算,请根据本月业务,进行外购入库核算,将所有外购入库单与采购发票进行勾稽,最终生成本期外购入库业务的凭证。

(五)职业素养(10 分)

(1)操作符合操作规程,场地整洁,举止文明,遵守规则。

(2)文档命名规范,格式规范,内容完整,表达清晰,无错别字。

四、项目注意事项

(1)文件存取路径说明:

考题文件夹:F:\CIMT\学校_姓名_身份证号\

素材文件夹:F:\CIMT\学校_姓名_身份证号\素材\

答题文件夹:F:\CIMT\学校_姓名_身份证号\答题\

(2)测试方式:上机操作。

(3)测试时间:120 分钟。

(4)账套号及账套名务必按要求方式命名。

(5)按要求完成各项系统维护任务。

项目 60　SODA 公司 ERP 系统的实施

一、项目题库编号及名称

2-1-30,SODA 公司 ERP 系统的实施

二、企业及 ERP 系统简介

1. 企业基本情况描述

SODA 公司是一个以生产电脑以及电脑配件为主的制造企业。公司于 2011 年底购买了一套 ERP 系统,其中包括:总账、报表、应收、应付、采购管理、销售管理、生产管理、仓库管理等模块。公司准备在 2012 年 1 月启用该 ERP 系统,在进行期初设置和基础数据的录入之后,启用各业务系统,从而进行企业各项业务的处理。

2.ERP 系统实施描述

SODA 公司实施 ERP 系统的过程主要分为以下 5 步:

(1)建立一个新的账套,并启用账套;

(2)建立用户并给用户授予相应权限;

(3)账套期初设置及基础数据录入;

(4)账套结束初始化;

(5)各模块日常业务开始,处理企业各项事务。

三、操作内容及要求

(一)建立并启用账套(15 分)

1. 建立并启用账套

(1)账套号:[学生座位号]

(2)账套名:[学生座位号]+[学生名]

(3)账套类型:标准供应链解决方案

(4)数据库实体:[学生座位号]+姓名

(5)数据库文件路径:考生文件夹

(6)数据库日志文件路径:考生文件夹

(7)公司名称:[学生座位号]SODA 股份有限公司

(8)记账本位币:人民币货币代码:RMB

(9)账套启用期间:2012 年 01 月 01 日

(10)会计期间:自然年度会计期间

2. 设置账套参数

(1)从模板中引入会计科目(新会计准则)

(2)设置核算参数

启用年度:2012 年　　启用期间:第 1 期

核算方式:数量、金额核算

库存更新控制:单据保存时更新

门店模块设置:不启用门店管理

工厂日历:周六、周日为休息日

(3)系统设置

1)单据编码规则(按系统默认设置)

2)其他:

① 审核人与制单人为同一人(系统默认)

② 去掉"若应收应付系统未结束初始化,则业务系统发票不允许保存"的"√"

③ "√"上"外购入库生成暂估冲回凭证"选项

④ 暂估冲回凭证生成方式:月初一次冲回

3. 建立用户并为用户授权(表 2130-1)

表 2130-1

用户名	认证方式	用户组	权限
[学生名]	密码认证(不设密码)	Users(一般用户组)	授予所有权限

(二)设置基础资料(20 分)

(1)增加凭证字为"记"字。

(2)增加计量单位组及相应组的计量单位(表 2130-2)。

表 2130-2

计量单位组	代码	计量单位名称	系数
数量组 1(01)	01	个	1
	02	盒	12
数量组 2(02)	03	台	1
	04	箱	5

(3)新增"部门"资料(表 2130-3)。

表 2130-3

代码	名称
01	财务部
02	采购部
03	销售部
04	生产部
05	仓管部

(4)新增"职员"资料(表 2130-4)。

表 2130-4

代码	姓名	部门
01	刘琪	财务部
02	张宇	采购部
03	李彬	销售部
04	赵娜	生产部
05	刘丽	仓管部
06	陈光	一车间
07	吴森	二车间

(5)新增"供应商"资料(表 2130-5)。

表 2130-5

代码	名称
01	生生电子有限公司
02	创发公司

(6)新增"客户"资料(表 2130-6)。

表 2130-6

代码	名称
01	天天公司

（7）新增"仓库"资料（表2130-7）。

表 2130-7

代码	名称	仓库类型
01	原材料仓	普通仓
02	半成品仓	普通仓
03	产成品仓	普通仓
04	赠品仓	赠品仓
05	代管仓	代管仓

（8）新增"物料"资料（表2130-8）。

表 2130-8

代码	名称	物料属性	计量单位	计价方法	存货科目	销售收入	销售成本
01				原材料			
01.01	显示器	外购	个	加权平均	1403	6001	6401
01.02	机箱	外购	个	加权平均	1403	6001	6401
01.03	键盘	外购	个	加权平均	1403	6001	6401
01.04	鼠标	外购	个	加权平均	1403	6001	6401
03				产成品			
03.01	组装电脑	自制	台	加权平均	1405	6001	6001

（三）系统初始化（5分）

（1）该账套各项初始余额数据（其他物料的初始余额为0）。

表 2130-9

代码	名称	本年累计收入数量	本年累计收入金额	本年累计发出数量	本年累计发出金额	期初数量	期初金额
01.03	键盘	100	1000	50	1000	10	500
01.04	鼠标	100	1000	50	1000	5	100

（2）结束初始化工作，开始日常业务处理。

（四）日常业务处理（50分）

特别提醒：单据中没有指明的主管、负责人等信息可以随机填写，不作为考核内容。

（1）新增3.01产成品的BOM结构。（父项：子项＝1：1）

父项物料：组装电脑

子项物料：显示器，机箱，鼠标，键盘

（2）2012年1月20日，天天公司向销售部业务员李彬订购组装电脑50台，单价（不含税）3000元。

（3）2012年1月3日，生产部赵娜根据2000个亲亲奶瓶的销售订单进行主生产计划（MPS）和物料需求计划（MRP），然后根据物料清单向采购部提出原料采购申请。其中MPS计划和MRP计划的参数设置为：

①计划展望期的时区个数为 10,各时区天数为 1;

②计划方案均采用 MTO(SYS),按需求设置投放参数,其他参数均按默认设置。(提示:计算页签下勾选考虑现有库存)。

(4)2012 年 1 月 21 日,采购部业务员张宇向供应商生生电子有限公司订购显示器 50 个,单价(不含税)1000 元,机箱 50 个,单价(不含税)1000 元,向创发公司订购鼠标 45 个,单价(不含税)20 元,键盘 40 个,单价(不含税)50 元。同日通知仓管部刘丽收货,1 月 23 日货到,入原料仓,同日创发公司的采购发票已到,生生电子有限公司到显示器、机箱各 25 个采购发票。(余下数量采购发票下月到)采购发票到财务部刘琪处。

(5)2012 年 1 月 7 日,一车间陈光到原材料仓领用显示器 50 个,机箱 10 个,键盘 50 个、鼠标 50 个,仓管部刘丽发货。

(6)2012 年 1 月 20 号,二车间陈光将组装完成后的 50 台电脑送回产成品仓。

(7)2012 年 1 月 27 日,仓管部刘丽向天天公司发运组装电脑 50 台。

(8)2012 年 1 月 28 日,财务部刘琪向天天公司开出销售发票,发票金额同销售订单。

(9)2012 年 1 月 30 日,公司进行本月存货核算,请根据本月业务,进行外购入库核算,将所有外购入库单与采购发票进行勾稽,最终生成本期外购入库业务的凭证。

(10)对生成的凭证进行审核、过账处理。

(五)职业素养(10 分)

(1)操作符合操作规程,场地整洁,举止文明,遵守规则。

(2)文档命名规范,格式规范,内容完整,表达清晰,无错别字。

四、项目注意事项

(1)文件存取路径说明:

考题文件夹:F:\CIMT\学校_姓名_身份证号\

素材文件夹:F:\CIMT\学校_姓名_身份证号\素材\

答题文件夹:F:\CIMT\学校_姓名_身份证号\答题\

(2)测试方式:上机操作。

(3)测试时间:120 分钟。

(4)账套号及账套名务必按要求方式命名。

(5)按要求完成各项系统维护任务。

核心技能模块三　信息系统运行与管理

项目 61　客户关系管理系统维护——产品管理(一)

一、项目题库编号及名称

3-1-1,客户关系管理系统维护——产品管理(一)

二、项目背景

1. 项目描述

湖南乐购销售公司业务不断增长,为加强产品及客户管理,实施了全省集中客户关系管理系统。目前进入系统运行维护阶段,在系统运行过程中,需要完成以下运行维护任务:

(1)日常的设备维护任务;

（2）根据产品部门要求提取某时间段的产品销售数据并导出为 Excel 信息；

（3）因系统设计原因，造成产品数据不一致，进行数据维护，删除不一致数据，建立数据库约束；并进行系统运行维护日志登记；

（4）系统维护情况进行分析并撰写系统运行维护分析报告；

（5）根据备份方案进行数据库备份操作；

（6）为保证数据安全，根据数据权限清单要求，制定安全方案，通过角色权限设置在数据库中为某地区系统管理员设置数据库权限。

2. 项目分析

数据库设计文档见素材文件夹下"客户关系管理系统数据库设计．doc"。

客户关系管理系统数据库版本为 SqlServer2005，数据库名为 CRMDB，数据库数据文件"CRMDB．mdf"存放于素材文件夹下。

三、项目内容及要求

请附加数据库 CRMDB，数据库数据文件存放于素材文件夹，文件名"CRMDB．mdf"。

1. 操作系统维护管理（10 分）

信息系统运行管理员需要定期对管理的计算机进行病毒查杀，现以考试计算机作为企业设备，通过"360 杀毒"设置每周一次病毒查杀方案。杀毒定时：每周五 12：00AM。

将配置结果截屏保存于答题文件夹下，文件名为"操作系统维护管理答题．doc"。

2. 数据维护管理（30 分）

（1）数据导入导出（10 分）

因为数据库设计问题，产品表 PRODUCT 中 LOC_ID 字段未加入引用地域表 LOCA-TION 外键约束，造成数据错误，请将违反约束的产品信息查找出来，将此信息导出 Excel 文件提供给产品部进行地域确认。

数据导出文件存放于答题文件夹，文件名"CRMDB_PROD．xls"。

（2）数据维护（20 分）

因为数据库设计问题，产品表 PRODUCT 中 LOC_ID 字段未加入引用地域表 LOCA-TION 外键约束，造成数据错误，请将违反约束的产品信息查找出来，全部改为空，并在数据库中增加产品表与地域表间主外键约束，将查询及维护脚本保存于答题文件夹，文件名"CRMDB_DATEMAG．sql"，若通过 SQL Server Management Studio 功能操作，请将配置流程的界面截屏保存于答题文件夹，文件名"CRMDB_DATEMAG．doc"。

打开素材文件夹中"客户关系管理系统运行维护日志．xls"，将本试题完成的数据维护任务在系统运行维护日志中进行登记，并将日志文件另存于答题文件夹下。

3. 系统运行维护分析（25 分）

见素材文件夹中"客户关系管理系统运行维护日志．xls"，对 2012 年 5 月的维护情况按异常类型进行统计，分析各种异常类型。根据统计结果提交系统维护情况分析报告，系统运行维护分析报告格式规范，内容完整（标题、报告概述、分析内容、分析结论及建议）。按任务要求进行数据统计，分析报告中有正确的统计数据表及统计图。分析报告保存于答题文件夹，文件名"系统运行维护分析报告．doc"。

4. 系统备份及恢复（10 分）

请通过 SQL Server Management Studio 进行数据库备份操作。备份类型为完整备份，备份文件保存于答题文件夹，文件名"CRMDB＋年月日．bak"。

5. 数据安全管理(15分)

参看素材文件夹中"客户关系管理系统数据库设计.doc"。

为产品部门管理人员设置一登录账户,登录名为 L_PROD_USER,密码为"123",默认数据库为 CRMDB,并为此登录账户设置一数据库查询用户 U_PROD_SEL,数据库表查询权限通过角色赋予,角色权限描述如表 3101-1:

表 3101-1 产品经理角色权限清单

角色名	角色描述	备注
R_CS_Prod	具有产品相关表查询权限:产品表 PRODUCT、销售订单表 SELL_ORDER	只具备长沙产品及订单的查询权限

数据安全管理脚本保存于答题文件夹,文件名"U_PROD_SEL.sql"。

6. 职业规范与素质(10分)

(1)在项目完成过程中操作规范,场地整洁,举止文明,遵守规则。

(2)答题文件及文件夹按任务要求命名规范,文件存储路径正确。

四、项目注意事项

(1)文件存取路径说明:

考题文件夹:F:\CIMT\学校_姓名_身份证号\

素材文件夹:F:\CIMT\学校_姓名_身份证号\素材\

答题文件夹:F:\CIMT\学校_姓名_身份证号\答题\

(2)测试方式:上机操作。

(3)测试时间:120分钟。

(4)按项目要求完成各项系统维护任务。

项目62 客户关系管理系统维护——产品管理(二)

一、项目题库编号及名称

3-1-2,客户关系管理系统维护——产品管理(二)

二、项目背景

1. 项目描述

湖南乐购销售公司业务不断增长,为加强产品及客户管理,实施全省集中客户关系管理系统。目前进入系统运行维护阶段,在系统运行过程中,需要完成以下运行维护任务:

(1)日常的设备维护任务;

(2)根据产品部门要求提取某时间段的产品销售数据并导出为 Excel 信息;

(3)因系统设计原因,造成产品数据不一致,进行数据维护,删除不一致数据,并建立数据库约束;进行系统运行维护日志登记;

(4)系统维护情况进行分析并撰写系统运行维护分析报告;

(5)根据提供备份文件执行数据库恢复操作;

(6)为保证数据安全,根据数据权限清单要求,制定安全方案,通过角色权限设置在数据库中为某地区系统管理员设置数据库权限。

2. 项目分析

数据库设计文档见素材文件夹下"客户关系管理系统数据库设计.doc"。

客户关系管理系统数据库版本为 SqlServer2005,数据库名为 CRMDB,数据库数据文件存放于素材文件夹"CRMDB. mdf"。

三、项目内容及要求

请附加数据库 CRMDB,数据库数据文件存放于素材文件夹,文件名"CRMDB. mdf"。

1. 操作系统维护管理(10 分)

产品部张经理的计算机无法通过 outlook 发送邮件,请检查网络,并按表 3101-1 进行邮箱配置。

表 3101-1　产品经理邮箱账户属性

参数名称	参数值
发送邮件服务器 SMTP	smtp. 189. cn
POP3 服务器	pop3. 189. cn
POP3 账户	15308408281
密码	0008281
电子邮件地址	15308408281@189. cn

将配置结果截屏保存于答题文件夹下,文件名为"操作系统维护管理答题 . doc"。

2. 数据维护管理(30 分)

(1)数据导入导出(10 分)

因为数据库设计问题,产品表的产品名称与价格字段未设置非空约束,造成数据错误,检索产品表中产品名称或价格字段为空的产品信息,将此信息导出 Excel 文件提供给产品部进行确认。

数据导出文件保存于答题文件夹下,文件名为"CRMDB_PROD. xls"。

(2)数据维护(20 分)

因为数据库设计问题,产品表的产品名称与价格字段未设置非空约束,造成数据错误,请将违反约束的数据查找出来,并根据产品经理补充产品名称及价格(由考生设置产品名称及价格),并将产品名称与价格字段设置非空约束。维护脚本保存于答题文件夹下,文件名为"CRMDB_DATEMAG. sql",若通过 SQL Server Management Studio 功能操作,请将配置界面截屏保存于答题文件夹下,文件名为"CRMDB_DATEMAG. doc"。

见素材文件夹中"客户关系管理系统运行维护日志 . xls",将本试题完成的数据维护情况在运行维护日志中进行登记,文件另存于答题文件夹下。

3. 系统运行维护分析(25 分)

见素材文件夹中"客户关系管理系统运行维护日志 . xls",对 2012 年 5 月的维护情况按操作人、维护类型分类统计维护工作量,根据统计结果提交系统维护情况分析报告。系统运行维护分析报告格式规范,内容完整(标题、报告概述、分析内容、分析结论及建议),按任务要求进行数据统计,分析报告中有正确的统计数据表及统计图。分析报告保存于答题文件夹下,文件名为"系统维护情况分析报告 . doc"。

4. 系统数据备份及恢复(10 分)

数据库 5 月 15 日备份文件位于素材文件夹,文件名为"CRMDB0515. bak"。

请通过 SQL Server Management Studio 进行数据库恢复操作。

将数据库恢复界面截屏保存于答题文件夹下,文件名为"数据库恢复 . doc"。

5. 数据安全管理(15 分)

参看素材文件夹中"客户关系管理系统数据库设计.doc"。

为产品部门管理人员设置一登录账户,登录名为 L_PROD_USER,密码为"123",默认数据库为 CRMDB,并为此登录账户设置一数据库查询用户 U_PROD_SEL,具有数据库表查询权限,该用户权限描述如表 3101-2 所示:

表 3101-2 产品经理用户权限清单

用户名	用户权限描述
U_PROD_SEL	具有产品相关表查询权限:产品表 PRODUCT、销售订单表 SELL_ORDER

数据安全管理脚本保存于答题文件夹下,文件名为"U_PROD_SEL.sql"。

6. 职业规范与素质(10 分)

(1)在项目完成过程中操作规范,场地整洁,举止文明,遵守规则。

(2)答题文件及文件夹按任务要求命名规范,文件存储路径正确。

四、项目注意事项

(1)文件存取路径说明:

考题文件夹:F:\CIMT\学校_姓名_身份证号\

素材文件夹:F:\CIMT\学校_姓名_身份证号\素材\

答题文件夹:F:\CIMT\学校_姓名_身份证号\答题\

(2)测试方式:上机操作。

(3)测试时间:120 分钟。

(4)按项目要求完成各项系统维护任务。

项目 63 客户关系管理系统维护——客户管理(一)

一、项目题库编号及名称

3-1-3,客户关系管理系统维护——客户管理(一)

二、项目背景

1. 项目描述

湖南恒远销售公司业务不断增长,为加强产品及客户管理,实施全省集中客户关系管理系统。目前进入系统运行维护阶段,在系统运行过程中,需要完成以下运行维护任务:

(1)日常的设备维护任务;

(2)根据产品部门要求提取某时间段的产品销售数据并导出为 Excel 信息;

(3)因系统设计原因,造成产品数据不一致,进行数据维护,删除不一致数据,并建立数据库约束;进行系统运行维护日志登记;

(4)系统维护情况进行分析并撰写系统运行维护分析报告;

(5)根据提供备份文件执行数据库恢复操作;

(6)为保证数据安全,根据数据权限清单要求,制定安全方案,通过角色权限设置在数据库中为某地区系统管理员设置数据库权限。

2. 项目分析

数据库设计文档见素材文件夹下"客户关系管理系统数据库设计.doc"。

客户关系管理系统数据库版本为 SqlServer2005,数据库名为 CRMDB,数据库数据文件存放于素材文件夹"CRMDB.mdf"。

三、项目内容及要求

请附加数据库 CRMDB,数据库数据文件存放于素材文件夹,文件名"CRMDB. mdf"。

1. 操作系统维护管理(10 分)

在考试计算机上为新入职系统管理员配置一操作系统受限账户,账户参数如表 3103-1:

表 3103-1 账户参数表

参数名称	参数值
账户名称	OS001
账户类型	受限
账户图片	自选
账户密码	自定

新账户登录成功,将配置结果截屏保存于答题文件夹下,文件名为"操作系统维护管理答题 . doc"。

2. 数据维护管理(30 分)

(1)数据导入导出(10 分)

因为数据库设计问题,客户表 CUSTOMER 中客户经理字段 EMP_ID 未加入引用员工表 EMPLOYEE 外键约束,造成数据错误,请将违反约束的数据查找出来,将此信息导出 Excel 文件提供给客户部进行地域确认。

数据导出文件存放于答题文件夹下,文件名为"CRMDB_CUST. xls"。

(2)数据维护(20 分)

因为数据库设计问题,客户表 CUSTOMER 中客户经理字段 EMP_ID 未加入引用员工表 EMPLOYEE 外键约束,造成数据错误,请将违反约束的数据查找出来,由考生自己设置为空值,并在数据库中增加客户表与员工表间主外键约束。维护脚本保存于答题文件夹下,文件名为"CRMDB_DATEMAG. sql",若通过 SQL Server Management Studio 功能操作,请将配置界面截屏保存于答题文件夹下,文件名为"CRMDB_DATEMAG. doc"。

见素材文件夹中"客户关系管理系统运行维护日志 . xls",将本试题完成的数据维护情况在运行维护日志中进行登记,文件另存于答题文件夹下。

3. 系统运行维护分析(25 分)

见素材文件夹中"客户关系管理系统运行维护日志 . xls",对 2012 年 5 月的维护情况按操作人、维护类型分类统计维护工作量,根据统计结果提交系统维护情况分析报告。系统运行维护分析报告格式规范,内容完整(标题、报告概述、分析内容、分析结论及建议),按任务要求进行数据统计,分析报告中有正确的统计数据表及统计图。并将报告保存于答题文件夹下,文件名为"系统维护情况分析报告 . doc"。

4. 系统数据备份及恢复(10 分)

请通过 SQL Server Management Studio 进行数据库恢复操作。

数据库 5 月 15 日备份文件位于素材文件夹,文件名为"CRMDB0515. bak"。

请将数据库恢复界面截屏保存于答题文件夹下,文件名为"数据库恢复 . doc"。

5. 数据安全管理(15 分)

参看素材文件夹中"客户关系管理系统数据库设计 . doc"。

为客户部门管理人员设置一登录账户,登录名为 L_CUST_SEL,密码为"123",默认数据库为 CRMDB,并为此登录账户设置一数据库查询用户 U_CUST_SEL,具有数据库表查询权限,该用户角色权限描述如表 3103-2 所示:

表 3103-2　产品经理用户权限清单

用户名	用户权限描述
U_CUST_SEL	具有客户相关表查询权限:客户表 CUSTOMER、销售订单表 SELL_ORDER

数据安全管理脚本保存于答题文件夹下,文件名为"U_CUST_SEL. sql"。

6. 职业规范与素质(10 分)

(1)在项目完成过程中操作规范,场地整洁,举止文明,遵守规则。

(2)答题文件及文件夹按任务要求命名规范,文件存储路径正确。

四、项目注意事项

(1)文件存取路径说明:

考题文件夹:F:\CIMT\学校_姓名_身份证号\

素材文件夹:F:\CIMT\学校_姓名_身份证号\素材\

答题文件夹:F:\CIMT\学校_姓名_身份证号\答题\

(2)测试方式:上机操作。

(3)测试时间:120 分钟。

(4)按项目要求完成各项系统维护任务。

项目 64　酒店管理系统维护——客户管理(一)

一、项目题库编号及名称

3-1-6,酒店管理系统维护——客户管理(一)

二、项目背景

1. 项目描述

湖南九日连锁酒店新增加盟商,为加强统一客房管理、客户管理、员工管理,实施酒店管理系统。目前进入系统运行维护阶段,在系统运行过程中,需要完成以下运行维护任务:

(1)日常的设备维护工作;

(2)系统故障处理工作;

(3)根据客户部要求提取客户数据并导出为 Excel 信息;

(4)因系统设计原因,造成客户数据不一致,进行数据维护,删除不一致数据,并建立数据库约束;

(5)根据备份方案进行数据库每日备份操作;

(6)为保证数据安全,根据数据权限清单要求,制定安全方案,在数据库中设置数据库操作用户权限。

2. 项目分析

酒店管理系统数据库版本为 SqlServer2005,数据库名:HOTELBOOK,数据库数据文件存放于素材文件夹,文件名"HOTELBOOK. mdf"。

数据库设计文档见素材文件夹中"酒店管理系统数据库设计 . doc"。

三、项目内容及要求

请附加数据库 HOTELBOOK,数据库数据文件存放于素材文件夹,文件名为"HOTEL-

BOOK. mdf"。

1. 操作系统维护管理(10 分)

维护计算机安装操作系统为 Windows XP,现需安装酒店管理系统,在进行安装前需要查看其电脑硬件的配置情况,请利用设备管理器查看硬件配置,要获得的配置参数为:CPU及硬盘、内存、光驱信息、显卡信息、主板信息。请将查看结果以截屏及列表方式保存于答题文件夹下,文件名为"操作系统维护管理答题. doc"。

2. 数据维护管理(30 分)

(1)数据导入导出(10 分)

因为数据库设计问题,客户表中工作单位、联系电话二字段未设置为非空,造成客户数据不完整,请将工作单位、联系电话为空的客户数据查找出来,将此信息导出 Excel 文件提供给客户部进行补充确认。

请将导出 Excel 文件保存于答题文件夹下,文件名为"HOTELBOOK_CUST. xls"。

(2)数据维护(20 分)

因为数据库设计问题,客户表中工作单位、联系电话二字段未设置为非空,造成客户数据不完整,请将工作单位、联系电话为空的客户数据查找出来,全部置为'N',并在数据库中为客户表增加工作单位、联系电话字段的非空约束,查询及维护脚本保存于答题文件夹下,文件名为"HOTELBOOK_DATEMAG. sql",若通过 SQL Server Management Studio 功能操作,请将配置界面截屏保存于答题文件夹下,文件名为"HOTELBOOK_DATEMAG. doc"。

打开素材文件夹中"酒店管理系统运行维护日志. xls",将本试题完成的数据维护情况在运行维护日志中进行登记,文件另存于答题文件夹下。

3. 系统运行维护分析(25 分)

见素材文件夹中"酒店管理系统运行维护日志. xls",对 2012 年 5 月的维护情况按异常类型进行统计,根据统计结果提交系统维护情况分析报告。系统运行维护分析报告要求格式规范,内容完整(标题、报告概述、分析内容、分析结论及建议),按任务要求进行数据统计,分析报告中有正确的统计数据表及统计图。报告保存于答题文件夹下,文件名为"系统维护情况分析报告. doc"。

4. 系统数据备份及恢复(10 分)

请通过 SQL Server Management Studio 进行数据库备份操作。备份方式为差异备份,备份保存于答题文件夹下,文件命名规则为"HOTELBOOK+年月日. bak",如:"HOTEL-BOOK20130922. bak"。

5. 数据安全管理(15 分)

参看素材文件夹中"酒店管理系统数据库设计. doc"。

为客户部管理人员设置一登录账户,登录名为 L_CUST_SEL,密码为"123",默认数据库为 HOTELBOOK,并为此登录账户设置一数据库查询用户 U_CUST_SEL,具有数据库表查询权限,用户权限描述如表 3106-1:

表 3106-1　客户管理员权限清单

用户名	用户权限描述
U_CUST_SEL	只具有客户表查询权限

数据安全管理脚本保存于答题文件夹下,文件名为"U_CUST_SEL. sql"。

6. 职业规范与素质(10 分)

(1)在项目完成过程中操作规范,场地整洁,举止文明,遵守规则。

(2)答题文件及文件夹按任务要求命名规范,文件存储路径正确。

四、项目注意事项

(1)文件存取路径说明:

考题文件夹:F:\CIMT\学校_姓名_身份证号\

素材文件夹:F:\CIMT\学校_姓名_身份证号\素材\

答题文件夹:F:\CIMT\学校_姓名_身份证号\答题\

(2)测试方式:上机操作。

(3)测试时间:120 分钟。

(4)按项目要求完成各项系统维护任务。

项目 65 酒店管理系统维护——客房管理(一)

一、项目题库编号及名称

3-1-8,酒店管理系统维护——客房管理(一)

二、项目背景

1. 项目描述

湖南香槟时尚连锁酒店新增加盟商,为加强统一客房管理、客户管理、员工管理,实施酒店管理系统。目前进入系统运行维护阶段,在系统运行过程中,需要完成以下运行维护任务:

(1)日常的设备维护工作;

(2)系统故障处理工作;

(3)根据客房部要求提取客房信息并导出为 Excel 信息;

(4)因系统设计原因,造成客房信息不一致,需进行数据维护,删除不一致数据,并建立数据库约束;

(5)根据备份方案进行数据库表备份操作;

(6)为保证数据安全,根据数据权限清单要求,制定安全方案,在数据库中设置数据库操作用户权限。

2. 项目分析

酒店管理系统数据库版本为 SqlServer2005,数据库名:HOTELBOOK,数据库数据文件存放于素材文件夹,文件名"HOTELBOOK. mdf"。

数据库设计文档见素材文件夹中"酒店管理系统数据库设计 . doc"。

三、项目内容及要求

请附加数据库 HOTELBOOK,数据库数据文件存放于素材文件夹,文件名为"HOTEL-BOOK. mdf"。

1. 操作系统维护管理(10 分)

为工作计算机配置共享打印机,打印服务器名为 PSERVER01,打印机为 LASTER160。

将配置结果以截屏方式保存于答题文件夹下,文件名为"系统安装与配置答题 . doc"。

2. 数据维护管理(30 分)

(1)数据导入导出(10 分)

因为数据库设计问题,客房信息表中客房状态未设置为非空,造成客房状态为空的客房信息在选房时显示不出来,请将客房状态为空的客房信息查找出来,将此信息导出 Excel 文件提供给客房部进行补充确认。

将导出 Excel 文件保存于答题文件夹下,文件名为"HOTELBOOK_ROOM. xls"。

(2)数据维护(20 分)

因为数据库设计问题,客房信息表中客房状态未设置为非空,造成客房状态为空(NULL)的客房信息在选房时显示不出来,请将客房状态为空的客房信息查找出来,全部置为'空闲',并在数据库中为客房信息表的客房状态字段设置非空约束,查询及维护脚本保存于答题文件夹下,文件名为"HOTELBOOK_DATEMAG. sql"。

见素材文件夹中"酒店管理系统运行维护日志 . xls",将本试题完成的数据维护情况在运行维护日志中进行登记,文件另存于答题文件夹下。

3. 系统运行维护分析(25 分)

见素材文件夹中"酒店管理系统运行维护日志 . xls",将 2012 年 5 月的维护情况按维护类型进行统计,根据统计结果提交系统运行情况分析报告。系统运行情况分析报告要求格式规范,内容完整(标题、报告概述、分析内容、分析结论及建议),按任务要求进行数据统计,分析报告中有正确的统计数据表及统计图。报告保存于答题文件夹下,文件名为"系统维护情况分析报告 . doc"。

4. 系统数据备份及恢复(10 分)

请通过 SQL Server Management Studio 进行数据库表备份操作。备份方式为完整备份,备份文件保存于答题文件夹下,文件名为"HOTELROOM+年月日+. bak"。

5. 数据安全管理(15 分)

参看素材文件夹中"酒店管理系统数据库设计 . doc"。

为客房部管理人员设置一登录账户,登录名为 L_ROOM_SEL,密码为"123",默认数据库为 HOTELBOOK,并为此登录账户设置一数据库查询用户 U_ROOM_SEL,具有数据库表查询权限,用户权限描述如表 3108-1:

表 3108-1 客户管理员权限清单

用户名	用户权限描述
U_ROOM_SEL	具有客房类型及客房信息表的查询权限

数据安全管理脚本保存于答题文件夹下,文件名为"U_CUST_SEL. sql"。

6. 职业规范与素质(10 分)

(1)在项目完成过程中操作规范,场地整洁,举止文明,遵守规则。

(2)答题文件及文件夹按任务要求命名规范,文件存储路径正确。

四、项目注意事项

(1)文件存取路径说明:

考题文件夹:F:\CIMT\学校_姓名_身份证号\

素材文件夹:F:\CIMT\学校_姓名_身份证号\素材\

答题文件夹:F:\CIMT\学校_姓名_身份证号\答题\

(2)测试方式:上机操作。

(3)测试时间:120分钟。

(4)按项目要求完成各项系统维护任务。

项目66 酒店管理系统维护——员工管理

一、项目题库编号及名称

3-1-10,酒店管理系统维护——员工管理

二、项目背景

1. 项目描述

湖南凯旋连锁酒店新增加盟商,为加强统一客房管理、客户管理、员工管理,实施酒店管理系统。目前进入系统运行维护阶段,在系统运行过程中,需要完成以下运行维护任务:

(1)日常的设备维护工作;

(2)系统故障处理工作;

(3)根据人力资源部要求提取员工信息并导出为 Excel 文件;

(4)因系统设计原因,造成员工信息数据错误,需进行数据维护,删除不一致数据,并建立数据库约束;

(5)根据备份方案进行数据库表备份操作;

(6)为保证数据安全,根据数据权限清单要求,制定安全方案,在数据库中设置数据库操作用户权限。

2. 项目分析

酒店管理系统数据库版本为 SqlServer2005,数据库名:HOTELBOOK,数据库数据文件存放于素材文件夹,文件名"HOTELBOOK. mdf"。

数据库设计文档见素材文件夹中"酒店管理系统数据库设计 . doc"。

三、项目内容及要求

请附加数据库 HOTELBOOK,数据库数据文件存放于素材文件夹,文件名为"HOTEL-BOOK. mdf"。

1. 操作系统维护管理(10分)

张经理的计算机无法通过 outlook 发送邮件,请检查网络,并按表 3110-1 邮箱账户属性进行邮箱配置检查。

表 3110-1 邮箱账户属性

参数名称	参数值
发送邮件服务器 SMTP	smtp. 189. cn
POP3 服务器	pop3. 189. cn
POP3 账户	15308408281
密码	自定
电子邮件地址	15308408281@189. cn

将配置结果截屏保存于答题文件夹下,文件名为"操作系统维护管理答题 . doc"。

2. 数据维护管理(30分)

(1)数据导入导出(10分)

人力资源部需要对系统中用户信息进行核对,请提取用户表账号、姓名、权限、身份证、部门信息导出 Excel 文件提供给人力资源部进行确认。

数据导出文件保存于答题文件夹下,文件名为"HOTELBOOKDB_EMP.xls"。

(2)数据维护(20 分)

因设计及开发中未对身份证进行验证,导致部分员工身份证录入错误。请将用户表中身份证长度不是 18 位记录查找出来,将这些用户的身份证置为空以便重新录入。在数据库中为用户表的身份证字段设置 CHECK 约束:身份证长度为 18 位,查询及维护维护脚本保存于答题文件夹下,文件名为"HOTELBOOK_DATEMAG.sql",若通过 SQL Server Management Studio 功能操作,请将配置界面截屏保存于答题文件夹下,文件名为"HOTEL-BOOK_DATEMAG.doc"。

见素材文件夹中"酒店管理系统运行维护日志.xls",将本试题完成的数据维护情况在运行维护日志中进行登记,文件另存于答题文件夹下。

3. 系统运行维护分析(25 分)

见素材文件夹中"酒店管理系统运行维护日志.xls",将 2012 年 5 月的维护情况按异常类型进行统计,根据统计结果提交系统运行情况分析报告。系统运行情况分析报告要求格式规范,内容完整(标题、报告概述、分析内容、分析结论及建议),分析报告中有正确的统计数据表及统计图。报告保存于答题文件夹下,文件名为"系统维护情况分析报告.doc"。

4. 系统数据备份及恢复(10 分)

请通过 SQL Server Management Studio 进行数据库恢复操作。

根据数据库 HOTELBOOK 的备份策略:周一 2012-5-16 00:00 对数据库做一次完全备份,备份文件位于素材文件夹,文件名为"HOTELBOOK0516.bak";星期二 2012-5-17 00:00 对数据库做差异备份,备份文件位于素材文件夹,文件名为"HOTELBOOK0517.bak";周三 2012-5-18 10:15 数据库崩溃,请根据数据库备份策略及备份文件,恢复数据库。

请将数据库恢复步骤及脚本或界面截屏保存于答题文件夹下,文件名为"数据库恢复.doc"。

5. 数据安全管理(15 分)

参看素材文件夹中"酒店管理系统数据库设计.doc"。

为客房部管理人员设置一登录账户,登录名为 L_ROOM_EMP,密码为"123",默认数据库为 HOTELBOOK,并为此登录账户设置一数据库用户 U_ROOM_EMP,用户权限描述如表 3110-2:

表 3110-2　管理员用户权限清单

用户名	用户权限描述
U_ROOM_EMP	只具有用户表客房部的查询权限

数据安全管理脚本保存于答题文件夹下,文件名为"U_ROOM_EMP.sql"。

6. 职业规范与素质(10 分)

(1)在项目完成过程中操作规范,场地整洁,举止文明,遵守规则。

(2)答题文件及文件夹按任务要求命名规范,文件存储路径正确。

四、项目注意事项

(1)文件存取路径说明:

考题文件夹:F:\CIMT\学校_姓名_身份证号\

素材文件夹:F:\CIMT\学校_姓名_身份证号\素材\

答题文件夹:F:\CIMT\学校_姓名_身份证号\答题\

(2)测试方式:上机操作。

(3)测试时间:120 分钟。

(4)按项目要求完成各项系统维护任务。

项目 67　酒店管理系统维护——客房预订管理

一、项目题库编号及名称

3-1-12,酒店管理系统维护——客房预订管理

二、项目背景

1. 项目描述

湖南风尚连锁酒店新增加盟商,为加强统一客房管理、客户管理、员工管理,实施酒店管理系统。目前进入系统运行维护阶段,在系统运行过程中,需要完成以下运行维护任务:

(1)日常的设备维护工作;

(2)系统故障处理工作;

(3)根据客房部要求提取客房信息并导出为 EXCEL 信息;

(4)因系统设计原因,造成客房信息不一致,需进行数据维护,删除不一致数据,并建立数据库约束;

(5)根据提供备份文件执行数据库恢复操作;

(6)为保证数据安全,根据数据权限清单要求,制定安全方案,在数据库中设置数据库操作用户权限。

2. 项目分析

酒店管理系统数据库版本为 SqlServer2005,数据库名:HOTELBOOK,数据库数据文件存放于素材文件夹,文件名"HOTELBOOK. mdf"。

数据库设计文档见素材文件夹中"酒店管理系统数据库设计 . doc"。

三、项目内容及要求

请附加数据库 HOTELBOOK,数据库数据文件存放于素材文件夹,文件名为"HOTEL-BOOK. mdf"。

1. 操作系统维护管理(10 分)

根据网络系统管理员提供参数对某服务器进行网络配置,并验证局域网及互联网联通。请将配置结果以截屏方式保存于答题文件夹下,文件名为"系统安装与配置答题 . doc"。

表 3112-1　网络配置参数

参数名称	参数值
IP 地址	192.168.1. 考号
子网掩码	255.255.255.0
默认网关	192.168.1.1
DNS 服务器	222.246.129.80

2. 数据维护管理(30 分)

(1)数据导入导出(10 分)

客房部需要查找客房有效预订信息(预计入住时间晚于当前系统时间,设置当前系统时

间为 2011-5-12 8：00：00)：预订单号、客户编号、客房编号、入住天数、预计入住时间、预订时间，请用 SQL 语句查询相关信息，并导出 Excel 文件提供给客房部进行确认。

将导出 Excel 文件保存于答题文件夹下，文件名为"HOTELBOOK_ORDER. xls"。

（2）数据维护（20 分）

系统运行过程中因系统错误及数据误操作，客房信息表中客房状态除了空闲/入住/已预订/装修中 还有其他一些错误状态，使得客房信息在选房时显示不出来，请将客房状态错误的客房信息查找出来，客房状态全部置为'NULL'，并在数据库中为客房信息表的客房状态字段的 CHECK 约束，查询及维护脚本保存于答题文件夹下，文件名为"HOTELBOOK_DATEMAG. sql"，若通过 SQL Server Management Studio 功能操作，请将配置界面截屏保存于答题文件夹下，文件名为"HOTELBOOK_DATEMAG. doc"。

打开素材文件夹中"酒店管理系统运行维护日志 . xls"，将本试题完成的数据维护情况在运行维护日志中进行登记，文件另存于答题文件夹下。

3. 系统运行维护分析（25 分）

打开素材文件夹中"酒店管理系统运行维护日志 . xls"，将 2012 年 5 月的维护情况按异常类型进行统计，根据统计结果提交系统维护情况分析报告。系统运行维护分析报告要求格式规范，内容完整（标题、报告概述、分析内容、分析结论及建议），分析报告中有正确的统计数据表及统计图。报告保存于答题文件夹下，文件名为"系统维护情况分析报告 . doc"

4. 系统数据备份及恢复（10 分）

请通过 SQL Server Management Studio 进行数据库表恢复操作。备份文件位于素材文件夹，文件名为"HOTELROOM20120515. bak"。

请将恢复数据操作及结果截屏保存于答题文件夹下，文件名为"数据备份恢复 . doc"。

5. 数据安全管理（15 分）

参看素材文件夹中"酒店管理系统数据库设计 . doc"。

为客房部管理人员设置一登录账户，登录名为 L_ROOM_EMP，密码为"123"，默认数据库为 HOTELBOOK，并为此登录账户设置一数据库维护用户 U_ROOM_MAG，用户权限描述如表 3112-2。

表 3112-2　客户管理员权限清单

用户名	用户权限描述
U_ROOM_MAG	具有客房类型及客房信息表的增/删/改/查的权限

数据安全管理脚本保存于答题文件夹下，文件名为"U_ROOM_MAG. sql"。

6. 职业规范与素质（10 分）

（1）在项目完成过程中操作规范，场地整洁，举止文明，遵守规则。

（2）答题文件及文件夹按任务要求命名规范，文件存储路径正确。

四、项目注意事项

（1）文件存取路径说明：

考题文件夹：F:\CIMT\学校_姓名_身份证号\

素材文件夹：F:\CIMT\学校_姓名_身份证号\素材\

答题文件夹：F:\CIMT\学校_姓名_身份证号\答题\

（2）测试方式：上机操作。

(3)测试时间:120分钟。

(4)按项目要求完成各项系统维护任务。

项目68 酒店管理系统维护——费用管理(一)

一、项目题库编号及名称

3-1-13,酒店管理系统维护——费用管理

二、项目背景

1. 项目描述

湖南南枫酒店为加强统一客房管理、客户管理、员工管理,实施酒店管理系统。目前进入系统运行维护阶段,在系统运行过程中,需要完成以下运行维护任务:

(1)日常的设备维护工作;

(2)系统故障处理工作;

(3)根据客房部要求提取客房信息并导出为 Excel 信息;

(4)因系统设计原因,造成客房信息不一致,需进行数据维护,删除不一致数据,并建立数据库约束;

(5)根据备份方案进行数据库表备份操作;

(6)为保证数据安全,根据数据权限清单要求,制定安全方案,在数据库中设置数据库操作用户权限。

2. 项目分析

酒店管理系统数据库版本为 SqlServer2005,数据库名:HOTELBOOK,数据库数据文件存放于素材文件夹,文件名"HOTELBOOK. mdf"。

数据库设计文档见素材文件夹中"酒店管理系统数据库设计 . doc"。

三、项目内容及要求

请附加数据库 HOTELBOOK,数据库数据文件存放于素材文件夹,文件名为"HOTEL-BOOK. mdf"。

1. 操作系统维护管理(10分)

信息系统运行管理员需要定期备份操作系统注册表,通过 regedit 命令将系统注册表信息导出到文件"系统注册表信息备份—(年月日-IP 地址). reg",并将导出文件保存于答题文件夹下。

2. 数据维护管理(30分)

(1)数据导入导出(10分)

酒店每天上午8点必须统计当前需要补充押金的客户清单,方便前台通知客户续费,将此信息导出 Excel 文件提供给营业部。

设需续交押金条件:客房每日应交押金 * 入住天数 > '入住表'中的押金 。

设今日为'2011-05-12',导出信息为:入住单号、房号、客户编号、入住时间、已交押金、需交押金。

数据导出文件存放于答题文件夹,文件名"CUSTOM_OWE_(年月日). xls"。

(2)数据维护管理(20分)

由于异常原因造成客房信息表中客房状态数据不对,需要重新设定。请根据客房入住表和客房预订表相关信息,更新客房信息表的客户状态字段数据:先创建一个'客房信息修

改备份表'保存维护前的客房信息,然后对客房状态进行维护,根据入住表将已入住未退房(退房时间为 NULL)的客房状态修改为"入住",根据预订表,将当前有效预订单(预计入住时间晚于当前系统时间,设当前系统时间为 2011-5-12 8:00:00)中客房的状态改为"预订",除了"装修中"状态,其他客房状态均改为"空闲"。数据维护脚本存放于答题文件夹,文件名"客房状态数据维护.sql"。

打开素材文件夹中"酒店管理系统运行维护日志.xls",将本试题完成的数据维护任务在系统运行维护日志中进行登记,并将日志文件另存于答题文件夹下。

3. 系统运行维护分析(25 分)

见素材文件夹中"酒店管理系统运行维护日志.xls",将 2013 年 5 月的维护情况按异常类型进行统计,根据统计结果提交系统维护情况分析报告,系统运行维护分析报告格式规范,内容完整(标题、报告概述、分析内容、分析结论及建议),分析报告中有正确的统计数据表及统计图。分析报告保存于答题文件夹,文件名"系统运行维护分析报告.doc"。

4. 系统备份及恢复(10 分)

请通过 SQL Server Management Studio 完成数据库备份操作。备份类型为差异备份,备份文件保存于答题文件夹,文件名"HOTELROOM 年月日.bak"。

5. 数据安全管理(15 分)

参看素材文件夹中"酒店管理系统数据库设计.doc"。

为财务部门管理人员设置一登录账户,登录名为 L_BILL_SEL,密码为"123",默认数据库为 HOTELBOOK,并为此登录账户设置一数据库查询用户 U_BILL_SEL,数据库表查询权限通过角色赋予,角色权限描述如表 3113-1。

表 3113-1 产品经理角色权限清单

角色名	角色描述	备注
R_Bill	具有'结算表'查询权限 具有'入住表'查询权限 具有'入住历史表'查询权限	

数据安全管理脚本保存于答题文件夹,文件名"U_BILL_SEL.sql"。

6. 职业规范与素质(10 分)

(1)在项目完成过程中操作规范,场地整洁,举止文明,遵守规则。

(2)答题文件及文件夹按任务要求命名规范,文件存储路径正确。

四、项目注意事项

(1)文件存取路径说明:

考题文件夹:F:\CIMT\学校_姓名_身份证号\

素材文件夹:F:\CIMT\学校_姓名_身份证号\素材\

答题文件夹:F:\CIMT\学校_姓名_身份证号\答题\

(2)测试方式:上机操作。

(3)测试时间:120 分钟。

(4)按项目要求完成各项系统维护任务。

项目 69　客户关系管理系统开发支持——产品管理(二)

一、项目题库编号及名称

3-2-2,客户关系管理系统开发支持——产品管理(二)

二、项目背景

1. 项目描述

湖南乐购销售公司业务不断增长,为加强产品及客户管理,实施全省集中客户关系管理系统。在系统开发实施阶段,信息系统运行维护管理员需要参与完成以下信息系统开发实施任务:

(1)参与系统分析设计,阅读用户需求说明书并对数据格式提出有效意见;

(2)参与系统测试,完成测试用例编写及测试数据准备任务;

(3)参与测试管理,完成测试结果清单收集整理及测试结果分析任务;

(4)参与系统转换,根据系统转换方案,完成系统转换任务;

(5)参与用户培训管理,根据操作规程编写用户操作手册,指导用户培训。

2. 项目分析

系统需求说明书见素材文件夹下"客户关系管理系统用户需求说明书.doc"。

客户关系管理系统数据库版本为 SqlServer2005,数据库名为 CRMDB,数据库数据文件"CRMDB.mdf"存放于素材文件夹下。

三、项目内容及要求

请附加数据库 CRMDB,数据库数据文件存放于素材文件夹,文件名"CRMDB.mdf"。

1. 系统需求分析及设计支持(10 分)

参看图 3202-1 产品管理界面设计,参看素材文件夹下"客户关系管理系统用户需求说明书.doc"中"6.1 产品管理",根据界面设计规格对操作界面设计提出意见。结果保存于答题文件夹"信息化开发支持答题.doc"。

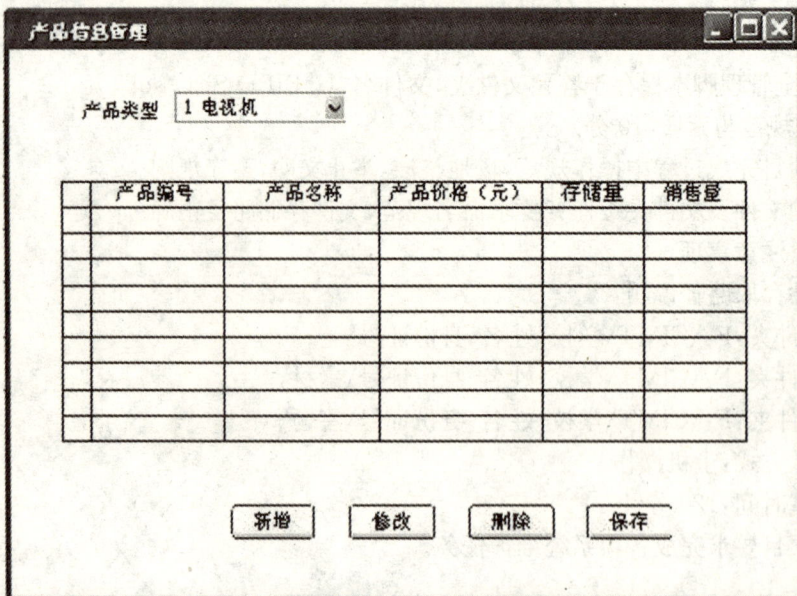

图 3202-1　产品管理界面设计

2. 系统测试支持(25 分)

(1)测试用例编写(15 分)

参看素材文件夹下"客户关系管理系统用户需求说明书.doc",编写产品资料新增测试用例,按"测试用例模板.doc"各项要求填写,并将结果保存于答题文件夹"测试用例.doc"。

(2)测试数据准备(10 分)

在附加数据库 CRMDB 中为(1)中编写的"产品资料新增测试用例"准备测试数据。数据准备脚本保存于答题文件夹下,文件名为"CRMDB_PROD_DATA.sql"。

3. 测试结果分析(25 分)

打开素材文件夹下"客户关系管理系统测试清单.xls",进行数据整理并进行测试人员工作量统计及测试结果统计,请根据统计结果分析测试情况。提交系统测试情况分析报告,报告要求格式规范,内容完整(标题、报告概述、分析内容、分析结论及建议),按任务要求进行数据统计,分析报告中有正确的统计数据表及统计图。报告格式可参考素材文件夹下"系统测试分析报告模板.doc",测试分析报告保存于答题文件夹下,文件名为"系统测试情况分析报告.doc"。

4. 数据转换(15 分)

在系统迁移过程中,涉及到数据由老系统迁移到新系统的数据转换任务,请根据新老系统产品表结构进行数据转换编程或批量操作。见表 3202-1、表 3202-2。

表 3202-1 老系统产品表 CHANGPIN

属性名称	属性定义	数据类型	备注	是否主键	是否外键	是否可空
CPBH	产品编号	int		√	×	×
CPMC	产品名称	varchar(50)		×	×	×
JG	价格	numeric(10)	单位:分	×	×	×
KC	产品存储量	int		×	×	×
XL	产品销售量	int		×	×	×

表 3202-2 新系统产品表 PRODUCT

属性名称	属性定义	数据类型	备注	是否主键	是否外键	是否可空
PROD_ID	产品编号	int		√	×	×
LOC_ID	所属地区	int	参照于区域表的区域编号	×	√	×
PROD_NAME	产品名称	varchar(50)		×	×	×
PRICE	价格	numeric(18,2)	单位:元	×	×	×
PROD_STOCK_NUM	产品存储量	int		×	×	×
PROD_SELL_NUM	产品销售量	int		×	×	×

请进入数据库 CRMDB,将老产品表中数据转换入新产品表,所属地区缺省为 1,数据转换编程或批量处理脚本保存于答题文件夹下,文件名为"CRMDB_PROD_TRANSFER.sql"。

5. 用户操作手册编写(15 分)

通过桌面快捷方式登录系统"源海客户关系管理软件客户端 V5.0",系统管理员用户/密码为:admin/(无密码)。操作功能菜单路径为:样品管理→产品资料,完成产品资料增加、删除操作。根据操作过程编写《产品管理操作手册》,以提供给产品经理进行操作培训指导。

用户操作手册要求格式规范,内容完整(概述、业务流程、各操作步骤图文并茂),参考素材文件夹下"系统操作手册模板.doc"。用户操作手册保存于答题文件夹下,文件名为"产品管理操作手册.doc"。

6. 职业规范与素质(10分)

(1)在项目完成过程中操作规范,场地整洁,举止文明,遵守规则。

(2)答题文件及文件夹按任务要求命名规范,文件存储路径正确。

四、项目注意事项

(1)文件存取路径说明:

考题文件夹:F:\CIMT\学校_姓名_身份证号\

素材文件夹:F:\CIMT\学校_姓名_身份证号\素材\

答题文件夹:F:\CIMT\学校_姓名_身份证号\答题\

(2)测试方式:上机操作。

(3)测试时间:120分钟。

(4)按项目要求完成各项系统维护任务。

项目70 客户关系管理系统开发支持——客户管理(一)

一、项目题库编号及名称

3-2-3,客户关系管理系统开发支持——客户管理(一)

二、项目背景

1. 项目描述

湖南恒远销售公司业务不断增长,为加强产品及客户管理,实施全省集中客户关系管理系统。在系统开发实施阶段,信息系统运行维护管理员需要参与完成以下信息系统开发实施任务:

(1)参与系统分析设计,阅读用户需求说明书并对数据格式提出有效意见;

(2)参与系统测试,完成测试用例编写及测试数据准备任务;

(3)参与测试管理,完成测试结果清单收集整理及测试结果分析任务;

(4)参与系统转换,根据系统转换方案,完成系统转换任务;

(5)参与用户培训管理,根据操作规程编写用户操作手册,指导用户培训。

2. 项目分析

系统需求说明书见素材文件夹下"客户关系管理系统用户需求说明书.doc"。

客户关系管理系统数据库版本为SqlServer2005,数据库名为CRMDB,数据库数据文件"CRMDB.mdf"存放于素材文件夹下。

三、项目内容及要求

请附加数据库CRMDB,数据库数据文件存放于素材文件夹,文件名"CRMDB.mdf"。

1. 系统需求分析及设计支持(10分)

参看图3203-1客户管理界面设计,根据素材文件夹下"客户关系管理系统用户需求说明书.doc"中"6.2客户管理"及界面设计规格对操作界面设计提出意见。结果保存于答题文件夹"信息化开发支持答题.doc"。

2. 系统测试支持(25分)

(1)测试用例编写(15分)

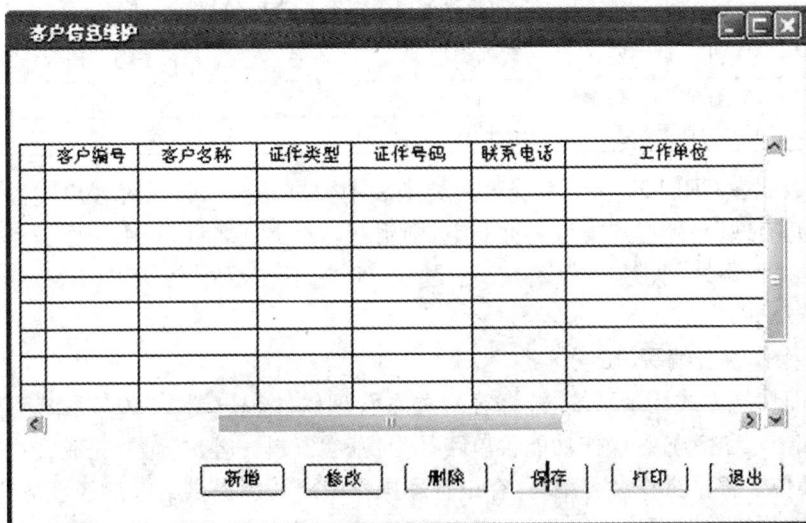

图 3203-1 客户管理界面设计

参看素材文件夹下"客户关系管理系统用户需求说明书.doc",编写客户类型修改测试用例,按"测试用例模板.doc"各项要求填写,并将结果保存于答题文件夹下,文件名为"测试用例.doc"。

(2)测试数据准备(10 分)

为(1)中编写的"客户类型修改测试用例"准备测试数据。测试数据准备脚本保存于答题文件夹下,文件名为"CRMDB_CUST_DATA.sql"。

3. 测试结果分析(25 分)

参看素材文件夹下"客户关系管理系统测试清单.xls",按测试用例大类统计测试结果,并根据统计结果分析各测试模块的测试情况。根据统计结果编写系统测试情况分析报告,报告要求格式规范,内容完整(标题、报告概述、分析内容、分析结论及建议),按任务要求进行数据统计,分析报告中有正确的统计数据表及统计图。报告格式可参考素材文件夹下"系统测试分析报告模板.doc",测试分析报告保存于答题文件夹下,文件名为"系统测试情况分析报告.doc"。

4. 数据转换(15 分)

在系统迁移过程中,涉及到数据由老系统迁移到新系统的数据转换任务,请根据新老系统产品表结构进行数据转换编程或批量操作。见表 3203-1、表 3203-2。

表 3203-1 老系统客户类型表 KHLX

属性名称	属性定义	数据类型	备注	是否主键	是否外键	是否可空
KHLXBH	客户类型	int		√	×	×
KHLXMC	类型名称	varchar(50)		×	×	×
ZT	状态	varchar(4)	状态为"有效"可迁移	×	×	√
XKHLXMC	新客户类型名称	varchar(50)	以新名称迁移到新系统表	×	×	√

表 3203-2   新系统客户类型表 CUST_TYPE

属性名称	属性定义	数据类型	备注	是否主键	是否外键	是否可空
CUST_TYPE	产品类型编号	int		√	×	×
CUST_TYPE_NAME	产品类型名称	varchar(50)		×	×	×

请进入数据库 CRMDB 将老系统客户类型表中数据转换入新系统客户类型表,转换规则为:状态为"有效"且新客户类型名称非空,则用新客户类型名称,否则用原类型名称,数据转换编程或批量处理脚本保存于答题文件夹下,文件名为"CRMDB_PROD_TRANSFER.sql"。

5. 用户操作手册编写(15 分)

通过桌面快捷方式登录系统"源海客户关系管理软件客户端 V5.0",系统管理员用户/密码为:admin/(无密码)。操作功能菜单路径为:基本资料→客户分类,完成客户类型增加、删除、修改操作。根据操作过程编写《客户管理操作手册》,以提供给客户经理进行操作培训指导。用户操作手册要求格式规范,内容完整(概述、业务流程、各操作步骤图文并茂),参考素材文件夹下"系统操作手册模板.doc"。用户操作手册保存于答题文件夹下,文件名为"客户管理操作手册.doc"。

6. 职业规范与素质(10 分)

(1)在项目完成过程中操作规范,场地整洁,举止文明,遵守规则。

(2)答题文件及文件夹按任务要求命名规范,文件存储路径正确。

四、项目注意事项

(1)文件存取路径说明:

考题文件夹:F:\CIMT\学校_姓名_身份证号\

素材文件夹:F:\CIMT\学校_姓名_身份证号\素材\

答题文件夹:F:\CIMT\学校_姓名_身份证号\答题\

(2)测试方式:上机操作。

(3)测试时间:120 分钟。

(4)按项目要求完成各项系统维护任务。

项目 71　客户关系管理系统开发支持——客户管理(二)

一、项目题库编号及名称

3-2-4,客户关系管理系统开发支持——客户管理(二)

二、项目背景

1. 项目描述

湖南恒远销售公司业务不断增长,为加强产品及客户管理,实施全省集中客户关系管理系统。在系统开发实施阶段,信息系统运行维护管理员需要参与完成以下信息系统开发实施任务:

(1)参与系统分析设计,阅读用户需求说明书并对数据格式提出有效意见;

(2)参与系统测试,完成测试用例编写及测试数据准备任务;

(3)参与测试管理,完成测试结果清单收集整理及测试结果分析任务;

(4)参与系统转换,根据系统转换方案,完成系统转换任务;

(5)参与用户培训管理,根据操作规程编写用户操作手册,指导用户培训。

2. 项目分析

系统需求说明书见素材文件夹下"客户关系管理系统用户需求说明书.doc"。

客户关系管理系统数据库版本为 SqlServer2005,数据库名为 CRMDB,数据库数据文件"CRMDB.mdf"存放于素材文件夹下。

三、项目内容及要求

请附加数据库 CRMDB,数据库数据文件存放于素材文件夹,文件名"CRMDB.mdf"。

1. 系统需求分析及设计支持(10 分)

参看素材文件夹下"客户关系管理系统用户需求说明书.doc"中"6.2 客户管理",分析用户需求说明书中客户管理中关于管理对象:客户、地域、客户经理的描述及对象间关系描述是否正确,并提出自己意见。结果保存于答题文件夹下,文件名"信息化开发支持答题.doc"。

2. 系统测试支持(25 分)

(1)测试用例编写(15 分)

参看素材文件夹下"客户关系管理系统用户需求说明书.doc",编写客户资料新增测试用例,按"测试用例模板.doc"中各项要求填写,并将结果保存于答题文件夹下,文件名为"测试用例.doc"。

(2)测试数据准备(10 分)

在数据库 CRMDB 中为(1)中编写的"客户资料新增测试用例"准备测试数据。数据准备脚本保存于答题文件夹下,文件名"CRMDB_CUST_DATA.sql"。

3. 测试结果分析(25 分)

打开素材文件夹下"客户关系管理系统测试清单.xls",进行数据整理并进行测试分析,统计测试通过率及部分通过率,业务规定系统测试上线标准为:测试通过率为 90%,部分通过率为 5%。请根据统计结果分析此次测试是否符合上线标准。提交系统测试情况分析报告,报告要求格式规范,内容完整(标题、报告概述、分析内容、分析结论及建议),按任务要求进行数据统计,分析报告中有正确的统计数据表及统计图。报告格式可参考素材文件夹下"系统测试分析报告模板.doc",测试分析报告保存于答题文件夹下,文件名"系统测试情况分析报告.doc"。

4. 数据转换(15 分)

在系统迁移过程中,涉及到数据由老系统迁移到新系统的数据转换任务,请根据新老系统产品表结构进行数据转换编程或批量操作。见表 3204-1、表 3204-2、表 3204-3。

表 3204-1　老系统客户表 KHB

属性名称	属性定义	数据类型	备注	是否主键	是否外键	是否可空
KHBH	客户编号	int	已更新为新系统值	√	×	×
KHJL	客户经理	int	已更新为新系统值	×	×	×
KHLX	客户类型	tinyint	对照客户类型转换表	×	×	×
ZJLX	证件类型	varchar(20)		×	×	×
ZJHM	证件号码	varchar(50)		×	×	×
KHMC	客户名称	varchar(20)		×	×	×
LXR	联系人	varchar(20)		×	×	×
PHONE	联系电话	varchar(20)		×	×	×
ADDRESS	联系地址	varchar(100)		×	×	×
EMAIL	邮政编码	varchar(50)		×	×	×

表 3204-2　新系统客户表 CUSTOMER

属性名称	属性定义	数据类型	备注	是否主键	是否外键	是否可空
CUST_ID	客户标识	int		✓	×	×
EMP_ID	客户经理	int		×	✓	×
LOC_ID	所属区域	smallint	缺省为1长沙市	×	✓	×
CUST_TYPE	客户类型	tinyint		×	×	
ID_TYPE	证件类型	varchar(20)		×	×	
ID_NO	证件号码	varchar(50)		×	×	
CUST_NAME	客户名称	varchar(20)		×	×	
LINKMAN	联系人	varchar(20)		×	×	
PHONE	联系电话	varchar(20)		×	×	
ADDRESS	联系地址	varchar(100)		×	×	
EMAIL	邮政编码	varchar(50)		×	×	

表 3204-3　客户类型转换对照表 CUST_TYPE_TRANSF

老系统客户类型:KHLX	类型名称:LXMC	新系统客户类型 CUST_TYPE	类型名称 CUST_TYPE_NAME
1	大客户	1	政企客户
2	个人客户	2	公众客户
3	家庭客户	2	公众客户
4	商业客户	1	政企客户
5	其他客户	2	公众客户

请附加数据库 CRMDB 将老客户表中数据转换入新客户表:客户类型根据客户类型转换对照表 CUST_TYPE_TRANSF,数据转换编程或批量处理脚本保存于答题文件夹下,文件名"CRMDB_CUST_TRANSFER. sql"。

5. 用户操作手册编写(15 分)

通过桌面快捷方式登录系统"源海客户关系管理软件客户端 V5.0",系统管理员用户/密码为:admin/(无密码)。操作功能菜单路径为:客户信息→客户信息。完成客户信息新增操作,并根据操作过程编写《客户管理操作手册》,以提供给客户经理进行操作培训指导。用户操作手册要求格式规范,内容完整(概述、业务流程、各操作步骤图文并茂),参考素材文件夹下"系统操作手册模板.doc"。用户操作手册保存于答题文件夹下,文件名为"客户管理操作手册.doc"。

6. 职业规范与素质(10 分)

(1)在项目完成过程中操作规范,场地整洁,举止文明,遵守规则。

(2)答题文件及文件夹按任务要求命名规范,文件存储路径正确。

四、项目注意事项

(1)文件存取路径说明:

考题文件夹:F:\CIMT\学校_姓名_身份证号\

素材文件夹:F:\CIMT\学校_姓名_身份证号\素材\

答题文件夹:F:\CIMT\学校_姓名_身份证号\答题\

(2)测试方式:上机操作。

(3)测试时间:120 分钟。

(4)按项目要求完成各项系统维护任务。

项目 72　酒店管理系统开发支持——客房管理(一)

一、项目题库编号及名称

3-2-7,酒店管理系统开发支持——客房管理(一)

二、项目背景

1. 项目描述

湖南如家连锁酒店新增加盟商,为加强统一客房管理、客户管理、员工管理,实施酒店管理系统。在系统开发实施阶段,信息系统运行维护管理员需要参与完成以下信息系统开发实施任务:

(1)参与系统分析设计,阅读用户需求说明书并对数据格式提出有效意见;

(2)参与系统测试,完成测试用例编写及测试数据准备任务;

(3)参与测试管理,完成测试结果清单收集整理及测试结果分析任务;

(4)参与系统转换,根据系统转换方案,完成系统转换任务;

(5)参与用户培训管理,根据操作规程编写用户操作手册,指导用户培训。

2. 项目分析

系统需求说明书见素材文件夹下"酒店管理系统用户需求说明书.doc"。

酒店管理系统数据库版本为 SqlServer2005,数据库名为 HOTELBOOK,数据库数据文件位于素材文件夹下"HOTELBOOK.mdf"。

三、项目内容及要求

请附加数据库 HOTELBOOK,数据库数据文件存放于素材文件夹,文件名为"HOTEL-BOOK.mdf"。

1. 系统需求分析及设计支持(10 分)

参看素材文件夹下"酒店管理系统用户需求说明书.doc"中"6.1 客房管理",若该酒店有两栋客房,对用户需求说明书中业务需求描述是否存在不合理之处,将问题及分析意见保存于答题文件夹下,文件名为"信息化开发支持答题.doc"。

2. 系统测试支持(25 分)

(1)测试用例编写(15 分)

参看素材文件夹下"酒店管理系统用户需求说明书.doc",按"测试用例模板.doc"各项填写要求,编写客房信息新增测试用例,并将结果保存于答题文件夹下,文件名为"测试用例.doc"。

(2)测试数据准备(10 分)

在数据库 HOTELBOOK 中,为(1)中编写的"客房信息新增测试用例"准备测试数据。数据准备脚本保存于答题文件夹下,文件名"HBDB_ROOM_DATA.sql"。

3. 测试结果分析(25 分)

参看素材文件夹下"酒店管理系统用户测试清单.doc",进行数据整理并进行测试分析,统计测试通过率及部分通过率,业务规定系统测试上线标准为:测试通过率为 85%,部分通过率为 3%,请根据统计结果分析此次测试是否符合上线标准。提交系统测试情况分析报告,报告要求格式规范,内容完整(标题、报告概述、分析内容、分析结论及建议),按任务要求进行数据统计,分析报告中有正确的统计数据表及统计图。报告格式可参考素材文件夹下

"系统测试分析报告模板.doc",测试分析报告保存于答题文件夹下,文件名为"系统测试情况分析报告.doc"。

4. 数据转换(15分)

在系统迁移过程中,涉及到数据由老系统迁移到新系统的数据转换任务,请根据新老系统客房类型表结构进行数据转换编程或批量操作。见表3207-1、表3207-2。

表 3207-1　老系统 原客房类型表

属性名称	数据类型	备注	是否主键	是否外键	是否可空
类型编号	int		√	×	×
类型名称	varchar(50)		×	×	×
标准价格	int	单位:分	×	×	×
状态	varchar(10)		×	×	×

表 3207-2　新系统表 客房类型

属性名称	数据类型	备注	是否主键	是否外键	是否可空
类型编号	int		√	×	×
类型名称	varchar(50)		×	×	×
标准价格	money	单位:元	×	×	×
拼房价格	money		×	×	×
可超预定数	decimal(3,0)		×	×	√
是否可拼房	bit		×	×	√

请进入数据库 HOTELBOOK 根据将老客房类型表中状态为"有效"的客房类型数据转换入新系统客房类型表,注意价格单位差异,数据转换编程或批量处理脚本保存于答题文件夹下,文件名"HB_ROOMTYPE_TRANSFER.sql"

5. 用户操作手册编写(15分)

通过桌面快捷方式登录系统"电话号码存储查询系统专业版6.25",系统管理员用户/密码为:admin/ admin。操作功能菜单路径为:查询→一般查询。完成电话号码的查询功能,并根据操作过程编写《电话号码查询操作手册》,以提供给员工进行操作培训指导。用户操作手册要求格式规范,内容完整(概述、业务流程、各操作步骤图文并茂),参考素材文件夹下"系统操作手册模板.doc"。用户操作手册保存于答题文件夹下,文件名为"电话号码查询操作手册.doc"。

6. 职业规范与素质(10分)

(1)在项目完成过程中操作规范,场地整洁,举止文明,遵守规则。

(2)答题文件及文件夹按任务要求命名规范,文件存储路径正确。

四、项目注意事项

(1)文件存取路径说明:

考题文件夹:F:\CIMT\学校_姓名_身份证号\

素材文件夹:F:\CIMT\学校_姓名_身份证号\素材\

答题文件夹:F:\CIMT\学校_姓名_身份证号\答题\

(2)测试方式:上机操作。

(3)测试时间:120分钟。

(4)按项目要求完成各项系统维护任务。

项目 73　酒店管理系统开发支持——客房管理(三)

一、项目题库编号及名称

3-2-9,酒店管理系统开发支持——客房管理(三)

二、项目背景

1. 项目描述

湖南如家连锁酒店新增加盟商,为加强统一客房管理、客户管理、员工管理,实施酒店管理系统。在系统开发实施阶段,信息系统运行维护管理员需要参与完成以下信息系统开发实施任务:

(1)参与系统分析设计,阅读用户需求说明书并对数据格式提出有效意见;

(2)参与系统测试,完成测试用例编写及测试数据准备任务;

(3)参与测试管理,完成测试结果清单收集整理及测试结果分析任务;

(4)参与系统转换,根据系统转换方案,完成系统转换任务;

(5)参与用户培训管理,根据操作规程编写用户操作手册,指导用户培训。

2. 项目分析

系统需求说明书见素材文件夹下"酒店管理系统用户需求说明书.doc"。

酒店管理系统数据库版本为 SqlServer2005,数据库名为 HOTELBOOK,数据库数据文件"HOTELBOOK.mdf"存放于素材文件夹下。

三、项目内容及要求

请附加数据库 HOTELBOOK,数据库数据文件存放于素材文件夹,文件名为"HOTELBOOK.mdf"。

1. 系统需求分析及设计支持(10 分)

参看素材文件夹下"酒店管理系统用户需求说明书.doc",审核客房状态图是否正确(图 3209-1),是否存在状态描述缺失。请将审核意见及正确的客房状态图(建议用 VISO 绘制)保存于答题文件夹下,文件名为"信息化开发支持答题.doc"。

2. 系统测试支持(25 分)

(1)测试用例编写(15 分)

参看素材文件夹下"酒店管理系统用户需求说明书.doc",按"测试用例模板.doc"各项要求填写,编写客房信息修改测试用例,并将结果保存于答题文件夹下,文件名为"测试用例.doc"。

(2)测试数据准备(10 分)

在数据库 HOTELBOOK 中,为(1)中编写的"客房信息修改测试用例"准备测试数据至少 5 条,数据准备脚本保存于答题文件夹下,文件名"HB_ROOM_DATA.sql"。

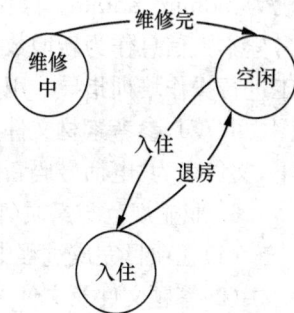

图 3209-1　客房状态图

3. 测试结果分析(25 分)

参看素材文件夹下"酒店管理系统测试清单.xls",按测试用例大类统计测试结果,并根据统计结果分析各测试模块的测试情况。根据统计结果编写系统测试情况分析报告,报告要求格式规范,内容完整(标题、报告概述、分析内容、分析结论及建议),按任务要求进行数据统计,分析报告中有正确的统计数据表及统计图。报告格式可参考素材文件夹下"系统测试分析报告模板.doc",测试分析报告保存于答题文件夹下,文件名为"系统测试情况分析报告.doc"。

4.数据转换(15分)

在系统迁移过程中,涉及到数据由老系统迁移到新系统的数据转换任务,请根据新老系统客房类型表结构进行数据转换编程或批量操作。见表3209-1、表3209-2。

表3209-1　老系统 原客房信息表

属性名称	数据类型	备注	是否主键	是否外键	是否可空
客房编号	nvarchar(12)		√	×	×
类型编号	int	已转换为新系统类型编号	×	√	×
客房状态	nvarchar(16)	已转换为新系统状态编号	×	×	×
备注	nvarchar(200)		×	×	×

表3209-2　新系统表 客房信息表

属性名称	数据类型	备注	是否主键	是否外键	是否可空
客房编号	nvarchar(12)		√	×	×
类型编号	int	与客房类型表的类型编号关联	×	√	×
额定人数	int		×	√	×
客房状态	nvarchar(16)		×	×	×
客房描述	nvarchar(50)		×	×	×
备注	nvarchar(200)		×	×	×

请进入数据库 HOTELBOOK 根据将老客房信息表中客房状态不为"无效"的客房信息转换入新系统客房信息表,客房编号前全部加一"A"(表示原客房为 A 栋,新系统实施后将新增客房楼栋),数据转换编程或批量处理脚本保存于答题文件夹下,文件名"HB_ROOM_TRANSFER.sql"。

5.用户操作手册编写(15分)

通过桌面快捷方式登录系统"电话号码存储查询系统专业版6.25",系统管理员用户/密码为:admin/ admin。操作功能菜单路径为:子系统→录入系统,增加一客户相关信息(可以考生本人信息作为新增数据),并根据操作过程编写《电话号码新增操作手册》,以提供给员工进行操作培训指导。用户操作手册要求格式规范,内容完整(概述、业务流程、各操作步骤图文并茂),参考素材文件夹下"系统操作手册模板.doc"。用户操作手册保存于答题文件夹下,文件名为"电话号码新增操作手册.doc"。

6.职业规范与素质(10分)

(1)在项目完成过程中操作规范,场地整洁,举止文明,遵守规则。

(2)答题文件及文件夹按任务要求命名规范,文件存储路径正确。

四、项目注意事项

(1)文件存取路径说明:

考题文件夹:F:\CIMT\学校_姓名_身份证号\

素材文件夹:F:\CIMT\学校_姓名_身份证号\素材\

答题文件夹:F:\CIMT\学校_姓名_身份证号\答题\

(2)测试方式:上机操作。

(3)测试时间:120分钟。

(4)按项目要求完成各项系统维护任务。

项目74　酒店管理系统开发支持——前台管理

一、项目题库编号及名称

3-2-11,酒店管理系统开发支持——前台管理

二、项目背景

1. 项目描述

湖南风尚连锁酒店新增加盟商,为加强统一客房管理、客户管理、员工管理,实施酒店管理系统。在系统开发实施阶段,信息系统运行维护管理员需要参与完成以下信息系统开发实施任务:

(1)参与系统分析设计,阅读用户需求说明书并对数据格式提出有效意见;

(2)参与系统测试,完成测试用例编写及测试数据准备任务;

(3)参与测试管理,完成测试结果清单收集整理及测试结果分析任务;

(4)参与系统转换,根据系统转换方案,完成系统转换任务;

(5)参与用户培训管理,根据操作规程编写用户操作手册,指导用户培训。

2. 项目分析

系统需求说明书见素材文件夹下"酒店管理系统用户需求说明书.doc"。

酒店管理系统数据库版本为SqlServer2005,数据库名为HOTELBOOK,数据库数据文件"HOTELBOOK.mdf"存放于素材文件夹下。

三、项目内容及要求

请附加数据库HOTELBOOK,数据库数据文件存放于素材文件夹,文件名为"HOTELBOOK.mdf"。

1. 系统需求分析及设计支持(10分)

参看素材文件夹下"酒店管理系统用户需求说明书.doc"中"6.4客房预订"及"6.4前台管理"中客房入住的业务需求描述,分析图3211-1客户入住流程是否合理,若有不合理之处,请指出,并绘制正确的客户入住流程(建议用VISO绘制)。结果保存于答题文件夹下,文件名"信息化开发支持答题.doc"。

2. 系统测试支持(25分)

(1)测试用例编写(15分)

参看素材文件夹下"酒店管理系统用户需求说明书.doc",按"测试用例模板.doc"各项填写要求,编写客户入住测试用例,并将结果保存于答题文件夹下,文件名为"测试用例.doc"。

(2)测试数据准备(10分)

在数据库HOTELBOOK中,为(1)中编写的"客户入住测试用例"准备测试数据。数据准备脚本保存于答题文件夹下,文件名"HBDB_ROOM_DATA.sql"。

3. 测试结果分析(25分)

打开素材文件夹下"酒店管理系统测试清单.xls",进行测试人员工作量及员工测试结果统计,然后根据统计结果分析测

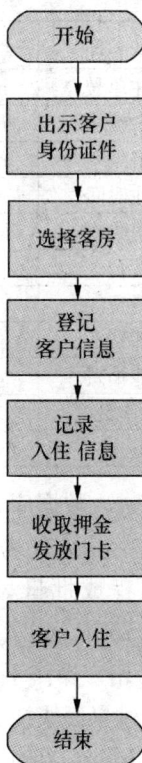

图3211-1　客户入住流程

试员的测试情况。提交系统测试情况分析报告,报告要求格式规范,内容完整(标题、报告概述、分析内容、分析结论及建议),按任务要求进行数据统计,分析报告中有正确的统计数据表及统计图。报告格式可参考素材文件夹下"系统测试分析报告模板.doc",测试分析报告保存于答题文件夹下,文件名为"系统测试情况分析报告.doc"。

4. 数据转换(15 分)

在系统迁移过程中,涉及到数据由老系统迁移到新系统的数据转换任务,请根据新老系统客户表结构进行数据转换编程或批量操作。见表 3211-1、表 3211-2。

表 3211-1　老系统 原客房入住表

属性名称	数据类型	备注	是否主键	是否外键	是否可空
入住单号	nvarchar(40)		√	×	×
客户编号	nvarchar(16)	已转为新系统值	×	×	
客房编号	nvarchar(12)	已转为新系统值	×	×	
入住时间	smalldatetime		×	×	
退房时间	smalldatetime		×	×	
押金	money	单位:分	×	×	
餐费	money	单位:分	×	×	
话费	money	单位:分	×	×	
其他消费	money	单位:分	×	×	
状态	nvarchar(10)		×	×	

表 3211-2　新系统 客房入住表

属性名称	数据类型	备注	是否主键	是否外键	是否可空
入住单号	nvarchar(40)		√	×	×
客户编号	nvarchar(16)	参照于客户表的客户编号	×	√	
客房编号	nvarchar(12)	参照于客房信息表的客房编号	×	√	
入住时间	smalldatetime		×	×	
退房时间	smalldatetime		×	×	
押金	money	单位:元	×	×	
餐费	money	单位:元	×	×	
话费	money	单位:元	×	×	
其他消费	money	单位:元	×	×	
操作员	nvarchar(20)		×	×	
备注	nvarchar(500)		×	×	

请进入数据库 HOTELBOOK 根据将老系统原客房入住表中状态为"入住中"记录导入新系统 客房入住表,注意老系统费用字段单位为"分",新系统费用字段单位为"元"。数据转换编程或批量处理脚本保存于答题文件夹下,文件名"HOTELBOOK_CHECKIN_TRANSFER.sql"。

5. 用户操作手册编写(15 分)

通过桌面快捷方式登录系统"电话号码存储查询系统专业版 6.25",系统管理员用户/密码为:admin/ admin。操作功能菜单路径为:工具→身份证号码查询,根据操作过程编写《查询小工具操作手册》,以提供给员工进行操作培训指导。用户操作手册要求格式规范,内容完整(概述、业务流程、各操作步骤图文并茂),参考素材文件夹下"系统操作手册模板.doc"。

用户操作手册保存于答题文件夹下,文件名为"查询小工具操作手册.doc"。

6. 职业规范与素质(10 分)

(1)在项目完成过程中操作规范,场地整洁,举止文明,遵守规则。

(2)答题文件及文件夹按任务要求命名规范,文件存储路径正确。

四、项目注意事项

(1)文件存取路径说明:

考题文件夹:F:\CIMT\学校_姓名_身份证号\

素材文件夹:F:\CIMT\学校_姓名_身份证号\素材\

答题文件夹:F:\CIMT\学校_姓名_身份证号\答题\

(2)测试方式:上机操作。

(3)测试时间:120 分钟。

(4)按项目要求完成各项系统维护任务。

项目 75　酒店管理系统开发支持——预订管理

一、项目题库编号及名称

3-2-12,酒店管理系统开发支持——预订管理

二、项目背景

1. 项目描述

湖南速 8 连锁酒店新增加盟商,为加强统一客房管理、客户管理、员工管理,实施酒店管理系统。在系统开发实施阶段,信息系统运行维护管理员需要参与完成以下信息系统开发实施任务:

(1)参与系统分析设计,阅读用户需求说明书并对数据格式提出有效意见;

(2)参与系统测试,完成测试用例编写及测试数据准备任务;

(3)参与测试管理,完成测试结果清单收集整理及测试结果分析任务;

(4)参与系统转换,根据系统转换方案,完成系统转换任务;

(5)参与用户培训管理,根据操作规程编写用户操作手册,指导用户培训。

2. 项目分析

系统需求说明书见素材文件夹下"酒店管理系统用户需求说明书.doc"。

酒店管理系统数据库版本为 SqlServer2005,数据库名为 HOTELBOOK,数据库数据文件"HOTELBOOK.mdf"存放于素材文件夹下。

三、项目内容及要求

请附加数据库 HOTELBOOK,数据库数据文件存放于素材文件夹,文件名为"HOTELBOOK.mdf"。

1. 系统需求分析及设计支持(10 分)

参看素材文件夹下"酒店管理系统用户需求说明书.doc"中"6.4 客房预订"及"6.4 前台管理"中客房入住的业务需求描述,分析图 3212-1 客户入住流程 是否合理,若不合理,请分析原因,并绘制正确的客户入住流程(建议用 VISO 绘制)。结果保存于答题文件夹下,文件名"信息化开发支持答题.doc"。

2. 系统测试支持(25 分)

(1)测试用例编写(15 分)

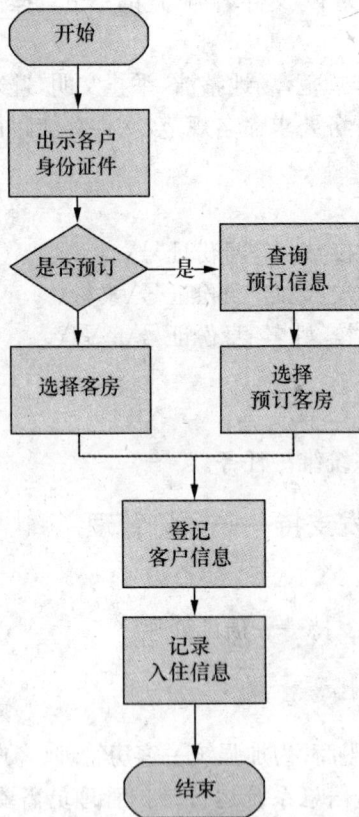

图 3212-1　客户入住流程

参看素材文件夹下"酒店管理系统用户需求说明书.doc",按"测试用例模板.doc"各项要求填写,编写客户预订测试用例,并将结果保存于答题文件夹下,文件名为"测试用例.doc"。

(2)测试数据准备(10分)

在数据库 HOTELBOOK 中,为(1)中编写的"客户预订测试用例"准备测试数据。数据准备脚本保存于答题文件夹下,文件名"HBDB_ROOM_DATA.sql"。

3. 测试结果分析(25分)

打开素材文件夹下"酒店管理系统测试清单.xls",按测试用例大类统计测试结果,并根据统计结果分析各测试模块的测试情况。根据统计结果编写系统测试情况分析报告,报告要求格式规范,内容完整(标题、报告概述、分析内容、分析结论及建议),按任务要求进行数据统计,分析报告中有正确的统计数据表及统计图。报告格式可参考素材文件夹下"系统测试分析报告模板.doc",测试分析报告保存于答题文件夹下,文件名为"系统测试情况分析报告.doc"。

4. 数据转换(15分)

在系统迁移过程中,涉及到数据由老系统迁移到新系统的数据转换任务,请根据新老系统客户表结构进行数据转换编程或批量操作。见表 3212-1、表 3212-2。

表 3212-1　老系统 原客房预订表

属性名称	数据类型	备注	是否主键	是否外键	是否可空
预订单号	nvarchar(40)		✓	✗	✗
客户编号	nvarchar(16)	已转换为新系统编号	✗	✗	✗
客房编号	nvarchar(12)	已转换为新系统编号	✗	✗	✗
入住天数	int		✗	✗	✗
押金	money	单位:分	✗	✗	✗
预计入住时间	smalldatetime		✗	✗	✗
预订时间	smalldatetime		✗	✗	✗
状态	nvarchar(4)		✗	✗	✗

表 3212-2　新系统客房预订表

属性名称	数据类型	备注	是否主键	是否外键	是否可空
预订单号	nvarchar(40)		✓	✗	
客户编号	nvarchar(16)	参照于客户表的客户编号	✗	✓	
客房编号	nvarchar(12)	参照于客房信息表的客房编号	✗	✓	
入住天数	int		✗	✗	
押金	money	单位:元	✗	✗	
预计入住时间	smalldatetime		✗	✗	
预订时间	smalldatetime		✗	✗	
操作员	nvarchar(20)		✗	✗	
备注	nvarchar(200)		✗	✗	

请进入数据库 HOTELBOOK 根据将老系统"原客房预订表"中状态为"有效"记录导入新系统"客房预订表",注意老系统费用字段单位为分,新系统费用字段单位为元。数据转换编程或批量处理脚本保存于答题文件夹下,文件名"HOTELBOOK _ BOOK _ TRANSFER. sql"。

5. 用户操作手册编写(15分)

通过桌面快捷方式登录系统"电话号码存储查询系统专业版 6.25",系统管理员用户/密码为:admin/ admin。操作功能菜单路径为:子系统→录入系统。增加一客户相关信息(可以考生本人信息作为新增数据),并根据操作过程编写《电话号码新增操作手册》,以提供给员工进行操作培训指导。用户操作手册要求格式规范,内容完整(概述、业务流程、各操作步骤图文并茂),参考素材文件夹下"系统操作手册模板 . doc"。用户操作手册保存于答题文件夹下,文件名为"电话号码新增操作手册 . doc"。

6. 职业规范与素质(10分)

(1)在项目完成过程中操作规范,场地整洁,举止文明,遵守规则。

(2)答题文件及文件夹按任务要求命名规范,文件存储路径正确。

四、项目注意事项

(1)文件存取路径说明:

考题文件夹:F:\CIMT\学校_姓名_身份证号\

素材文件夹:F:\CIMT\学校_姓名_身份证号\素材\

答题文件夹:F:\CIMT\学校_姓名_身份证号\答题\

(2)测试方式:上机操作。

(3)测试时间:120 分钟。

(4)按项目要求完成各项系统维护任务。

后 记

为完成职业院校人才培养水平和专业建设水平分级制度,全面提高我省高职院校人才培养水平,根据湖南省教育厅《关于职业院校学生专业技能抽查考试标准开发项目申报工作的通知》(湘教通[2010]238号)"科学性、发展性、可操作性、规范性"要求,编著了《湖南省高等职业院校学生技能抽查标准与题库(计算机信息管理)》一书。

标准与题库开发前期,项目组通过企业调研了解行业企业对计算机信息管理专业的用人岗位需求,技能和职业素质要求;通过院校调研收集了全省计算机信息管理专业人才培养定位、岗位面向、实习实训条件和课程体系。在此基础上,组织企业专家代表、湖南省计算机协会专家、湖南省开设计算机信息管理专业的高职院校代表开展了多次研讨,历经标准起草、意见征询、研讨论证、题库开发、试题测试等过程,由合作企业专家、各校专业负责人和骨干教师、合作院校代表组成项目建设团队,以市场需求和职业岗位群的调研分析和要求为基础,以培养适应社会需要的从事计算机信息管理工作的高素质技能型人才为目标,参照国家职业技能鉴定标准,最后确定该书内容为两部分,第一部分为专业技能抽查标准,按计算机信息管理岗位技能要求设置一个基本技能抽查模块:数据库管理与应用;三个核心技能模块:①信息系统设计与开发,②信息系统实施与应用,③信息系统运行与管理。每个模块分别给出了专业技能和职业素质要求、评价标准、实施条件。第二部分为专业技能抽查题库选编。技能抽查评价标准既关注学生岗位操作技能,又关注职业精神与操作规范,确定了各项目的详细评分细则,实际评价具备可操作性;以抽查标准为依据,并按专家评审反馈意见经过全面修订,在学生模拟技能抽查过程中不断完善题库,最终开发提供专业技能抽查题库共计150套,本书中选编了75套具有代表性的试题。

参与技能抽查标准编著与题库开发的人员有:湖南邮电职业技术学院胡远萍、张治元、唐丽华、刘军华、陈献辉,长沙民政职业技术学院李赛娟、金鑫,湖南机电职业技术学院廖坚、杨文艺,湖南工业职业技术学院谢勇,湖南化工职业技术学院呙中美、贵颖祺。本书编著过程中,得到了企业专家姜济民、徐慧及院校领导和专业教师蒋青泉、周训斌、吴振峰、陈承欢、邓文达、李蜀湘、胡华、黄银秀、徐刚强、吴杰等的指导和大力协助,得到了湖南省教育厅及教育厅职成处、湖南省教科院职成所、湖南大学出版社领导的精心指导,在此表示衷心的感谢!

由于水平有限,书中存在疏漏和不足之处在所难免,热忱期待专家读者批评指正。

编 者
2015年5月